Jutta Allmendinger

Verschenkte Potenziale?

Lebensverläufe nicht erwerbstätiger Frauen

Unter Mitarbeit von Mareike Ebach,
Marina Hennig und Stefan Stuth

Campus Verlag
Frankfurt/New York

Bibliografische Information der Deutschen Nationalbibliothek
Die Deutsche Nationalbibliothek verzeichnet diese Publikation in der Deutschen Nationalbibliografie; detaillierte bibliografische Daten sind im Internet über http://dnb.d-nb.de abrufbar.
ISBN 978-3-593-39266-0

Umschlaggestaltung: Guido Klütsch, Köln
Umschlagmotiv: Nach einer Idee von kognito gestaltung, Berlin © iStockPhoto.com/saifandesign
Protokolle und Lektorat: Jana Schrewe, Berlin
Satz: Campus Verlag, Frankfurt am Main
Grafiken: Hermann Radeloff, Berlin
Druck und Bindung: Beltz Druckpartner, Hemsbach
Gedruckt auf Papier aus zertifizierten Rohstoffen (FSC/PEFC).
Printed in Germany

Besuchen Sie uns im Internet: www.campus.de

Inhalt

Zur Entstehung des Buches

Dieses Buch entstand auf Anregung des Bundesministeriums für Familie, Senioren, Frauen und Jugend. Im Jahr 2008 wurde dem Wissenschaftszentrum Berlin für Sozialforschung (WZB) zunächst das Projekt »Wiedereinsteigerinnen: Die Potenziale nicht erwerbstätiger Frauen für den Arbeitsmarkt« übertragen und 2010 das Projekt »Nichterwerbstätigkeit von Frauen: Pfade, Probleme, Potenziale«. Unsere Ansprechpartnerin seitens des Bundesministeriums war die Abteilung Gleichstellung, Chancengleichheit unter der Leitung von Eva Maria Welskop-Deffaa. Neben ihr unterstützten Martina Gräfin von Bassewitz und Irene Bangert unsere Untersuchung.

Am WZB leiteten Jutta Allmendinger und Marina Hennig die beiden Projekte. Zum Team gehörten Stefan Stuth und Mareike Ebach, studentische Mitarbeiterinnen und Mitarbeiter waren Julia Schorlemmer, Anna Erika Häggl und Eric Scholz.

Die meisten Kapitel dieses Buches sind im Gesamtzusammenhang der Projekte entstanden. Sie wurden für dieses Buch zusammengestellt und ergänzt. Die Verantwortung für den Text liegt allein bei der Autorin.

Berlin, im Juli 2010

Kapitel 1
Unentschieden: Frauen zwischen Beruf und Familie

Die Tagesthemen am 24. Juni 2010. Die Sendung beginnt mit der Nachricht, dass sich die Konferenz der Justizministerinnen und Justizminister der 16 deutschen Bundesländer für eine Frauenquote in Führungspositionen ausspricht. Eine gesetzliche Regelung soll bis Anfang 2011 vorbereitet werden. Die bayerische Justizministerin, Frau Dr. Beate Merk, CSU, erläutert eloquent und höchst überzeugend, warum nicht länger gewartet werden dürfe. Positionen in Aufsichtsräten und Vorständen börsennotierter Unternehmen würden von Frauen selbst dann oft nicht erreicht, wenn sie im Vergleich zu den Männern deutlich besser dafür qualifiziert sind. Man müsse endlich handeln. Das geböte die Geschlechtergerechtigkeit und das Wohl des Wirtschaftsstandorts Deutschland.

Man reibt sich die Augen. Wenige Wochen zuvor hatte die Telekom ein Tabu gebrochen und eine Frauenquote eingeführt. Konnte dies noch leicht als Marketing eines Konzerns abgetan werden, der weibliche Kunden an sich binden möchte, so besitzt die Offensive der Bundesländer eine ganz andere Wucht. Plötzlich ist da mehr als die stete Flut von Nachrichten über die ungleiche Bezahlung von Männern und Frauen in vergleichbaren Positionen, mehr als der *Girls' Day*, mehr als die häufigen Berichte über geringfügige Beschäftigung von Frauen. Auf einmal wird es irgendwie konkret.

Monika und Anke, Kathrin und Sabine, Julia und Sirin sehen die Tagesthemen. Sie fühlen sich wenig angesprochen, denn ihre Gedanken kreisen um andere Probleme. Alle sechs Frauen haben ihr Erwerbsleben für längere Zeit unterbrochen. Finden sie zurück in den Arbeitsmarkt? Mittlerweile sind Monika, Anke und Kathrin über 50. Monika hat ihr Leben lang Teilzeit als Altenpflegerin gearbeitet, doch ihr Rücken spielte nicht mehr mit. Seit einigen Jahren ist sie erwerbsgemindert. Ein beruflicher Aufstieg blieb für sie reine Utopie, in Teilzeit ist der kaum möglich. Anke dagegen arbeitete über Jahrzehnte hinweg als Bautechnikerin in Vollzeit. Als ostdeutsche Frau hielt sie ihre Erwerbstätigkeit trotz der beiden Kinder für völlig normal, sie wuchs so auf, schon ihre Mutter arbeitete ganztags. Derzeit ist Anke arbeitslos, nicht zum ersten Mal. Auch sie stand nie vor der Entscheidung, eine Führungsposition einzunehmen. Sicher, das Zeug dazu hätte sie, doch auch in der DDR saßen Frauen selten in den Chefsesseln. Kathrin ist ihr westdeutsches Pendant. Sie schloss eine Lehre zur Tierarzthelferin ab, arbeitete in ihrem Beruf einige Zeit, heiratete und gründete eine Familie. Die Kinder brauchten sie daheim, davon war sie fest überzeugt. Sie unterbrach ihre Erwerbsarbeit. Alternativen hätte es allemal nicht gegeben, in ihrer Gegend ließen sich damals weit und breit kaum Kitas oder Kindergärten finden, erst recht nicht mit ganztägigem Betreuungsangebot. Mittlerweile sind ihre beiden Kinder erwachsen, doch keine Sekunde vergeht, ohne dass Kathrin sie zu Hause vermisst.

Sabine, Julia und Sirin sind jünger. Sabine ist Bibliothekarin in Rostock und kämpft mit dem sich verändernden ostdeutschen Arbeitsmarkt. Sie erhält nur noch befristete Arbeitsverträge, wechselte schon in geringfügige Beschäftigungen, doch von diesem Einkommen kann sie nicht leben. Seit einigen Jahren ist sie arbeitslos. Julia, die Floristin, versuchte nach der Geburt ihres Kindes ihre Arbeitszeit zu reduzieren. Ohne Erfolg. Schließlich zog sie sich aus ihrem Job zurück. Sirin ist eine junge Deutsche mit türkischen Wurzeln. Sie legte das Abitur ab, absolvierte eine Lehre zur Bankkauffrau und arbeitete erfolgreich in ihrem Beruf. Jetzt ist sie alleinerziehende Mutter einer dreijährigen Tochter und brennt darauf, endlich wieder voll erwerbstätig zu sein. Sirin ist die einzige der sechs Frauen, die der bayerischen Justizministerin förmlich an den Lippen hängt. Selbst die Leitung einer Bankfiliale zu übernehmen, kann sich Sirin sehr gut vorstellen.

Monika, Anke, Kathrin, Sabine, Julia und Sirin werden uns durch dieses Buch begleiten. In diesem ersten Kapitel beschreiben wir, in welcher Gesellschaft sie heute leben, und erklären, was sich hinter dem Aktionsprogramm »Perspektive Wiedereinstieg« verbirgt. Das zweite Kapitel stellt die Situation in anderen europäischen Ländern dar. Es wird von Informationen im Anhang unterstützt. Wir kommen im dritten Kapitel zu einer Bestandsaufnahme der Nichterwerbstätigkeit in Deutschland: Wie viele Frauen sind nicht erwerbstätig? Welches Sozialprofil haben sie? Die Lebensverläufe der nicht erwerbstätigen Frauen folgen in Kapitel 4. Diese lassen uns eines neu entdecken: Wollen wir mehr über die Dauer der Erwerbsunterbrechung wissen, müssen wir auch die Berufe der Frauen genau betrachten. Diesen Zusammenhang erläutern wir näher in Kapitel 5.

Unsere sechs Frauen sind nicht erwerbstätig. Doch keine von ihnen sitzt tatenlos zu Hause herum. Wie viel und was sie alle arbeiten, das zeigt Kapitel 6. Dann verschieben wir die Perspektive: Wie geht die Bundesagentur für Arbeit mit der Nichterwerbstätigkeit von Frauen um? Welche Programme bietet sie an, welche Probleme sieht sie? Auch dieses Kapitel wird durch weiterführende Informationen und nützliche Adressen unterstützt, die im Anhang des Buches zusammengestellt sind. Mit Kapitel 8 gelangen wir an das Ende eines langen Prozesses: Wir betrachten den Wiedereinstieg in den Arbeitsmarkt. Welche unserer Frauen wünscht und schafft den Wiedereinstieg? Wir schließen mit Kapitel 9. Wie steht es nun um die Potenziale von nicht erwerbstätigen Frauen? Sind sie versteckt? Werden sie verschenkt?

In diesem Buch steht die Hausfrau im Mittelpunkt, die man sonst häufig gar nicht mehr wahrnimmt. Es geht einmal nicht um die Erwerbsfrau, die in aller Munde ist. Unsere Untersuchungen beruhen auf einer Sammlung von empirischen Fakten, berechnet und zusammengestellt aus Daten des Mikrozensus, des Statistischen Bundesamtes, der OECD, der EU, der Bundesagentur für Arbeit und des Sozio-oekonomischen Panels. Zugrunde liegen auch Gespräche mit nicht erwerbstätigen Frauen, einige dieser Protokolle wurden zwischen den Kapiteln abgedruckt. Die Ausführungen zur Bundesagentur für Arbeit und zum Aktionsprogramm »Perspektive Wiedereinstieg« wurden auf Grundlage vieler Gespräche mit Mitarbeiterinnen und Mitarbeitern der Bundesagentur für Arbeit, der Arbeitsgemeinschaften und der Länder erstellt. All das sind *facts and figures*. Erfunden sind nur Monika, Anke, Kathrin, Sabine, Julia und Sirin. Sie helfen uns, sicher durch das Dickicht des Materials zu gelangen.

Frauen zwischen Beruf und Familie

Nicht erwerbstätige Frauen werden oft vergessen. Es gibt sie nur in zwei abgeleiteten Rollen: als Mütter von Kindern und als Töchter von Eltern. Töchter, die ihre Eltern und Großeltern pflegen. Mütter, die ihre Kinder erziehen. Das sind starke und wirkungsvolle Rollen, unterstützt von Traditionen, zusammengehalten von Institutionen und ihren Lücken: dem Fehlen von Kinderbetreuungseinrichtungen und guten Ganztagsschulen, der mangelnden Vereinbarkeit von Beruf und Familie, der selbstverständlichen Zuweisung von Erziehung und Pflege an Frauen. Sind Frauen in dieser Rolle, verzichten sie oft für Jahre auf ihr eigenes Erwerbsleben. Anschließend finden sie nur langsam und mühevoll zurück in den Arbeitsmarkt. Manche bleiben für immer außen vor.

Frauen leben in zwei Welten, stehen unentschieden zwischen zwei Heuhaufen wie immer schon Buridans Esel. Hier der Beruf, dort die Familie. Hier das eigene Geld, die finanzielle Unabhängigkeit, die Freunde und Kollegen. Dort die geliebte Familie, die Kinder und Partner, die Eltern und Großeltern. Im Beruf fehlt die Familie, in der Familie fehlt der Beruf. Irgendwie geht das nicht zusammen, hier in diesem Land.

Doch die Anziehungskraft der beiden Pole verändert sich. Die Zugkraft der Familie wird mit der Zeit geringer. Wortwörtlich. Frauen bekommen weniger Kinder, insbesondere aber bleiben Frauen heute weit häufiger als früher kinderlos. Eine einfache Zeitreihe von Frauen bis zum Alter von 45 Jahren verdeutlicht dies.[1] Von den 1950 geborenen westdeutschen Frauen hatten 15 Prozent keine Kinder, von den 1955 geborenen Frauen waren es 19 Prozent, von den 1960 geborenen Frauen 23 Prozent. In Ostdeutschland zeigt sich ein anderes Bild. Dort blieben von den 1950 geborenen Frauen 8 Prozent kinderlos, von den 1955 geborenen Frauen 6 Prozent und von den 1960 geborenen Frauen 11 Prozent. Aus den Statistiken lässt sich nicht entnehmen, wie viele Frauen keine Kinder bekommen können. Allerdings gehen wir davon aus, dass sich dieser Anteil über die Jahre kaum verändert hat. Dagegen wissen wir aus Erhebungen, dass sich die meisten Frauen eigentlich Kinder wünschten, doch aus ganz unterschiedlichen Gründen auf sie verzichten mussten. Diese Frauen sehen für sich keine Möglichkeit, wie sie Beruf und Familie miteinander vereinbaren können. Denn sie müssen und wollen finanziell auf eigenen Beinen stehen.[2] Frauen ohne Kinder unterscheiden sich in ihren Erwerbsverläufen wenig von Männern. Die meisten dieser Frauen arbeiten kontinuierlich und oft in Vollzeit. Allerdings zeigen sich auch bei ihnen deutliche Unterschiede im erzielten Einkommen und in dem erreichten beruflichen Status. Frauen ohne Kinder gelangen nur selten in Führungspositionen.

Während viele Frauen auf die Gründung einer Familie zu verzichten scheinen, erhöht sich die Bedeutung der Erwerbstätigkeit im Laufe der Zeit deutlich. Dabei ist das Verhältnis zwischen Ursache und Wirkung schwer zu bestimmen. Führt die höhere Erwerbsquote zu einer geringeren Geburtenrate? Folgen aus hohen Scheidungsquoten auch hohe Erwerbsquoten? In welcher Beziehung stehen der demografische Wandel, sich verändernde Wirtschaftsstrukturen, die Bildungsgewinne von Frauen, ihre Erwerbsquoten und Arbeitszeiten? Mit diesen Fragen reißen wir komplexe Themen an, die hier jedoch nicht im Vordergrund stehen. Die großen Umbrüche in all diesen Bereichen lassen sich aber nicht übersehen. Schauen wir auf einige der markantesten Entwicklungen und beurteilen ihre Auswirkungen auf die Frauen.

Abbildung 1.1: Arbeitnehmerinnen und Arbeitnehmer nach Wirtschaftssektoren (in Prozent), 1950 bis 2007

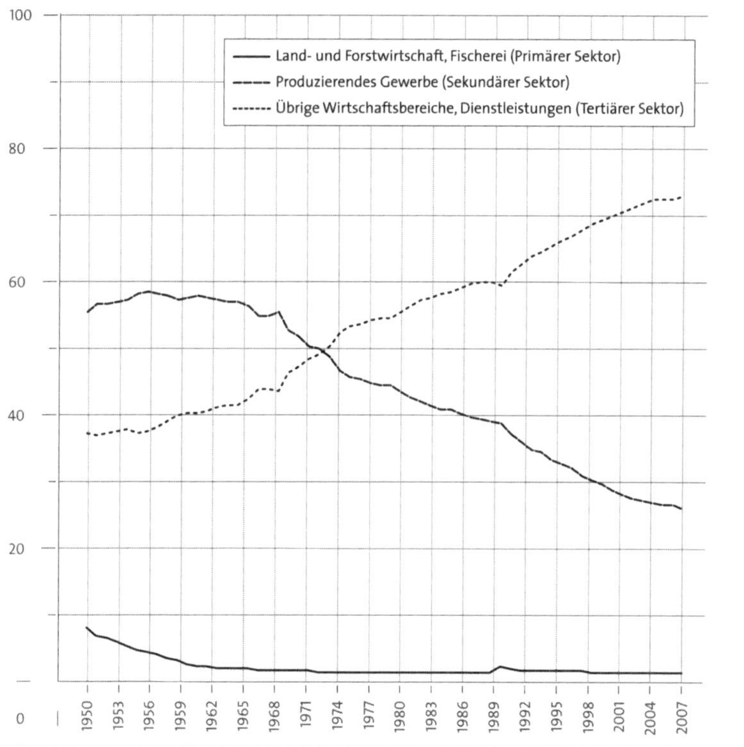

Quelle: Statistisches Bundesamt. Ergebnisse der Erwerbstätigenrechnung in der Abgrenzung der Volkswirtschaftlichen Gesamtrechnungen (VGR)[3]

Der Arbeitsmarkt hat sich über die Jahrzehnte stark verändert. Die deutsche Wirtschaft durchläuft einen doppelten Strukturwandel.[4] Zum einen sinkt die Bedeutung des produzierenden Gewerbes zwischen 1950 und 2007 deutlich, während die übrigen Wirtschaftszweige und die Dienstleistungen eine zunehmend größere Rolle spielen. Mittlerweile übertreffen sie die Bedeutung des produzierenden Gewerbes bei Weitem (Abbildung 1.1). Dies hat Folgen für die Beschäftigung von Frauen, da sie traditionell eher im Dienstleistungssektor arbeiten, während sich typische Männerberufe vor allem im industriellen Bereich finden. Zum anderen wachsen die wissens- und forschungsintensiven Wirtschaftszweige. Die Branchen, die weniger auf hoch qualifizierte Arbeitskräfte und moderne Produktionsanlagen setzen, schrumpfen hingegen. Blicken wir auf die Entwicklung seit 1996, so waren allein die wissensintensiven Bereiche der Wirtschaft von sich aus in der Lage, neue Arbeitsplätze zu schaffen (Abbildung 1.2). Auch diese Tendenz hin zu hoch qualifizierter Beschäftigung kommt Frauen zugute.

Abbildung 1.2: Arbeitseinsatz (geleistete Arbeitsstunden) nach Wirtschaftsbereichen in Deutschland

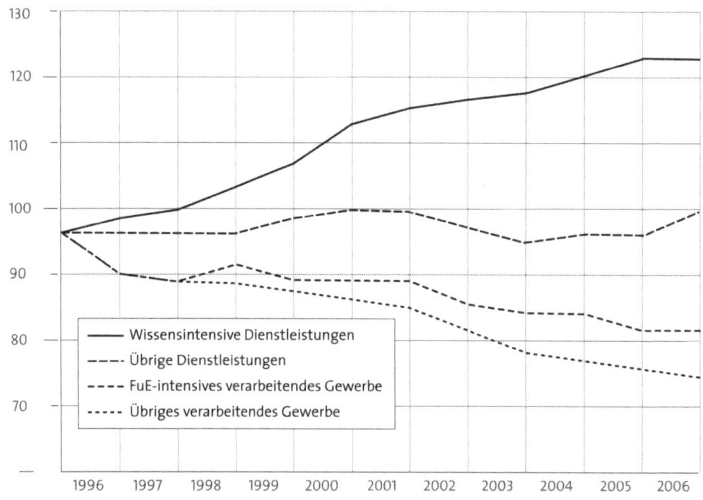

Index: 1995 = 100. 2006 hochgerechnet auf Grundlage der Statistik der sozialversicherungspflichtig Beschäftigten, Bundesagentur für Arbeit. Quelle: Belitz et al. (2008b).[5] Berechnungen des DIW. Siehe auch Expertenkommission Forschung und Innovation, Gutachten 2008

Dies ist aus Abbildung 1.3 sofort ersichtlich. Sie zeigt die Bildungsexpansion zwischen 1950 und 2008, dargestellt am Beispiel des höchsten Schulabschlusses in Deutschland, dem Abitur. Wir sehen enorme Bildungsgewinne bis zum Jahr 1998, danach stagniert der Wert bis 2004. Seitdem steigen die Abiturientenquoten wieder. Betrachten wir die jungen Männer und jungen

Frauen getrennt voneinander. Wir erkennen, dass aus den Bildungsvorteilen von jungen Männern zwischen 1950 bis Mitte der siebziger Jahre deutliche Bildungsvorteile von jungen Frauen geworden sind. Frauen nutzen ihr Abitur, beginnen häufiger als Männer ein Studium und schließen es auch öfter als diese ab.

Abbildung 1.3: Anteil an Absolventen mit allgemeiner Hochschulreife an allgemeinbildenden Schulen an allen Personen des typischen Altersjahrgangs in Deutschland nach Geschlecht, 1950 bis 2008, in Prozent

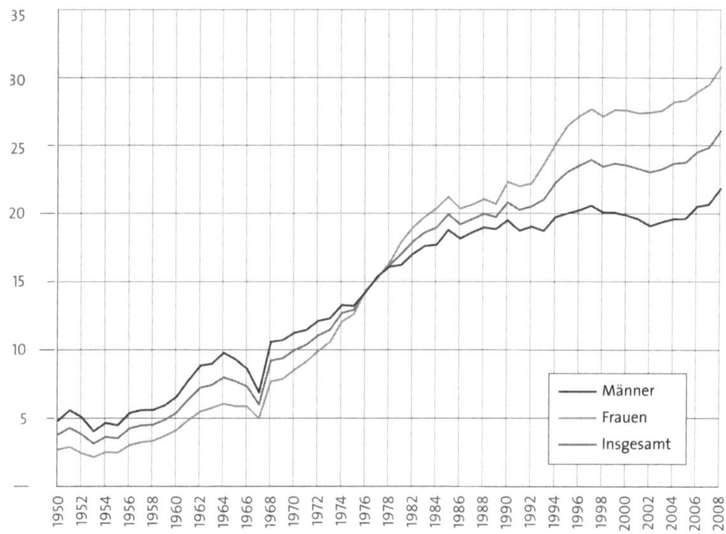

Daten: Statistisches Bundesamt, verschiedene Jahrgänge, Fachserie 11.1 – Allgemeinbildende Schulen, Wiesbaden. Quelle: Helbig (2011)[6]

Bislang skizzierten wir zwei große Entwicklungslinien: Zum einen bemerken wir auf dem Arbeitsmarkt eine deutliche Tendenz hin zu höheren Beschäftigungsanteilen im Dienstleistungssektor und in Berufen, die eine sehr gute Qualifikation erfordern. Zum anderen stellten wir im Bildungsbereich fest, dass die Frauen ihre männlichen Altersgenossen überholen, meist besser (aus-)gebildet sind. Eine dritte Entwicklungslinie soll nicht unerwähnt bleiben: die demografische Zusammensetzung der Bevölkerung in Deutschland.

In unserer Gesellschaft werden zunehmend mehr alte Menschen leben. Ende 2005 waren 19 Prozent der Bevölkerung über 65 Jahre alt und 61 Prozent im Erwerbsalter zwischen 20 und 65 Jahren. Bis zum Jahre 2050 verschieben sich die Anteile, so dass nur noch etwa die Hälfte der Einwohner im Erwerbsalter und ein Drittel über 65 Jahre sein wird. Die geburtenstarken Jahrgänge nähern sich dem Rentenalter und gleichzeitig sinkt die Zahl der jüngeren Arbeitskräfte. Hilmar Schneider vom Institut zur Zukunft der Arbeit schreibt: »Bis 2020 wird die Zahl der Arbeit anbietenden Menschen demografisch bedingt soweit abgeschmolzen sein, dass rein rechnerisch jeder Arbeitswillige einen Arbeitsplatz haben kann.«[7] »Dies gilt jedoch nur«, so Peter Schnur und Gerd Zika vom Institut für Arbeitsmarkt- und Berufsforschung, »wenn der künftige Arbeitskräftebedarf nicht nur quantitativ, sondern auch qualifikatorisch gedeckt werden kann.«[8] Das Zentrum für Europäische Wirtschaftsforschung gibt zu bedenken, dass in Deutschland bereits im Jahr 2014 zwischen 23.000 und 95.000 Ingenieure und 155.000 bis 397.000 andere Akademiker fehlen werden.[9] Diese Entwicklung ist für unser Thema ebenfalls wichtig. Die gut gebildeten Frauen werden auf dem Arbeitsmarkt dringend benötigt. Ohne sie geht es nicht mehr.

Auf den ersten Blick kommt diese Botschaft auch an. Parallel zu dem sich umstrukturierenden Arbeitsmarkt, den Bildungsgewinnen von Frauen und der demografischen Wende verändern sich die Erwerbsquoten von Frauen und Männern (Abbildung 1.4). Zwischen 1960 und 2009 steigt die Erwerbsquote von Frauen (von 48 Prozent auf 66 Prozent) und die der Männer sinkt (von 91 Prozent auf 76 Prozent). Betrug im Jahr 1960 der Unterschied zwischen Männern und Frauen noch 43 Prozentpunkte, so liegt er heute nur noch bei knapp 10 Prozentpunkten. Führt man sich vor Augen, dass Monika um 1960 geboren wurde und Sirin um 1980, so ist das eine massive Veränderung in kürzester Zeit, innerhalb nur einer Generation.

Abbildung 1.4: Erwerbsquoten von Frauen und Männern zwischen 1960 und 2009, in Prozent der Bevölkerung im Alter von 15 bis unter 65 Jahren

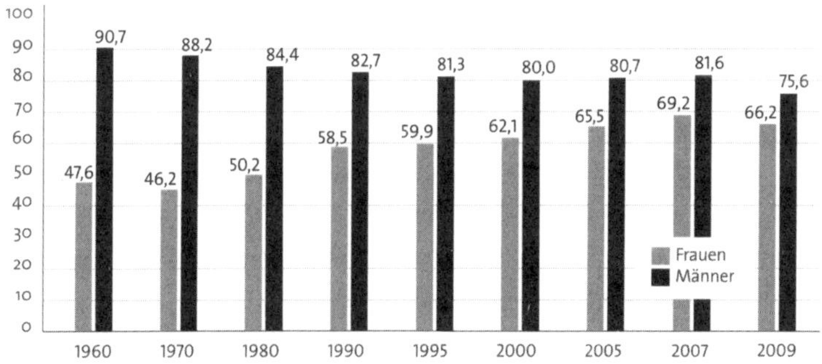

Quelle: Statistisches Bundesamt, Eurostat, Mikrozensus, verschiedene Jahrgänge

Hinter dieser beachtlichen Annäherung der Erwerbsquoten von Frauen und Männern verbergen sich jedoch gewaltige Unterschiede. Vier Bereiche stechen besonders hervor: Frauen und Männer üben verschiedene Berufe aus (horizontale Segregation), sie arbeiten auf unterschiedlichen Positionen in diesen Berufen (vertikale Segregation), ihre Arbeitsvolumen weichen deutlich voneinander ab (*gender time gap*), wie auch die Gesamtdauer ihrer Erwerbstätigkeit über den Lebensverlauf hinweg. Dieses geschlechtstypische Bild der Erwerbsarbeit führt zu großen Unterschieden zwischen Männern und Frauen im Jahreseinkommen, im Stundenlohn für vergleichbare Arbeit (*gender wage gap*) und in der Rente aus eigener Erwerbsarbeit.[10]

Die horizontale Segregation lässt sich mit wenigen Daten des Statistischen Bundesamts umschreiben. Die Hälfte aller erwerbstätigen Frauen arbeitet in nur fünf von 87 Berufsgruppen: 20 Prozent der Frauen in Büroberufen, 10 Prozent in Gesundheitsdienstberufen, 8 Prozent als Verkaufspersonal, 7 Prozent in sozialen Berufen, 6 Prozent in Reinigungs- und Entsorgungsberufen. Von den erwerbstätigen Männern ist nur knapp ein Viertel in den fünf am stärksten besetzten Berufsgruppen beschäftigt: 6 Prozent in Büroberufen, 5 Prozent in der Unternehmensleitung und -beratung, 5 Prozent in den Berufen des Landverkehrs, 4 Prozent sind Ingenieure und ebenso viele Techniker. Die erwerbstätigen Männer verteilen sich also auf wesentlich mehr Berufsgruppen.[11]

Die vertikale Segregation hat die Justizministerinnen und Justizminister der Bundesländer veranlasst, eine Frauenquote in Führungspositionen zu fordern. Betrachtet man in Deutschland Unternehmen mit mehr als 500 Beschäftigten, sind nur 6 Prozent der Führungspositionen mit Frauen besetzt, in mittelständischen Betrieben sind es 20 Prozent. Auch im öffentlichen Dienst finden sich weit weniger Frauen in Führungspositionen als ihrem Beschäftigtenanteil entsprechen würde.[12]

Der *gender time gap* wird durch die durchschnittlich geleistete Arbeitszeit von Frauen und Männern gemessen. Abbildung 1.5 zeichnet ein genaues und deutliches Bild. Zunächst entnehmen wir den Daten, dass die Erwerbsquote von Frauen ausschließlich aufgrund der Zunahme von Teilzeittätigkeit gestiegen ist (Abbildung 1.5.1). Diese erhöht sich von 12 Prozent im Jahr 1985 auf 30 Prozent im Jahr 2007. Dabei fällt der Anstieg von Arbeitszeiten unter 15 Stunden pro Woche besonders auf. Die Vollzeitbeschäftigung ist im gleichen Zeitraum dagegen von 30 Prozent auf 28 Prozent gesunken. Auch das sogenannte Normalarbeitsverhältnis, die unbefristete Vollzeitbeschäftigung als Angestellte und Arbeiterin, verringerte sich von 24 auf 21 Prozent. Betrachten wir die Entwicklung bei Männern (Abbildung 1.5.2). Hier erhöht sich die Teilzeitbeschäftigung von 1 Prozent im Jahr 1985 auf 10 Prozent im Jahr 2007. Allerdings nimmt hauptsächlich die Teilzeit von 15 oder mehr Stunden pro Woche zu. Die Vollzeitbeschäftigung von Männern sinkt von 67 Prozent im Jahr 1985 auf 55 Prozent im Jahr 2007. Die Normalarbeitsverhältnisse gehen von 51 Prozent auf 41 Prozent zurück. Wir sehen also einen ähnlichen Trend. Dabei müssen wir uns jedoch vergegenwärtigen, dass weiterhin enorme Unterschiede in der Beschäftigungssituation von Frauen und Männern bestehen. Der Anteil Vollzeit beschäftigter Männer ist doppelt so hoch wie der Anteil Vollzeit beschäftigter Frauen.

Abbildung 1.5.1: Entwicklung des Arbeitsvolumens von Frauen, Deutschland 1985 bis 2007, in Prozent aller Frauen

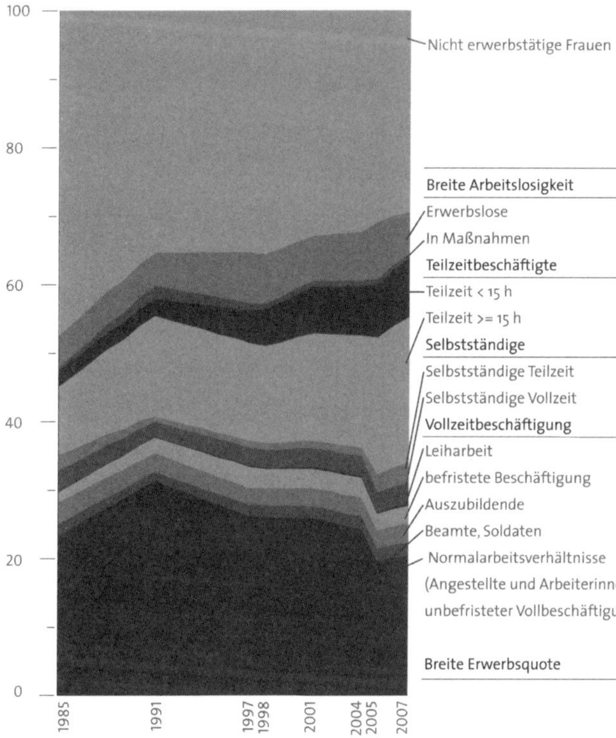

	1985	2007
Breite Arbeitslosigkeit	**5,1**	**6,6**
Erwerbslose	4,7	6,1
In Maßnahmen	0,4	0,5
Teilzeitbeschäftigte	**12,4**	**30,0**
Teilzeit < 15 h	2,4	8,7
Teilzeit >= 15 h	10	21,3
Selbstständige	**5,5**	**5,9**
Selbstständige Teilzeit	2,3	2,9
Selbstständige Vollzeit	3,2	3,0
Vollzeitbeschäftigung	**29,7**	**28,1**
Leiharbeit	0	0,4
befristete Beschäftigung	1,4	2,5
Auszubildende	3,2	2,8
Beamte, Soldaten	1,7	1,9
Normalarbeitsverhältnisse (Angestellte und Arbeiterinnen in unbefristeter Vollbeschäftigung)	23,4	20,5
Breite Erwerbsquote	52,7	70,6

Daten: Mikrozensus, verschiedene Jahrgänge und amtliche Nachrichten der Bundesagentur für Arbeit. Bis 1990 alte Bundesländer, ab 1991 alte und neue Bundesländer zusammen. Quelle: Schmid und Protsch (2009)[13]

Abbildung 1.5.2: Entwicklung des Arbeitsvolumens von Männern, Deutschland 1985 bis 2007, in Prozent aller Männer

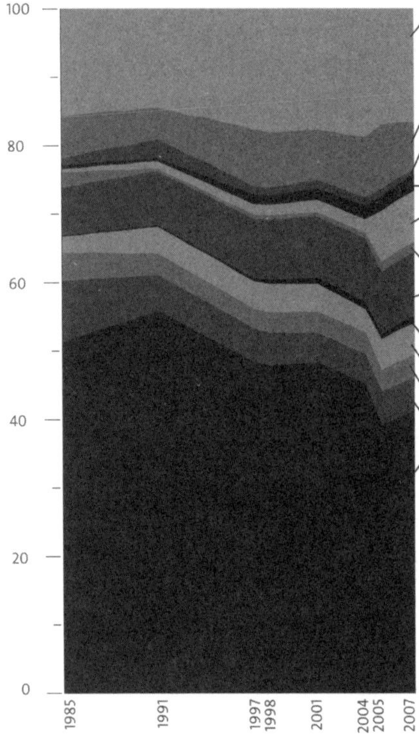

Nicht erwerbstätige Männer	1985	2007
Breite Arbeitslosigkeit	7,1	7,6
Erwerbslose	6,1	7,0
In Maßnahmen	1,0	0,6
Teilzeitbeschäftigte	1,1	9,9
Teilzeit < 15 h	0,6	2,5
Teilzeit >= 15 h	0,5	7,4
Selbstständige	9,2	10,8
Selbstständige Teilzeit	2,2	1,5
Selbstständige Vollzeit	7,0	9,3
Vollzeitbeschäftigung	66,8	55,0
Leiharbeit	0,2	1,1
befristete Beschäftigung	2,3	4,6
Auszubildende	4,1	3,4
Beamte, Soldaten	8,9	4,7
Normalarbeitsverhältnisse (Angestellte und Arbeiter in unbefristeter Vollbeschäftigung)	51,3	41,2
Breite Erwerbsquote	84,2	83,3

Daten: Mikrozensus, verschiedene Jahrgänge und amtliche Nachrichten der Bundesagentur für Arbeit. Bis 1990 alte Bundesländer, ab 1991 alte und neue Bundesländer zusammen. Quelle: Schmid und Protsch (2009)

Hinzu kommen deutliche Unterschiede in der Lebensarbeitszeit. Noch immer unterbrechen Frauen ihre Erwerbstätigkeit lange, um ihre Kinder zu erziehen oder ihre Eltern zu pflegen. Männer nehmen nur selten und kurze Erziehungs- und Pflegezeiten. Es ist nicht so, dass Monika, Anke, Kathrin, Sabine, Julia und Sirin diese erziehungs- und pflegebedingten Ausstiege aus dem Erwerbsleben unbedingt wollten. Kathrin sah damals keine Möglichkeit, wie sie ihren Beruf und ihre Familie unter einen Hut bringen sollte. Ihr Mann hätte eine weitere Erwerbsarbeit von Kathrin auch gar nicht verstanden, verdient er doch genug für die ganze Familie. Bei Julia und insbesondere der jungen Sirin war es anders. Sie suchten nach guten Kitas für ihre Kinder und konnten diese partout nicht finden. Anke und Sabine, den beiden ostdeutschen Frauen, lagen familienbedingte Unterbrechungen völlig fern, ihre Nichterwerbstätigkeit ist den Umbrüchen des ostdeutschen Arbeitsmarktes geschuldet.

Die Folgen dieses Geflechts aus frauentypischen Berufen, niedrigen Arbeitszeiten, geringen Einkommen und langen Unterbrechungen spüren die Frauen alle. Sie haben wenig eigenes Geld zum Leben, sind abhängig vom Unterhalt des Partners oder Transferleistungen des Staates. Auf eigenen Beinen stehen? Das ist nicht.

Initiativen wie die der Europäischen Union mit ihren beschäftigungspolitischen Leitlinien sind daher nötig und hochwillkommen. Neben der Ausrichtung auf Vollbeschäftigung, der Steigerung der Arbeitsplatzqualität und der Arbeitsplatzproduktivität fordert die Europäische Union, dass sich die Beschäftigungspolitik am Lebenszyklus der Menschen orientiert. Diese soll geschlechtsspezifische Unterschiede in der Beschäftigung und Entlohnung konsequent beseitigen. Das Bild der zwei Heuhaufen wird durch die Leitlinien der EU hinterfragt. Frauen wie Männer müssen ihren eigenen Unterhalt sichern und Kinder erziehen können. Hierfür sind die nötigen Voraussetzungen gesellschaftlich wie kulturell zu schaffen, hierfür muss die Politik ununterbrochen werben.

Die Unentschiedenheit muss endlich weichen. Eine unserer Gesprächspartnerinnen in der Bundesagentur für Arbeit sagte treffend: »Es muss hier einfach Ziel werden, dass man bei Frauen nicht an eine Sondergruppe denkt. Eigenständige Existenzsicherung durch Erwerbsarbeit gilt für Männer wie Frauen und bei diesem Selbstverständnis sind wir noch nicht angelangt. Auch die BA müsste mit diesem Selbstverständnis arbeiten, aber das will der Gesetzgeber nicht. Er hat sich da einfach noch nicht klar entschieden. Das merkt man dann bei uns, und deswegen gibt's immer wieder so Ausweichstrategien.«

Entschieden haben sich Politik und Arbeitsverwaltung für die »Perspektive Wiedereinstieg«, eine Presseerklärung zu deren Programm und Zielen findet sich abgedruckt auf den folgenden Seiten. Es ist ein Tropfen auf den heißen Stein, aber ein wichtiger Tropfen. Und steter Tropfen höhlt den Stein.

»Rückenwind für den Wiedereinstieg!« Pressemitteilung zum Start des Aktionsprogramms »Perspektive Wiedereinstieg«[14]

Bundesfamilienministerium und Bundesagentur für Arbeit geben zum Internationalen Frauentag 2008 Startschuss für Aktionsprogramm »Perspektive Wiedereinstieg«.

Die Bundesministerin für Familie, Senioren, Frauen und Jugend, Ursula von der Leyen, und der Vorstandsvorsitzende der Bundesagentur für Arbeit (BA), Frank-J. Weise, geben zum Weltfrauentag 2008 gemeinsam den Startschuss für eine breit angelegte Initiative zur Unterstützung von Frauen, die familienbedingt mehrere Jahre aus dem Erwerbsleben ausgeschieden sind und jetzt wieder in eine Erwerbstätigkeit einsteigen wollen. Das Programm des Bundesfamilienministeriums fußt auf drei Säulen. Neben einem gemeinsam mit der Bundesagentur für Arbeit entwickelten Internetportal speziell für Wiedereinsteigerinnen wird es ein mit 14 Millionen Euro aus Mitteln des Europäischen Sozialfonds ausgestattetes Budget für Projekte mit der Wirtschaft geben, die neue Wege für eine bessere Integration von Berufsrückkehrerinnen erproben. Um rasch in der Breite Wirkung zu erzielen, sind zudem auf lokaler Ebene bewährte und bereits in der Fläche verankerte Strukturen wie die Lokalen Bündnisse für Familie, die Mehrgenerationenhäuser oder das Bundesprogramm Lokales Kapital für Soziale Zwecke (LOS) in das Aktionsprogramm einbezogen. Sie sollen künftig im Rahmen ihrer jeweiligen Angebotspalette gezielte Schwerpunkte für die Zielgruppe der Wiedereinsteigerinnen setzen.

»Mit Elterngeld und Elternzeit haben wir im letzten Jahr viel für junge Mütter und Väter in der Phase der Familiengründung getan. Wir ergänzen diese Politik nun um ein Maßnahmenpaket für Frauen, die nach sechs, sieben oder mehr Jahren wieder in den Beruf einsteigen. Sie dürfen nicht in einer beruflichen Sackgasse enden!«, sagt Ursula von der Leyen. »Längere Familienzeiten sind völlig in Ordnung. Doch 80 Prozent der Frauen streben – spätestens wenn die Kinder größer sind – zurück in den Beruf. Dafür benötigen sie als erstes Anknüpfungspunkte und Kontakte. Aber die sind insbesondere nach vielen Jahren Auszeit häufig verloren gegangen. Vor allem für Frauen ab 40 gerät das Projekt Wiedereinstieg deshalb zur großen Herausforderung. Für sie soll unser Aktionsprogramm mit seinen Orientierungshilfen und konkreten Unterstützungsangeboten zur Startbahn in ein neues Berufsleben werden«, so von der Leyen.

»Die Bundesagentur für Arbeit wird im Jahr 2008 noch mehr als bisher für Berufsrückkehrerinnen tun«, so der Vorstandsvorsitzende der BA, Frank-J. Weise. »Für die Unternehmen können die Wiedereinsteigerinnen als gute Fachkräfte eine wichtige Rolle spielen. Darum investieren wir in die Weiterqualifizierung der Frauen und stellen dafür in diesem Jahr zusätzlich bis zu 175 Millionen Euro zur Verfügung. Wir wollen aber auch Vorbehalte bei Arbeitgebern abbauen und beraten die Betriebe durch unsere Arbeitgeberteams in den Agenturen für Arbeit, wenn sie eine Frau nach der Babypause einstellen möchten.«

Im Jahresdurchschnitt 2007 waren bei den Arbeitsagenturen rund 60.000 Berufsrückkehrerinnen arbeitslos gemeldet (und 600 Männer). Das waren knapp 9 Prozent aller arbeitslos gemeldeten Frauen im Rechtskreis SGB III. Sie sind meist hoch motiviert und haben gute Chancen auf eine Integration in den Arbeitsmarkt. Gerade Berufsrückkehrerinnen sind für den Arbeitsmarkt eine sehr interessante Gruppe. Nach einer in 2006 durch die Bundesagentur für Arbeit durchgeführten Befragung von Berufsrückkehrerinnen sind 80 Prozent unter 40 Jahre und 25 Prozent unter 30 Jahre alt. 87 Prozent der Befragten haben eine abgeschlossene formale Ausbildung, und etwa die Hälfte der Frauen hat die Berufstätigkeit für maximal drei Jahre unterbrochen. Ein Drittel der Rückkehrerinnen hat während der Elternzeit zusätzliche Kenntnisse erworben – etwa durch einen Minijob, durch Volkshochschulkurse, Mithilfe im Betrieb oder sogar das Schreiben einer Doktorarbeit.

»Gelingt einer Mutter um das 40. Lebensjahr der Wiedereinstieg, gibt es auf allen Seiten nur Gewinner. Die Berufsrückkehrerin hat die große Chance, die rund 27 verbleibenden Erwerbsjahre bis zum Erreichen der Altersgrenze intensiv zu nutzen. Und zwar nicht nur für den eigenen Berufsweg, sondern – heute mindestens so wichtig – für eine solidere und unabhängige finanzielle Absicherung im Alter. Auch für die Unternehmen rechnet sich die Beschäftigung von Frauen nach der Familienzeit. Wiedereinsteigerinnen sind in der Regel hoch motiviert, zuverlässig und reich an Lebenserfahrung und Kompetenz. Diese Erkenntnis muss in Zeiten eines nahenden Fachkräftemangels jeden pfiffigen Personaler aufhorchen lassen«, so von der Leyen.

Das Bundesfrauenministerium hat einige Untersuchungen in Auftrag gegeben, um mehr über die Situation der Wiedereinsteigerinnen zu erfahren.

Die heute präsentierte SINUS-Studie zum Thema hat unter anderem drei wesentliche Befunde erbracht:

1. Die Berufsrückkehr ist kein punktuelles Ereignis, sondern ein Prozess, der sich von den ersten Überlegungen der Frau bis zur erfolgreichen Bewältigung des Berufseintritts in der Regel über mehrere Jahre hinzieht und dessen Erfolg von verschiedenen Faktoren abhängt.

2. Nicht die Frau allein, sondern die gesamte Familie ist vom Wiedereinstieg betroffen und beim Wiedereinstieg gefordert. Weit über 80 Prozent der potenziellen Wiedereinsteigerinnen sind verheiratet. Gegen den Partner und ohne seine Unterstützung ist für diese Frauen der Wiedereinstieg kaum zu schaffen. Allerdings geht ein hoher Anteil der von Sinus befragten Männer davon aus, dass der Wiedereinstieg der Frau mit ihnen »nichts zu tun« habe.

3. Erwartungen der Frauen und der Arbeitgeber an den Wiedereinstieg passen nicht automatisch zueinander. Das beginnt bei der Arbeitszeit, geht über die Frage der richtigen und notwendigen Weiter-Qualifikation bis zu den Fragen der »passenden« Aufgabenprofile für die neue Kollegin. Zahlreiche Unternehmen haben das Potenzial der Wiedereinsteigerinnen noch nicht richtig für sich erkannt.

Das Aktionsprogramm »Perspektive Wiedereinstieg« steht auf drei Säulen:

Gemeinsam mit der Bundesagentur für Arbeit wird ein Internetportal mit Lotsenfunktion erstellt. Es unterstützt Frauen, die wieder erwerbstätig sein wollen, aber zumeist nicht arbeitslos gemeldet sind, bei der Suche nach einer bestimmten Beratungsstelle oder einer bestimmten Unterstützungsmaßnahme vor Ort. Das Portal geht noch in diesem Jahr online.

Ein beschäftigungspolitisch ausgerichtetes ESF-Programm soll von 2008 bis 2010 die Entwicklung von Maßnahmen unterstützen, die unter der Berücksichtigung der Situation der Wiedereinsteigerinnen und in Kooperation mit der Wirtschaft Wege für eine erfolgreiche Integration der Frauen in den Arbeitsmarkt aufzeigen. Hierfür stehen ESF-Mittel in

Höhe von rund 14 Millionen Euro zur Verfügung. Das Programm wird derzeit unter Einbeziehung von Wirtschaftsverbänden, Frauenverbänden und Beratungseinrichtungen entwickelt und soll im Herbst dieses Jahres ausgeschrieben werden.

Auf der lokalen Ebene werden die Lokalen Bündnisse für Familie und die Mehrgenerationenhäuser in das Aktionsprogramm einbezogen. Ferner soll in der neuen Förderperiode des Bundesprogramms Lokales Kapital für Soziale Zwecke ein Schwerpunkt für die Zielgruppe der Wiedereinsteigerinnen gesetzt werden. Bei den »Infobörsen für Frauen«, die das Bundesministerium für Familie, Senioren, Frauen und Jugend seit 2007 fördert und die in zahlreichen Städten und Gemeinden stattfinden, werden rund 40 spezielle Infobörsen jährlich nur zum Thema Wiedereinstieg gefördert.

»Ich setze bei dem Aktionsprogramm ›Perspektive Wiedereinstieg‹ auf einen langfristigen politischen Prozess, der viele Akteure einbinden wird: neben der Bundesagentur für Arbeit die Länder, die Unternehmerverbände, die Gewerkschaften, die Industrie- und Handelskammern, die Weiterbildungs- und Beratungseinrichtungen, die Frauenverbände und die Kommunalen Frauenbeauftragten«, so Ursula von der Leyen.

Kapitel 2
Jenseits des Tellerrands: Ein europäischer Vergleich

Jaana ist Ärztin und arbeitete gern im Krankenhaus in Helsinki. Drei Jahre nach der Geburt ihres Sohnes kehrte sie auf eine Vollzeitstelle zurück. Mika, ihr Mann, unterstützte sie dabei, beide wussten ihr Kind gut in der Ganztagseinrichtung betreut. Deren Öffnungszeiten waren flexibel. In Notsituationen konnte Jaana sich auch abends um ihre Patienten kümmern, selbst wenn Mika wieder beruflich unterwegs war. Da erhielt Mika das Angebot, an einem zweijährigen Projekt in einem Münchener Architekturbüro mitzuarbeiten. Gemeinsam entschieden sie, das Angebot anzunehmen, zumal auch Jaana eine Stelle in München gefunden hatte. Doch wer sollte sich um den kleinen Sohn kümmern? Kurz nach dem Umzug erfuhren Jaana und Mika, wie schwer es in Deutschland ist, Erwerbsleben und Familie miteinander zu verbinden. Mika konnte seine Arbeitszeit nicht reduzieren. »Man arbeitet hier Vollzeit – nein, mehr als Vollzeit«, hieß es lapidar. Und Jaana? Gleich beim Einzug in die neue Wohnung sah sie das Stirnrunzeln, spürte das Unverständnis für die junge Mutter eines kleinen Sohnes, die unbedingt wieder in Vollzeit erwerbstätig sein möchte. Insbesondere scheiterte die finnische Familie daran, einen Platz im Ganztagskindergarten zu finden. »Zu kurzfristig«, »Vorher anmelden«, »Lange Wartelisten«, hörte sie immer wieder. So ging Jaana halbtags arbeiten, in einem Job unter ihrer eigentlichen Qualifikation und natürlich wesentlich schlechter bezahlt. Am Nachmittag blieb sie bei ihrem Sohn zu Hause. Seitdem ist gut ein Jahr vergangen, nichts hat sich an der Situation geändert. Jaana freut sich auf die baldige Rückkehr nach Helsinki und in ihren Beruf.

Mette ist Ingenieurin in Kopenhagen. Sie hat ein lukratives Stellenangebot in Deutschland abgelehnt. Als sie von ihrer einjährigen Tochter sprach, wurde ihr sofort mitgeteilt, dass eine Vollzeitbetreuung utopisch sei. Nur 20 Prozent aller Kinder unter drei Jahren werden in Deutschland ganztags betreut, in Dänemark sind es 64 Prozent.

Abbildung 2.1: Das Erwerbsarrangement von Paaren im Alter von 25 bis 49 Jahren, in Haushalten mit und ohne Kinder in Finnland, Großbritannien und Deutschland. In Prozent, 2006

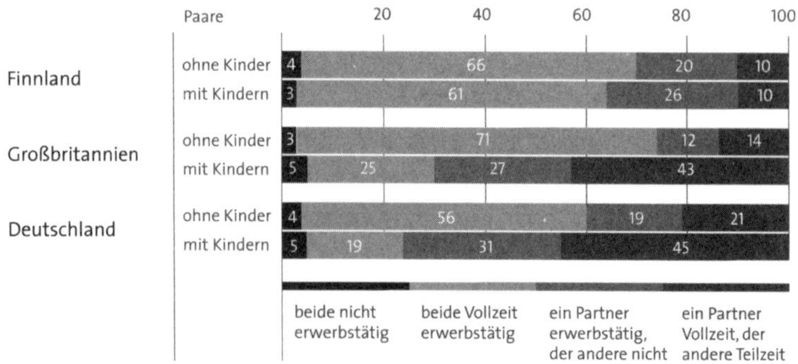

Quelle: European Commission (2009): Reconciliation between work, private and family life in the European Union. Luxembourg: Office for Official Publications of the European Communities. S. 31

Die Mobilität innerhalb Europas nimmt zu. Deutsche arbeiten in Großbritannien, Schweden in Deutschland. Die Europäische Union verabschiedet Programme, die Arbeiten und Studieren im Ausland erleichtern sollen, die Länder scheinen zusammenzurücken. Doch schaut man genauer hin, entdeckt man völlig andere Lebens- und Erwerbsverläufe, unterschiedliche Strategien der Arbeitsmarkt- und Familienpolitik. Nehmen wir drei Beispiele, drei Paare im Alter zwischen 25 und 49 Jahren. Jaana und Mika sind ein typisches finnisches Paar: In Finnland ist es gang und gäbe, dass Mütter nach einer vergleichsweise kurzen Unterbrechung wieder Vollzeit erwerbstätig sind – wie auch ihre Partner. Kinder machen also kaum einen Unterschied beim Ausmaß der Erwerbstätigkeit. So ist Abbildung 2.1 zu entnehmen, dass in 66 Prozent der finnischen Paarhaushalte ohne Kinder beide Partner Vollzeit arbeiten gehen, bei Paaren mit Kindern sind es 61 Prozent. Dieses skandinavische Land wurde vom dänischen Soziologen Gøsta Esping-Andersen der Gruppe »sozialdemokratischer Wohlfahrtsstaaten« zugeordnet.[1] Anders sieht es in Großbritannien aus. Emily und Harry würden – solange sie keine Kinder haben – wie 71 Prozent der vergleichbaren Paare beide Vollzeit arbeiten. Doch dieser Anteil geht in dem als »liberal« bezeichneten Wohlfahrtsstaat nach der Familienbildung auf 25 Prozent zurück. Typischerweise würde Emily nun ihre Erwerbstätigkeit einige Jahre unterbrechen und anschließend lediglich auf eine Teilzeitstelle zurückkehren. Julia und Michael leben in Deutschland, einem »konservativen Wohlfahrtsstaat« in Esping-Andersens Einteilung. Hier sind nur 56 Prozent aller kinderlosen Paare beide Vollzeit erwerbstätig. Bei Paaren mit Kindern liegt der Anteil bei nur 19 Prozent. Würde Julia nach der Geburt ihres Kindes wieder Vollzeit erwerbstätig sein, gehörte sie zu einer Minderheit. Für Jaana dagegen wäre das völlig normal, sie zählt in Finnland zu einer deutlichen Mehrheit.

Beziehen wir nun weitere europäische Nachbarn in den Vergleich mit ein. Während der Anteil erwerbstätiger Frauen zwischen den Ländern nur wenig variiert, liegen Welten zwischen der Erwerbstätigkeit von Müttern (Abbildung 2.2). So beträgt die Quote aller nicht erwerbstätigen Frauen in Schweden 20 Prozent und in Großbritannien 28 Prozent. Hingegen klaffen die Quoten der nicht erwerbstätigen Mütter mit kleinen Kindern mit 19 Prozent in Schweden und 41 Prozent in Großbritannien weit auseinander.

Abbildung 2.2: Der Anteil nicht erwerbstätiger Frauen zwischen 25 und 54 Jahren insgesamt und von Müttern mit Kindern zwischen drei und fünf Jahren, ausgewählte Länder, 2007

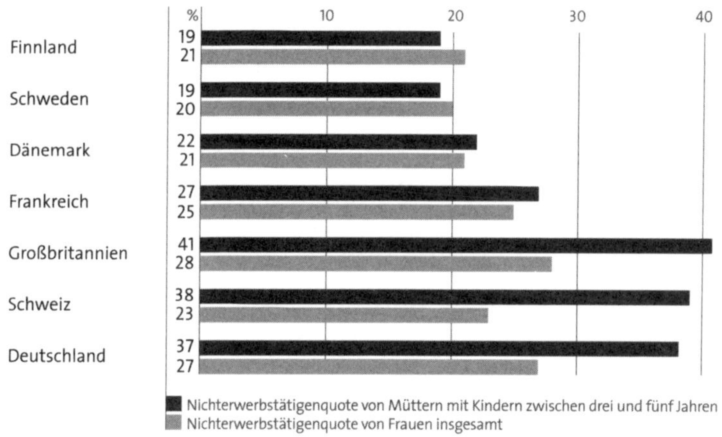

Quelle: OECD Family database – LMF2: Maternal employment rates http://www.oecd.org/1/37/43199008.xls (Zugriff: Januar 2010). Abweichende Erhebungsjahre der Nichterwerbstätigkeit von Müttern: Schweiz 2006 und Dänemark 1999

Wir stellen also fest: Insbesondere Mütter in Deutschland, der Schweiz und in Großbritannien sind oft nicht erwerbstätig. Als solches mag das wenig heißen, da Phasen der Nichterwerbstätigkeit durchaus ihr Gutes haben können. Man erweitert Perspektiven, lebt ein Stück anderes Leben. Problematisch wird die Nichterwerbstätigkeit, wenn es keine Wahlmöglichkeiten gibt, sie lange anhält, aber nicht mehr dem Wunsch der Frauen entspricht. Dann verlieren sich Optionen, der Weg zurück in den Arbeitsmarkt wird kompliziert und man riskiert, finanziell vom Partner oder dem Staat abhängig zu werden. Und genau das wollen Frauen nicht.[2] Was steckt hinter den Momentaufnahmen unserer bisherigen Querschnittsbetrachtung?

Die Daten des International Social Survey Programme (ISSP)[3] aus dem Jahre 2005[4] zeigen, wie lange die Nichterwerbstätigkeit in den untersuchten Ländern meist anhält (Abbildung 2.3).

Abbildung 2.3: Die mittlere Dauer der gegenwärtigen Erwerbsunterbrechung von Frauen zwischen 25 und 59 Jahren, die mindestens einmal in ihrem Leben erwerbstätig waren, ausgewählte Länder, 2005

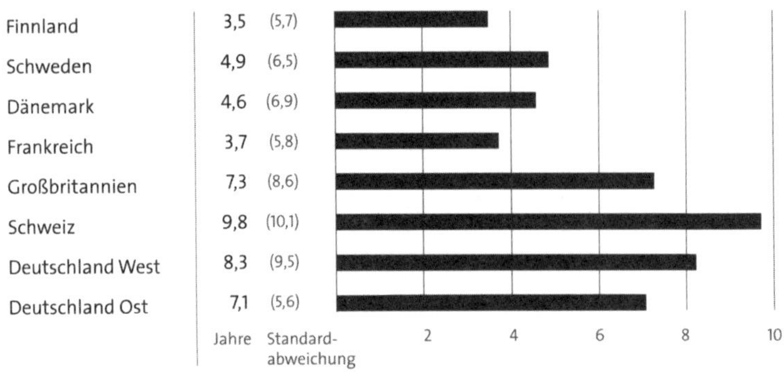

Quelle: ISSP 2005, eigene Berechnungen (N = 599) [5]*. Der Wert in Klammern zeigt die Standardabweichung: Je höher dieser Wert ist, desto stärker weicht die durchschnittliche Dauer der Erwerbsunterbrechungen vom Landesmittel ab.*

Bei Jaana sind es mehr als drei Jahre, bei Emily über sieben Jahre und bei Julia, die in Westdeutschland lebt, sind es über acht Jahre. Das ist eine sehr lange Zeit. Abbildung 2.3 ist auch zu entnehmen, inwieweit diese Frauen ihre Länder repräsentieren. Verhalten sich alle Frauen dort ähnlich, so ist die Standardabweichung (hier in Klammern) gering. Gibt es große Differenzen in der Dauer der Erwerbsunterbrechungen, so ist der Wert hoch. Wir sehen, was wir bereits vermuten konnten: In Finnland gehen die meisten Jaanas

Weg. In Westdeutschland und Großbritannien sind die Unterschiede zwischen den Frauen dagegen groß. Interessant ist hier der Vergleich zwischen Julia und Sabine, die in Mecklenburg-Vorpommern lebt und immer wieder arbeitslos ist. Ostdeutsche Frauen unterbrechen mit durchschnittlich sieben Jahren zwar relativ lange, doch meist über eine ähnliche Zeitspanne, wie die niedrigen Abweichungen belegen (Standardabweichung von 5,6). Bei westdeutschen Frauen ist das anders, die Unterschiede sind wesentlich stärker ausgeprägt (Standardabweichung von 9,5). Hier, wie auch in Großbritannien und der Schweiz, spielen persönliche Umstände offenbar eine größere Rolle.

Das Knäuel entwirren: Auf welche Faktoren kommt es an?

In den Sozialwissenschaften beschäftigen sich viele vergleichende Analysen damit, die Gründe für die Erwerbsunterbrechung und deren Dauer herauszufinden. Grob gesehen kommt es auf drei Bereiche an. Auf einer *individuellen* Ebene spielen das Alter der Frauen, deren Familienstand, Qualifikation, die vorangegangenen Arbeitsjahre und die Anzahl der Kinder eine Rolle. Ebenso wichtig sind die Qualifikation und die Erwerbstätigkeit des Partners und das Einkommensniveau des Haushalts insgesamt. Auf der *institutionellen* Ebene zählen die familienpolitischen Maßnahmen: die Regelung von Kindererziehungszeiten, das Angebot an außerhäuslicher Kinderbetreuung, die Gestaltung des Steuerrechts, der Zustand und die Flexibilität des Arbeitsmarktes, etwa bezogen auf die Regelung der Arbeitszeit und auf die Palette der Wiedereinstiegshilfen. Auch die *kulturellen* Traditionen eines Landes sind wichtig. Welche Vorstellungen einer »guten Erziehung« oder »guter Eltern« werden von den meisten geteilt?

Wie stark jedes dieser Faktorenbündel tatsächlich wirkt, ist schwer zu bestimmen. So sind kulturelle Dimensionen qualitativ und quantitativ nicht leicht zu erfassen. Auch bräuchten wir Daten, die über die individuellen, institutionellen und kulturellen Rahmenbedingungen hinweg eine hohe Informationsdichte aufweisen und zudem im Längsschnitt Entwicklungen abbilden. Solche Daten liegen nicht vor.

In diesem Kapitel beschränken wir uns auf die Wirkung institutioneller Faktoren. Dies setzt aber voraus, dass wir wesentliche individuelle Merkmale wie das Alter, den Bildungsstand, das Ausmaß der Weiterbildung, die Anzahl von Kindern und die Größe und Lage des Wohnortes über alle Länder hinweg in einem statistischen Sinne konstant halten und dann fragen, ob selbst nach Berücksichtigung all dieser Faktoren noch Unterschiede zwischen den Ländern verbleiben. Unsere Berechnungen auf Grundlage der Daten des ISSP zeigen: Dies ist der Fall. Welche institutionellen Faktoren machen also den Unterschied? Kommt es auf den Arbeitsmarkt und die Arbeitszeiten an? Auf die Höhe der Leistungen für Familien? Sind es die Steuersysteme?

Zur Klärung nutzen wir Daten der OECD Family database. Sie weist neben den Erwerbstätigenquoten und Arbeitszeiten von Frauen für jedes Land auch die Höhe der Familienleistungen aus, also die Geldtransfers an Familien mit Kindern. Außerdem werden wir darüber informiert, in welchem Umfang die öffentliche Hand die Betreuungsmöglichkeiten für Kinder mitfinanziert, wie das Steuersystem ausgestaltet ist und vieles mehr.

Arbeitsmarkt

Es liegt auf der Hand, dass bereits das Ausmaß der Arbeitslosigkeit in einem Land die Erwerbsbeteiligung stark prägt. Als arbeitslos gilt, wer dem Arbeitsmarkt zur Verfügung steht, aber keine Beschäftigung findet. Sollten sich die Länder im Ausmaß der Arbeitslosigkeit im Allgemeinen und der Arbeitslosigkeit von Frauen im Besonderen stark unterscheiden, so wäre dies bereits ein erster Erklärungsansatz für Unterschiede in den Erwerbsunterbrechungen und deren Dauer.

Werfen wir zunächst einen Blick auf die Erwerbstätigenquoten. In allen sieben untersuchten Ländern liegt die der Männer deutlich über der von Frauen. Insgesamt ist der Anteil erwerbstätiger Männer in der Schweiz mit 94 Prozent am höchsten, in Finnland und Deutschland mit ungefähr 86 Prozent am niedrigsten. In Deutschland sind auch relativ wenige Frauen berufstätig (74 Prozent). Spitzenreiter ist hier Schweden mit 83 Prozent. Betrachtet man die Erwerbstätigenquoten innerhalb der Länder, so zeigen sich in Finnland, Schweden und Dänemark zwischen den Werten der Männer und denen der Frauen nur geringfügige Unterschiede (5 bis 8 Prozentpunkte). Deutlicher ist die Diskrepanz in Frankreich, Deutschland und Großbritannien (ungefähr 13 Prozentpunkte), wobei sich in der Schweiz die größte Differenz zwischen Männern und Frauen feststellen lässt (15 Prozentpunkte).

Im Ländervergleich zeigt sich, dass Frauen etwas häufiger arbeitslos gemeldet sind als Männer. Mit welcher finanziellen Unterstützung sie in dieser

Phase rechnen können, lässt sich im Anhang nachlesen. Besonders wichtig in unserem Zusammenhang ist der Vergleich der Arbeitslosigkeit von Frauen zwischen den Ländern. Denn Unterschiede in den Erwerbstätigenquoten und der Dauer der Erwerbsunterbrechung könnten sich allein daraus ergeben, dass die Arbeitsmärkte der einzelnen Länder unterschiedliche Aufnahmekapazitäten besitzen. In Dänemark und der Schweiz sind die Arbeitslosenquoten insgesamt am niedrigsten (3 bis 4 Prozent), in Deutschland und Frankreich am höchsten (7 bis 8 Prozent). Wir sehen also, dass die Erwerbstätigenquoten von Frauen und die Dauer ihrer Erwerbsunterbrechung nicht systematisch mit der Arbeitslosigkeit in Verbindung stehen. Es müssen andere Faktoren im Spiel sein.

Arbeitszeit

Beginnen wir mit den Arbeitszeiten. Bislang haben wir hierzu die Paarebene betrachtet und grob zwischen Vollzeit und Teilzeit unterschieden. Jetzt fragen wir: Wie lange arbeiten Jaana, Emily und Julia *normalerweise*? Wie lange Mika, Harry und Michael? Wir berücksichtigen die Überstunden, die regelmäßig anfallen, schließen jedoch die Zeiten wegen Krankheit oder Mutterschutz aus. Die normale Wochenarbeitszeit kann von der gesetzlich oder tariflich geregelten durchaus abweichen.[6] Wir unterteilen in drei Kategorien: Arbeitszeiten unter 30 Stunden, zwischen 30 und 39 Stunden und 40 und mehr Stunden pro Woche (Abbildung 2.4).

Wieder finden wir auffällige Abweichungen zwischen den Ländern. In Finnland sind nur wenige Frauen unter 30 Stunden pro Woche (12 Prozent) berufstätig, in Deutschland ist der Wert um mehr als ein Dreifaches höher (38 Prozent). Jaana arbeitet meistens zwischen 30 und 39 Stunden, selten darunter und darüber. Bei Julia und Emily dagegen liegt die Arbeitszeit häufig unter 30 Stunden, allerdings auch oft über 39 Stunden. Im Vergleich aller Länder sticht die Schweiz hervor: Hier ist fast die Hälfte aller Frauen (47 Prozent) unter 30 Stunden erwerbstätig. Unterteilt man nun in Frauen mit und ohne Kinder (hier nicht grafisch dargestellt), so werden die Unterschiede noch eindrücklicher. Junge Mütter arbeiten in den konservativen und liberalen Sozialstaaten, sofern sie überhaupt erwerbstätig sind, unter 30 Stunden. In den skandinavischen Ländern beteiligen sich nicht nur mehr Frauen am Erwerbsleben, ihre Arbeitszeiten sind auch deutlich höher, meistens liegen sie über 30 Stunden.

Abbildung 2.4: Die Verteilung der wöchentlichen Arbeitszeit erwerbstätiger Frauen und Männer in ausgewählten Ländern, 2007 (»normale Arbeitszeit«)

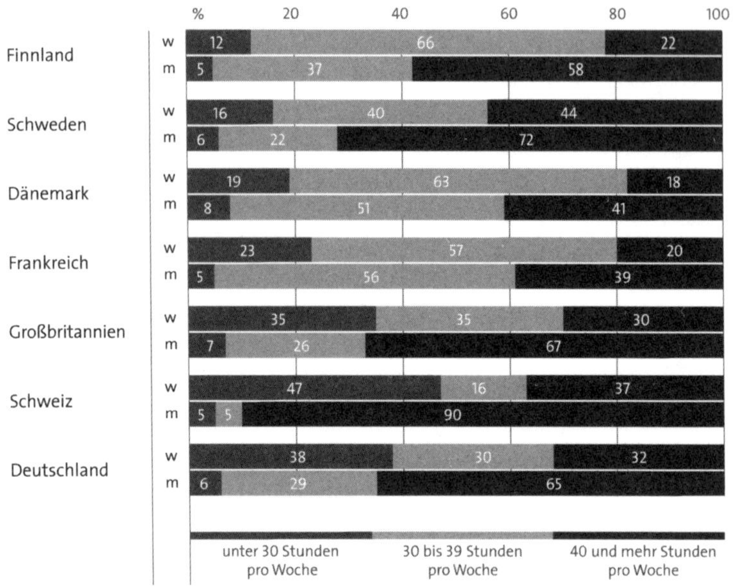

Quelle: OECD Family database – LMF7: Usual working hours per week by gender http://www.oecd.org/dataoecd/1/33/43199420.xls (Zugriff: Januar 2010)

Was ist mit Mika, Harry und Michael? Alle drei Männer arbeiten in Berufen, in denen wöchentlich 40 Stunden und mehr »normal« sind. In Finnland sind 58 Prozent der Männer über 39 Stunden in der Woche erwerbstätig, in Großbritannien 67 Prozent und in Deutschland 65 Prozent. Frankreich und die Schweiz bilden hier die Extreme. In Frankreich arbeiten weniger als 40 Prozent der Männer über 39 Stunden, in der Schweiz dagegen 90 Prozent.

Arbeitszeiten spielen eine wichtige Rolle. In Ländern, in denen Männer normalerweise mehr als 39 Stunden in der Woche arbeiten, bleibt ihnen wenig Zeit für die gemeinsame Erziehung von Kindern, für die Pflege von Angehörigen oder für die täglich anfallenden Hausarbeiten. Betrachten wir die Vereinbarkeit von Beruf und Familie lediglich auf dieser Ebene, so könnten Mütter in Frankreich und Dänemark eher von ihren Partnern unterstützt werden als Mütter in der Schweiz und den anderen Vergleichsländern. Dort bleiben Frauen mit Kindern zunächst nur drei Optionen: die deutliche Reduktion ihrer Arbeitszeit, die Unterbrechung ihrer Erwerbstätigkeit oder die Inanspruchnahme öffentlicher oder privater Kinderbetreuungsdienste. Eine Umverteilung von Erwerbsarbeit zwischen Frauen und Männern wird hier nicht angedacht.

Teilzeit

Jaana, Emily und Julia haben ihre Erwerbstätigkeit unterbrochen, um ihre Kinder zu betreuen. Jaana arbeitet nach einiger Zeit dann wieder Vollzeit, Emily und Julia pausieren länger vom Berufsleben und nehmen anschließend eher eine Teilzeitbeschäftigung auf. Hieraus ergibt sich eine übergreifende Frage: Wie verhalten sich Teilzeit und Nichterwerbstätigkeit zueinander? Hilft das Angebot, in Teilzeit zu arbeiten, gegen Nichterwerbstätigkeit?

Das Gegenteil ist der Fall. Abbildung 2.5 stützt sich auf zwei Dimensionen: den Anteil Teilzeit erwerbstätiger Frauen und den Anteil erwerbstätiger Mütter mit Kindern im Alter von drei bis fünf Jahren. Die Erwerbstätigkeit von Müttern mit kleinen Kindern ist in jenen Ländern hoch, in denen nur sehr wenige Frauen in Teilzeit arbeiten, also in Finnland, Schweden, Dänemark und Frankreich. Ungleich niedriger liegt die Erwerbstätigkeit von jungen Müttern in Ländern mit einer hohen Teilzeitquote. In Finnland, Schweden, Dänemark und Frankreich bestehen die institutionellen und kulturellen Rahmenbedingungen, dass sich Frauen durch eigene Erwerbsarbeit finanziell absichern können – unabhängig davon, ob diese Frauen Kinder haben oder nicht. Den Esel von Buridan gibt es hier nicht. Die Ausrichtung ist eindeutig. In den anderen Ländern stehen Frauen zwischen zwei Welten und müssen diese immer neu für sich gestalten.

Damit signalisiert der Anteil von Frauen in Teilzeit im internationalen Vergleich das Niveau der Unvereinbarkeit von Beruf und Familie, die Unentschiedenheit von Politik und Kultur. Dies gilt zumindest dann, wenn Männer Vollzeit erwerbstätig sind. Eine geschlechtsspezifisch ungleiche Verteilung von Haus- und Erwerbstätigkeit beherrscht hier den Alltag. Das kulturelle Erbe von Ein-Verdiener-Traditionen wirkt in Deutschland, der Schweiz und Großbritannien nach wie vor stark. Weiterführende Untersuchungen[7] zeigen, wie folgenreich diese Erwerbskonstellationen sind. Denn nur wenigen Frauen gelingt es im späteren Erwerbsverlauf, eine Teilzeitstelle wieder in eine volle Stelle umzuwandeln. Ihre eigene Karriereentwicklung leidet darunter ebenso wie der Aufbau einer ausreichenden Altersvorsorge.

Abbildung 2.5: Der Anteil der Frauen, die normalerweise Teilzeit arbeiten, und die Erwerbstätigenquote von Frauen mit Kindern zwischen drei und fünf Jahren in ausgewählten Ländern, 2007

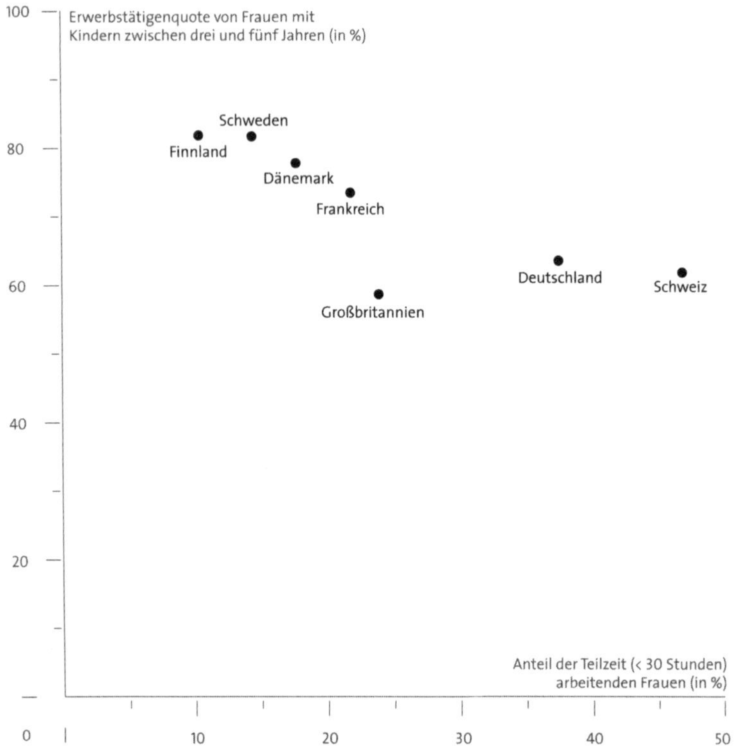

Quellen: OECD Family database – LMF7: Usual working hours per week by gender http://www.oecd.org/dataoecd/1/33/43199420.xls (Zugriff: Januar 2010)

OECD Family database – LMF2: Maternal employment rates http://www.oecd.org/1/37/43199008.xls (Zugriff: Januar 2010). Abweichende Erhebungsjahre der Nichterwerbstätigkeit von Müttern: Schweiz 2006 und Dänemark 1999

Direkte familienbezogene Leistungen

Gehen hohe familienbezogene Leistungen, wie Kindergeld, Elterngeld oder Betreuungsgeld, einher mit niedrigen Anteilen von Vollzeiterwerbstätigkeit? Dann müsste in Ländern mit hohen direkten Transfers eine niedrige Frauenerwerbsbeteiligung anzutreffen sein. Ein solcher direkter Zusammenhang ist nicht feststellbar: Die Schweiz, Deutschland und Großbritannien weisen die gleichen Erwerbstätigenquoten von Müttern mit Kindern unter 16 Jahren aus. Die direkten Geldtransfers an Familien unterscheiden sich jedoch massiv und liegen bei 1 Prozent des Bruttoinlandsprodukts in der Schweiz, bei 1,6 Prozent in Deutschland und 2,4 Prozent in Großbritannien. Und umgekehrt ansetzend: In Staaten mit gleichen Ausgaben für Familien liegen die Nichterwerbstätigenquoten von Frauen zwischen 17 Prozent in Schweden und 32 Prozent in Deutschland. Geld macht einen Unterschied, gewiss. Aber es muss sehr darauf geachtet werden, welche familienbezogenen Leistungen damit gefördert werden. Ein Gießkannenprinzip nutzt nichts. Auch zu diesem Thema haben wir die Regelungen in den einzelnen Ländern im Anhang zusammengestellt.

Bereitstellung von Betreuungsangeboten für Kinder

Welche Rolle spielt nun der Ausbau von Betreuungsmöglichkeiten für Kinder? Die Antwort liegt auf der Hand: Ausreichende Betreuungsmöglichkeiten geben Familien mit Kindern überhaupt erst Optionen. Sie schaffen Möglichkeiten, eine Wahl- und Handlungsfreiheit. Nehmen Mütter diese gegebenen Möglichkeiten an oder lehnen sie für sich ab, wird dies von der Gesellschaft weder gewürdigt noch geächtet: »Gute« Mütter sind durchaus auch »Rabenmütter« – und umgekehrt. Wie unterschiedlich institutionell gesetzte Optionen angenommen und gelebt werden, sehen wir im Vergleich von Finnland und Schweden, zwei Ländern, die sich kaum in ihren Betreuungsangeboten unterscheiden. In Finnland haben Mütter einen Rechtsanspruch auf eine kostenlose Kinderbetreuung ab dem Alter von zehn Monaten ihres Kindes, in Schweden gilt dies ab dem ersten Lebensjahr. Die Plätze stehen zur Verfügung, sie können genutzt werden oder ungenutzt bleiben. Wir sehen, dass in Finnland jede zweite Frau mit einem Kind unter drei Jahren diese Möglichkeit nutzt, um erwerbstätig sein zu können. Aus anderer Perspektive: 26 Prozent der Kinder unter drei Jahren besuchen Ganztagsplätze in außerhäuslichen Einrichtungen (Abbildung 2.6, Kreise). In Schweden dagegen sind über 70 Prozent der Mütter mit kleinen Kindern berufstätig und 45 Prozent der unter Dreijährigen werden in Krippen, Kindertagesstätten oder von Tagesmüttern ganztags versorgt. Frauen in Finnland sind also seltener erwerbstätig als schwedische Frauen, ohne dass man hierfür fehlende Betreuungseinrichtungen verantwortlich machen könnte. Sind die Kinder allerdings über drei Jahre alt, steigt der Anteil erwerbstätiger Frauen in Finnland auffällig von 50 auf 81 Prozent (Abbildung 2.6, schwarze Punkte), die meisten von ihnen arbeiten Vollzeit. 70 Prozent der drei- bis fünfjährigen Kinder werden nun außerhäuslich versorgt. In Schweden steigt die Zahl erwerbstätiger Frauen auf 80 Prozent, der Anteil betreuter Kinder zwischen drei und fünf Jahren auf 85 Prozent. Es wird deutlich: Diese Unterschiede zwischen Finnland und Schweden sind zu einem guten Teil auf das Zusammenwirken von direkten und indirekten familienbezogenen Leistungen zurückzuführen. In Finnland besteht neben einem flächendeckenden Angebot an Kinderbetreuungseinrichtungen eine bezahlte Elternzeit von bis zu 263 Tagen. Im Anschluss können die Eltern bis zum dritten Geburtstag ihres Kindes ein Betreuungsgeld beziehen, wenn sie ihr Kind weiterhin zu Hause betreuen möchten. In Schweden umfassen die direkten familienbezogenen Transferleistungen einen insgesamt geringeren Zeitraum. Hier erhalten die Eltern für 480 Tage ein Elterngeld, davon sind 60 Tage für den Vater reserviert. Danach steht es aber im Ermessen der Kommunen, ob und wie lange sie ein zusätzliches Betreuungsgeld zahlen.

Dies gilt auch in anderer Richtung. So hatte Julia ganz im Gegensatz zu ihren schwedischen und finnischen Freundinnen kaum eine Chance, bald nach der Geburt ihrer Kinder in den Beruf zurückzukehren. In Deutschland erhalten nur sehr wenige Kinder unter drei Jahren überhaupt ein außerhäusliches Betreuungsangebot (20 Prozent).[8] Dennoch unterscheiden sich Julia und Jaana in den ersten drei Lebensjahren ihrer Kinder nur wenig. Beide bleiben erstmal zu Hause. Danach aber entwickeln sich ihre Lebensverläufe rasch auseinander. Zwar steht in Deutschland nun für fast 90 Prozent der Drei- bis Fünfjährigen ein Kindergartenplatz bereit, der Anteil der erwerbstätigen Mütter steigt aber nur um 8 Prozentpunkte auf knapp 60 Prozent. Betrachtet man die Arbeitszeiten, so werden die Unterschiede noch deutlicher. Jaana arbeitet Vollzeit. Julia könnte, auch wenn sie es wollte, kaum in Vollzeit arbeiten, da nur wenige Kindergärten eine Ganztagsbetreuung mit flexiblen Randzeiten anbieten. Wir stellen fest: Betreuungsangebote für Kinder sind zentral. Erst sie geben Frauen die Wahlfreiheit und erlauben ihnen, das eigene Leben zu leben. Genaueres hierzu lässt sich der Aufstellung im Anhang entnehmen.

Abbildung 2.6: Erwerbstätigkeit von Frauen mit Kindern unter drei Jahren und mit Kindern zwischen drei und fünf Jahren nach Betreuungsangeboten für Kinder, ausgewählte Länder, 2007

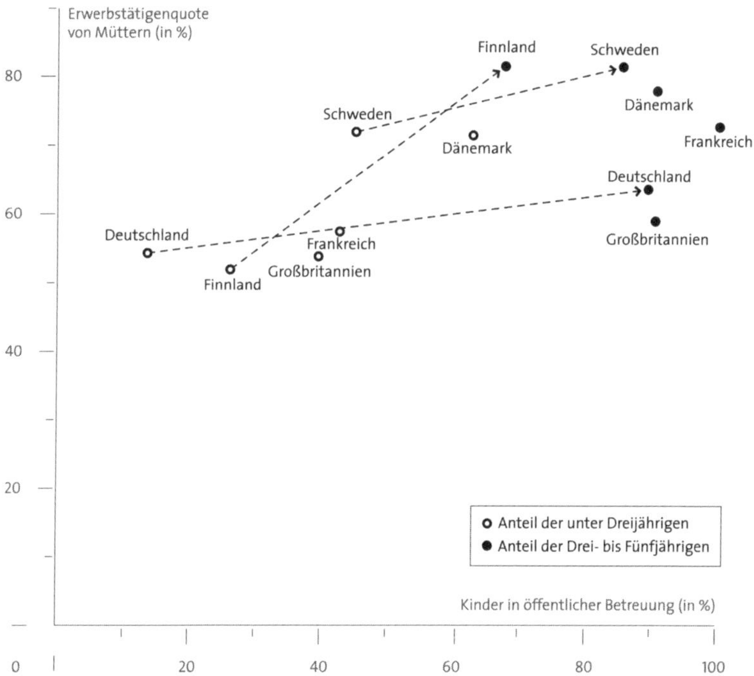

Quellen: OECD Family database – PF11: Enrolment in day-care and pre-schools http://www.oecd.org/dataoecd/55/55/38969007.xls (Zugriff: Januar 2010)

OECD Family database – LMF2: Maternal employment rates http://www.oecd.org/dataoecd/1/37/43199008.xls (Zugriff: Januar 2010). Abweichende Erhebungsjahre der Erwerbstätigkeit von Müttern: Dänemark 1999.

Steuersysteme

Immer wieder hören wir, wie entscheidend die Steuerpolitik für die Erwerbstätigkeit von Frauen ist. Durch eine gemeinsame Versteuerung und Veranlagung der Einkommen beider Partner und ein Ehegattensplitting können zwei volle Normaleinkommen so stark besteuert werden, dass eine zweite gut bezahlte oder Vollzeiterwerbstätigkeit kaum lukrativ erscheint. Fallen aufgrund der Erwerbstätigkeit der Mutter erhebliche Kinderbetreuungskosten an, werden diese meist mit dem zweiten Einkommen finanziert. Oft bleibt so am Ende davon nicht mehr viel übrig. Um bei unserem Beispiel zu bleiben: Wäre Julia Vollzeit erwerbstätig, so würde sie hauptsächlich für die privat zu finanzierende Betreuung ihres Kindes und für das Finanzamt arbeiten. In Deutschland gilt noch immer das Zuverdienermodell. Arbeitet Jaana Vollzeit, so erhöht sie ihr eigenes Einkommen erheblich, auch wenn sie höhere Steuern als in Deutschland zahlen muss. Die Individualbesteuerung verzichtet auf komplizierte Aushandlungsmodelle innerhalb von Paarhaushalten, auch sie gibt Frauen Unabhängigkeit und Wahlfreiheit. Steuersysteme in den Ländern legen also bestimmte Erwerbskonstellationen nahe, welche Instrumente hierbei wirken, zeigt eine kurze Übersicht im Anhang.

Die OECD stellt Modellrechnungen auf, in denen die Einkünfte von Einverdienerfamilien mit den Einkünften von Familien verglichen werden, in denen beide Partner zu gleichen Teilen zum Familieneinkommen beitragen.[9] Betrachtet werden dabei nicht die absoluten Steuerbeträge, sondern die unterschiedliche Belastung von Ein- und Gleichverdienerpaaren. Die Ergebnisse werden auf einer Skala abgetragen, in der negative Werte auf eine steuerliche Bevorzugung des *single breadwinner model* hinweisen und positive Werte auf eine Besserstellung von *equal earner couples*. Von den sechs Ländern, die wir hier betrachten, bildet Deutschland mit minus 2 das eine, Finnland mit plus 11 das andere Extrem.

Sind dies nur Zahlenspiele, oder zeigen sich tatsächlich ursächliche Bezüge zur Erwerbstätigkeit von Frauen mit Kindern? Berücksichtigen wir nur Frauen mit Kindern unter drei Jahren, so sehen wir keine direkte Beziehung zwischen dem Steuersystem und der Erwerbstätigkeit von Müttern. Dies mag daran liegen, dass viele Länder für Familien mit kleinen Kindern finanzielle Anreize bieten, die unabhängig vom Steuersystem Müttern und Vätern eine Unterbrechung der Erwerbsarbeit erlauben. In Finnland und anderen skandinavischen Ländern ist dies der Fall.[10] Schauen wir dagegen auf die Erwerbstätigenquote von Frauen mit Kindern zwischen drei und fünf Jahren oder von allen Frauen mit Kindern unter 16 Jahren, so zeigen sich Zusammenhänge zwischen den Erwerbstätigenquoten und der Ausgestaltung des Steuersystems. In Ländern mit Individualbesteuerung sind mehr Mütter berufstätig als in Ländern mit einer gemeinsamen Besteuerung, die jene Paare steuerlich begünstigen, bei denen ein deutliches Verdienstgefälle zwischen den Partnern besteht.

Dennoch wäre es falsch, den Steuersystemen eine zu große Bedeutung beizumessen. Dies zeigt der Vergleich zwischen Finnland und Dänemark: Die Erwerbstätigenquote von Frauen mit Kindern ist in beiden Ländern ähnlich, die Steuersysteme setzen aber deutlich andere Anreize. Steuersysteme sind wichtig, aber anderen Faktoren kommt insgesamt ein mindestens ebenso hoher Stellenwert zu. Ihr Symbolwert allerdings ist nicht zu unterschätzen. Steuersysteme zeigen sehr deutlich an, wie Frauen gedacht und gesellschaftlich verortet werden – als Zuverdienerin wie in Deutschland oder als eigenständige Verdienerin wie in Finnland und Schweden.

Fassen wir zusammen: Die Quote nicht erwerbstätiger Mütter schwankt innerhalb Europas beträchtlich. Dies liegt weniger an den individuellen Merkmalen der Frauen, an ihrem Alter, ihrer Qualifikation oder ihrem Familienstand. Selbst wenn wir diese Merkmale beachten, sie statistisch kontrollieren, bleiben Länderunterschiede bestehen. Verantwortlich zeichnet ein Geflecht von Institutionen und Kulturen, die öffentliche Kinderbetreuung, besonders für Kinder unter drei Jahren, die finanzielle Unterstützung von Familien, Arbeitszeiten und die Steuersysteme der Länder. All diese Faktoren beeinflussen die Wahlmöglichkeiten von Müttern und Vätern und das Ausmaß, in dem insbesondere Frauen erwerbstätig sein können. Es wäre falsch, dieses Geflecht auf einzelne Faktoren zu reduzieren.

Erwerbsbeteiligung und Arbeitszeiten von Frauen bleiben nicht folgenlos: Weiterführend kann man im europäischen Vergleich zeigen, dass hohe Erwerbstätigenquoten und lange Arbeitszeiten mit geringen Lohnunterschieden zwischen Männern und Frauen einhergehen, entsprechend führen sie zu vergleichbaren Altersrenten beider Geschlechter. Hohe Erwerbstätigenquoten von Frauen vermindern des Weiteren den Abstand zwischen der finanziellen Situation von Familien mit und Familien ohne Kinder. So liegt das relative Einkommen (nach Steuern) von Familien gegenüber Paaren ohne Kinder in Dänemark und Finnland bei 85 Prozent und 90 Prozent, in der Schweiz und Großbritannien jedoch nur bei 72 Prozent und 75 Prozent.[11] Das Ergebnis ist eindeutig und sehr wichtig: Möchte man Familien mit und ohne Kinder finanziell gleichstellen, so muss man Frauen eine Vollzeiterwerbstätigkeit ermöglichen.

Bisher wissen wir noch nicht, wie Mette, Jaana und Julia ihre eigene Situation beurteilen. Fühlen sich erwerbstätige Mütter in unseren Ländern stärker belastet als nicht erwerbstätige Mütter? Gibt es auch da Unterschiede zwischen den Ländern? Geht die hohe Erwerbsbeteiligung von Müttern insbesondere in Dänemark, Finnland, Schweden und Frankreich einher mit einer subjektiv empfundenen Unvereinbarkeit?

Im International Social Survey Programme (ISSP)[12] werden solche Aspekte der Arbeitsorientierung erhoben. So möchte man von den Frauen wissen: »Wie oft haben Sie das Gefühl, dass Ihre Berufstätigkeit Ihr Familienleben beeinträchtigt?«[13] Um nicht Äpfel mit Birnen zu vergleichen, berücksichtigen wir bei den Berechnungen die individuellen und beruflichen Merkmale der Frauen, also Bildung, Alter, Erwerbstätigkeit des Partners, Größe des Wohnorts, Entfaltungsmöglichkeiten am Arbeitsplatz und Wochenarbeitszeit.

Abbildung 2.7: Die Auswirkung von Kindern auf die wahrgenommene Vereinbarkeit von Beruf und Familie. Erwerbstätige Frauen zwischen 25 und 54 Jahren, nach Land

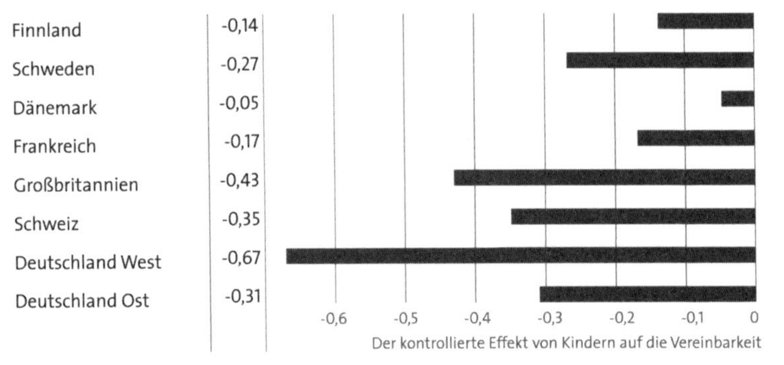

Quelle: ISSP 2005, eigene Berechnungen

Die Ergebnisse zeigen aufs Neue, dass die subjektiv wahrgenommene Vereinbarkeit von Beruf und Familie erwerbstätiger Frauen selbst dann von den institutionellen Merkmalen deutlich beeinflusst wird, wenn die persönlichen Merkmale berücksichtigt bleiben. So beurteilen in Westdeutschland erwerbstätige Mütter die Vereinbarkeit wesentlich schlechter als erwerbstätige Frauen ohne Kinder. Ähnlich die Frauen in Großbritannien und der Schweiz. In Ostdeutschland, in Dänemark, Finnland und Frankreich sehen wir keine statistisch signifikanten Unterschiede zwischen Frauen mit und ohne Kinder. Diese Ergebnisse spiegeln die oben beschriebenen hemmenden oder fördernden Institutionen.

Um eines klarzustellen: Die deutlichen Unterschiede zwischen den Ländern kommen nicht durch die Zahl der Kinder zustande. In Deutschland finden wir mit einer Rate von 1,38 die niedrigste Fertilität[14], in der Schweiz ist sie mit 1,48 nur etwas höher. In den anderen Vergleichsländern liegt die Fertilitätsrate zwischen 1,85 in Finnland und 2,0 in Frankreich.[15] Betrachten wir außerdem die Anzahl der Kinder in den Haushalten, so sehen wir, dass in Finnland beinahe jedes zweite Kind mit zwei und mehr Geschwistern zusammenlebt. Haushalte mit nur einem Kind finden wir hier sehr selten. In Deutschland dagegen lebt nur jedes zweite Kind mit einer Schwester oder einem Bruder, mehr als jedes vierte ist Einzelkind.[16]

Wir halten fest: Die Erwerbstätigkeit von Müttern ist in den meisten Vergleichsländern höher als in Deutschland. Gleichermaßen sind dort die Fertilitätsraten höher, und es leben jeweils mehr Kinder in der Familie. Die Möglichkeit, Vollzeit erwerbstätig zu sein, scheint die Option Kind geradezu zu eröffnen. Flächendeckende Ganztagsbetreuung ermöglicht dies, gepaart mit intelligenten Regelungen von Eltern- und Betreuungsgeld. Die Gesamtrichtung ist dabei klar entschieden: Frauen wie Männer werden auf die eigene Existenzsicherung von Anfang an und ohne Hintertür verwiesen. Alle diese Länder verfolgen damit auch einen präventiven Ansatz: Mütter müssen ihr Berufsleben nicht unterbrechen – oder höchstens für kurze Zeit. Entsprechend finden wir in diesen Ländern auch keine Aktionsprogramme vergleichbar der »Perspektive Wiedereinstieg«. Der Blick über die Grenzen zeigt, dass Länder, die Frauen einen längeren Ausstieg nahelegen, dann auch besonders viele Maßnahmen benötigen, um sie wieder in den Arbeitsmarkt zurückzuholen. Deutschland gehört zu diesen Ländern. Wie schwierig dies ist, zeigen die folgenden Kapitel. Jedoch auch, dass es möglich ist.

Kapitel 3
Schattenfrauen: Nicht erwerbstätige Frauen in Deutschland

Die Zahl ist hoch: 5,6 Millionen Frauen zwischen 25 und 59 Jahren sind in Deutschland nicht erwerbstätig.[1] Dies entspricht einem Anteil von 28 Prozent aller Frauen in diesem Alter. Manch eine von ihnen wäre gerne berufstätig, kann aber keine Erwerbsarbeit aufnehmen, da sie im eigenen Haushalt unabkömmlich ist. Andere Frauen würden ebenfalls gerne arbeiten gehen, haben aber über Jahre hinweg keinen passenden Job gefunden und sich mittlerweile frustriert zurückgezogen. Da viele dieser Frauen keine staatlichen Leistungen erhalten, sind sie meistens nicht arbeitslos gemeldet. Julia gehört dazu. Wieder andere Frauen sind auf eine Erwerbstätigkeit dringend angewiesen. So auch Sabine, Julias Freundin aus Rostock. Sie hat sich vor kurzem von ihrem Mann scheiden lassen und sorgt seitdem allein für sich und ihren 13-jährigen Sohn, da der Exmann ihr den Unterhalt verweigert. Doch zurzeit ist sie arbeitslos und bezieht staatliche Leistungen. Es gibt weitere Fälle. Einige Frauen wären gerne erwerbstätig, ihre Gesundheit lässt dies aber nicht (mehr) zu. So konnte die 55-jährige Monika nach einem Bandscheibenvorfall nicht mehr in ihrem Beruf als Altenpflegerin weiterarbeiten. Andere Frauen sind finanziell abgesichert, leben von ihrem Vermögen oder dem Einkommen des Ehemannes und wollen ganz einfach nicht erwerbstätig sein.

Wir sehen, das Spektrum ist groß. All diese Frauen haben unterschiedliche Voraussetzungen, Erwartungen und Perspektiven. In diesem Kapitel berichten wir darüber. Ziel ist eine erste Bestandsaufnahme, bevor wir uns anschließend den Lebensverläufen dieser Frauen zuwenden.

Nicht erwerbstätige Frauen zwischen Staat, Markt und Familie

Welches Sozialprofil haben diese Frauen? Wir nutzen die Daten des Mikrozensus 2005 und orientieren uns an der Klassifikation des Statistischen Bundesamtes (StBa). Das StBa unterscheidet neben erwerbstätigen Frauen zwischen arbeitsuchenden Nichterwerbstätigen und reinen Nichterwerbspersonen.[2] Zu den erwerbstätigen Frauen gehören alle, die mindestens 15 Jahre alt und wenigstens eine Stunde in der Woche bezahlt beschäftigt sind. Arbeitsuchende sind nicht erwerbstätig, bemühen sich aber um eine Erwerbsarbeit. Sabine ist eine solche arbeitsuchende Frau. Kathrin dagegen hat lange erfolglos versucht, wieder Arbeit als Tierarzthelferin zu finden. Dann gab sie es auf. Sie zählt zu den Nichterwerbspersonen.

Von der Gesamtzahl nicht erwerbstätiger Frauen lassen sich 1,8 Millionen den arbeitsuchenden Nichterwerbstätigen zuordnen und 3,8 Millionen den Nichterwerbspersonen. Von allen nicht erwerbstätigen Frauen war knapp eine Million noch nie erwerbstätig. Unter den arbeitsuchenden Frauen finden sich 6 Prozent, die noch nie erwerbstätig waren, und bei den Nichterwerbspersonen 22 Prozent.

Betrachten wir die drei Gruppen nach ihrem Alter[3] (Abbildung 3.1) und fassen die erwerbstätigen Frauen (Abbildung 3.1, grau hinterlegt) und die arbeitsuchenden Frauen (Abbildung 3.1, schwarz hinterlegt) zusammen. In den neuen Bundesländern liegen die Werte in allen Altersstufen deutlich über denen der alten Bundesländer. Hierbei ergibt sich der markante Unterschied vor allem durch die Anzahl der arbeitsuchenden Frauen: In den neuen Bundesländern liegt deren Anteil über die Altersstufen hinweg bei etwa 20 Prozent und in den alten Bundesländern bei unter 10 Prozent. Die ostdeutschen Frauen streben in den Arbeitsmarkt zurück, wenn sie ihren Job verloren oder ihr Erwerbsleben unterbrochen haben. Entsprechend sehen wir in den neuen Bundesländern in allen Altersbereichen weitaus weniger Nichterwerbspersonen (Abbildung 3.1, schraffiert hinterlegt) als in den alten Bundesländern. Was wir schon lange wissen, bestätigt sich hier: Die Erwerbsorientierung von ostdeutschen Frauen ist deutlich höher als jene von westdeutschen Frauen.

Abbildung 3.1: Die Erwerbsbeteiligung von Frauen im Alter von 20 bis 64 Jahren, alte und neue Bundesländer, 2005

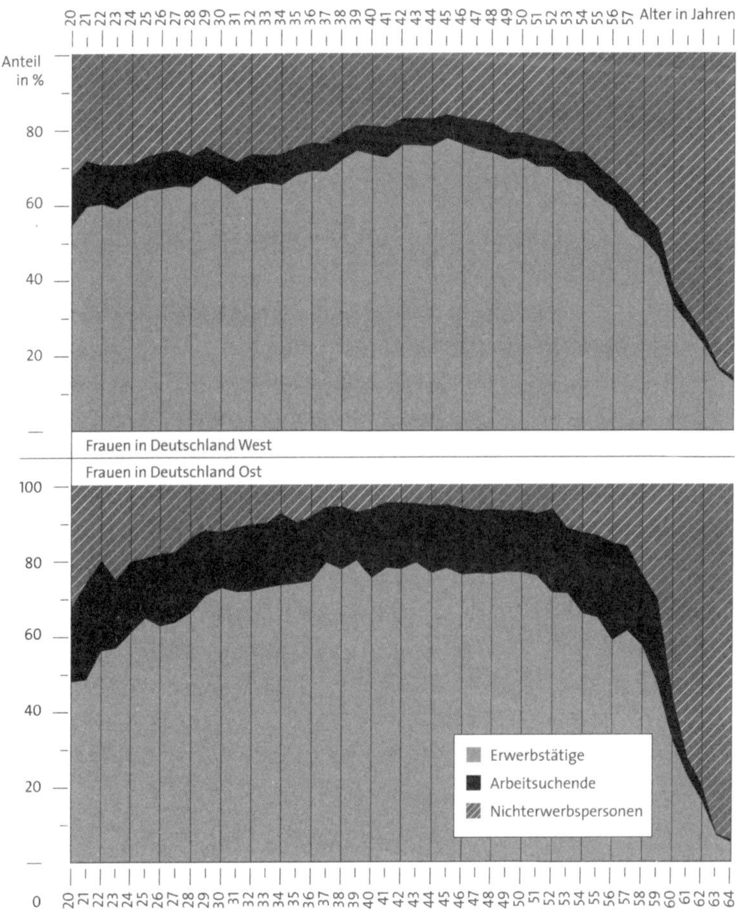

Quelle: Mikrozensus (SUF) 2005, eigene Berechnungen. Nicht berücksichtigt sind Frauen, die sich noch in der Ausbildung befinden.

Aus welchen Gründen sind Frauen nicht erwerbstätig? Bei den arbeitsuchenden Frauen[4] stehen betriebliche Ursachen im Vordergrund, wie Entlassungen (44 Prozent West, 55 Prozent Ost, siehe Abbildung 3.2) oder das Auslaufen befristeter Arbeitsverträge (14 Prozent West, 25 Prozent Ost). Gesundheitliche Probleme spielen kaum eine Rolle. Familiäre Umstände nennen nur 5 Prozent der ostdeutschen, aber immerhin 17 Prozent der westdeutschen Frauen. Die arbeitsuchenden Frauen haben ihre Stelle also zum überwiegenden Teil betriebs- und arbeitsmarktbedingt verloren. So auch Anke, die Bautechnikerin aus Leipzig. Anders die Nichterwerbspersonen. Sie sind hauptsächlich aus familiären (56 Prozent West, 15 Prozent Ost) und gesundheitlichen Gründen (11 Prozent West, 29 Prozent Ost) nicht erwerbstätig. Befristete Arbeitsverträge spielen keine Rolle. Betriebliche Entlassungen geben 9 Prozent der westdeutschen und 29 Prozent der ostdeutschen Frauen an. Frauen wie Julia und Kathrin ziehen sich also nach wie vor meist aus familiären Gründen vom Arbeitsmarkt zurück, zumindest in ihrer westdeutschen Heimat ist dies so.

Abbildung 3.2: Gründe für die Nichterwerbstätigkeit von Frauen im Alter von 25 bis 59 Jahren in den alten und neuen Bundesländern, 2005

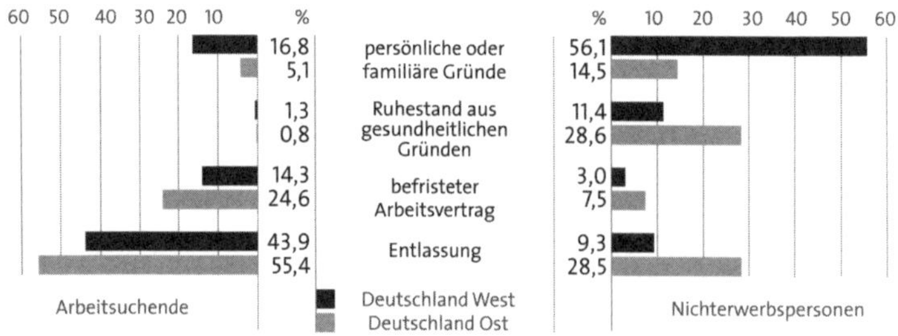

Quelle: Mikrozensus (SUF), 2005, eigene Berechnungen. Es wird nur eine Auswahl an Gründen wiedergegeben. (arbeitsuchend N = 9.884; Nichterwerbspersonen N = 17.002)

Betrachten wir die drei Gruppen näher und erstellen ein kleines Sozialprofil (Abbildung 3.3).[5] Passen die Gründe, die die Frauen für ihre Nichterwerbstätigkeit angeführt haben, zu ihren jeweiligen Lebenswelten?

Von den erwerbstätigen Frauen im Alter zwischen 25 und 59 Jahren sind 23 Prozent ledig, 64 Prozent verheiratet und 11 Prozent geschieden. Fast 40 Prozent sind kinderlos, 28 Prozent haben ein Kind, 26 Prozent zwei Kinder und 5 Prozent drei Kinder[6]. Das monatliche gewichtete Pro-Kopf-Nettoeinkommen beträgt 1.653 Euro.[7] Fast 90 Prozent dieser Frauen bezeichnen das selbstverdiente Geld als vorrangige Quelle ihres Lebensunterhalts, nur 10 Prozent werden hauptsächlich durch ihren Partner oder andere Familienangehörige versorgt.

Von den arbeitsuchenden Frauen sind 21 Prozent ledig, 57 Prozent verheiratet und 18 Prozent geschieden. Kinderlos sind 28 Prozent, ein Kind haben 35 Prozent, zwei Kinder 27 Prozent und 9 Prozent der Frauen haben drei Kinder. Das monatliche gewichtete Pro-Kopf-Nettoeinkommen beträgt 907 Euro, dabei verfügen 35 Prozent dieser Frauen monatlich über 500 bis 800 Euro. Von diesen Frauen bestreiten fast 70 Prozent ihre Lebenshaltungskosten durch das Arbeitslosengeld I oder II, der Rest bezieht in erster Linie Unterhaltszahlungen vom Partner oder von anderen Familienangehörigen.

Bei den Nichterwerbspersonen sind 7 Prozent der Frauen ledig, 83 Prozent verheiratet und 6 Prozent geschieden. Kinderlos sind 12 Prozent, ein Kind haben 27 Prozent, zwei Kinder 41 Prozent, drei Kinder 15 Prozent. Das monatliche gewichtete Pro-Kopf-Nettoeinkommen beträgt 1.310 Euro. Über 70 Prozent dieser Frauen leben vorrangig vom Unterhalt des Partners oder anderer Familienangehörigen.

Abbildung 3.3: Vorrangige Quelle des Lebensunterhalts von erwerbstätigen Frauen, arbeitsuchenden Frauen und Nichterwerbspersonen im Alter von 25 bis 59 Jahren, 2005

	Erwerbstätigkeit	Arbeitslosengeld I oder II	Unterhalt durch Eltern, Angehörige, (Ehe-)Partner
Nichterwerbspersonen	0 %	2,3 %	73,2 %
Arbeitsuchende	0 %	68,6 %	26,5 %
Erwerbstätige	87,3 %	1,5 %	10,0 %

Quelle: Mikrozensus (SUF), 2005, eigene Berechnungen. Es wird nur eine Auswahl der Antwortkategorien wiedergegeben. (Nichterwerbspersonen N = 17.002; arbeitsuchend N = 9.884; erwerbstätig N = 77.082)

Die drei Gruppen von Frauen unterscheiden sich somit deutlich. Erwerbstätige Frauen finanzieren sich über den Markt: Sie verdienen ihr eigenes Geld und sind hier unabhängig von Staat und Familie. 40 Prozent dieser Frauen sind kinderlos. Arbeitsuchende Frauen leben vom Staat: Sie haben kein eigenes Geld und selten beziehen sie Unterhalt von ihrer Familie. Von ihnen haben 28 Prozent keine Kinder. Frauen, die zu den Nichterwerbspersonen zählen, setzen voll auf die Familie. Weder Staat noch Markt spielen für ihren Unterhalt eine Rolle. Nur wenige dieser Frauen bleiben kinderlos, 41 Prozent haben sogar zwei Kinder.

Diese Gegenüberstellung zeigt, wie wenig Beruf und Familie in Deutschland vereinbar sind. Finanziell erfolgreich sind zwei Wege: das eigene Markteinkommen unter Verzicht auf Familie oder die eigene Familie unter Verzicht auf ein eigenes Markteinkommen. Mittel- und langfristig sicherer erscheint dabei der Verzicht auf Kinder. Platzt die Ehe, werden Frauen schnell auf den Markt verwiesen, der sie nicht mehr so recht will. Der hohe Anteil von geschiedenen Transferbezieherinnen in der Gruppe arbeitsuchender Frauen spricht Bände.

Bislang unbeachtet blieb die berufliche Qualifikation. Sind nicht erwerbstätige Frauen schlechter qualifiziert als erwerbstätige Frauen? Erklärt dies, warum sie auf den Staat angewiesen sind oder sich für die Familienarbeit entscheiden? Auf den ersten Blick ist das Qualifikationsniveau der erwerbstätigen Frauen in der Tat deutlich höher als das der arbeitsuchenden Frauen. Weiterhin scheinen arbeitsuchende Frauen besser qualifiziert zu sein als Nichterwerbsfrauen. Schließt man allerdings die eine Million Frauen aus, die noch nie erwerbstätig waren, so relativieren sich die Niveauunterschiede. Die nie erwerbstätigen Frauen sind außerordentlich schlecht qualifiziert und das über alle Altersstufen hinweg. Da sich diese nie erwerbstätigen Frauen überwiegend in der Gruppe der Nichterwerbspersonen befinden, erklärt sich hier der Qualifikationsunterschied zu der Kategorie der arbeitsuchenden Frauen.

Betrachten wir also die nie erwerbstätigen Frauen näher. Gehören sie zu den arbeitsuchenden Frauen, so sind 64 Prozent davon un- oder angelernt. Zählen sie zu den Nichterwerbspersonen, so sind um die 80 Prozent der Frauen zwischen 25 und 59 Jahren un- oder angelernt. Damit lassen sich 2 von 3 der arbeitsuchenden nie erwerbstätigen Frauen und 4 von 5 der nie erwerbstätig gewesenen Nichterwerbspersonen dem niedrigsten Qualifikationsniveau zuordnen. Der hohe Anteil und die extrem schlechte Bildung nie erwerbstätiger Frauen lassen sich nicht auf Frauen im höheren Alter zurückführen. Es ist also kein Phänomen, das demnächst verschwinden wird. Im Gegenteil, die Lage verschärft sich. Nach Angaben des Mikrozensus finden wir unter den nie erwerbstätigen Frauen über die Altersstufen hinweg zwischen 78 und 84 Prozent mit niedrigem Bildungsniveau. Für diese Frauen wird es offensichtlich schwerer, überhaupt eine Erwerbsarbeit zu finden. So waren von den Frauen zwischen 25 und 29 Jahren immerhin 28 Prozent noch nie erwerbstätig, bei den 30- bis 34-Jährigen sind es 16 Prozent und bei den 35- bis 40-Jährigen noch 14 Prozent. Die Chance dieser Frauen, in den Arbeitsmarkt einzumünden, ist sehr gering. Eine eigene Altersrente aufzubauen, die über dem Armutsniveau liegt, wird ihnen nicht gelingen. Es wäre auch falsch anzunehmen, dass die hohen Anteile nie erwerbstätiger und schlecht gebildeter Frauen »nur« auf Frauen ohne deutsche Staatsangehörigkeit zurückgehen: Die Hälfte der nie erwerbstätigen Frauen besitzt die deutsche Staatsbürgerschaft. Wir können dieses Phänomen also nicht nur in die allemal blamable Ecke einer nicht gelingenden Integration abschieben.

Abbildung 3.4: Qualifikationsstruktur von erwerbstätigen und nicht erwerbstätigen Frauen im Alter von 25 bis 59 Jahren, 2005

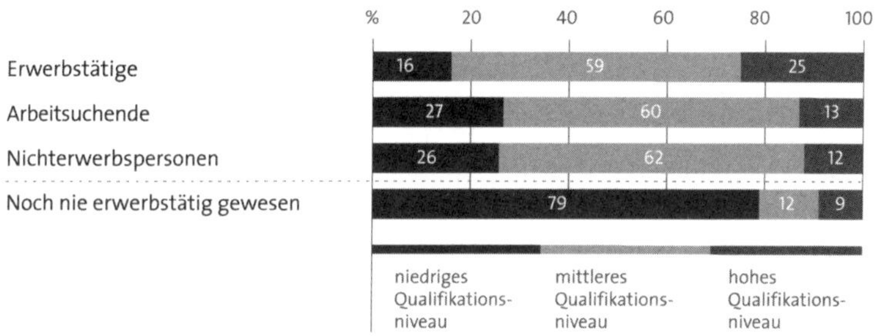

Quelle: Mikrozensus (SUF), 2005, eigene Berechnungen. (erwerbstätig N = 77.082; arbeitsuchend N = 9.819; Nichterwerbspersonen N = 16.543)[8]

Kommen wir zurück auf die Qualifikationsstruktur der arbeitsuchenden Frauen und der Nichterwerbsfrauen. Wenn wir die nie erwerbstätigen Frauen herausnehmen, zeigen sich keine Unterschiede im Qualifikationsniveau zwischen den beiden Gruppen (Abbildung 3.4). Insgesamt besitzen 12 Prozent (578.000) der nicht erwerbstätigen Frauen einen Hochschul- oder Fachhochschulabschluss. Weitere 62 Prozent (2,9 Millionen) der nicht erwerbstätigen Frauen können einen Lehr- oder Berufsfachschulabschluss vorweisen. 26 Prozent (1,2 Millionen) der nicht erwerbstätigen Frauen haben ein niedriges Bildungsniveau oder sind un- und angelernt. Vergleichen wir aber erwerbstätige mit nicht erwerbstätigen Frauen, wird sofort deutlich: Die Gruppe der hoch qualifizierten Frauen ist mit 25 Prozent bei den erwerbstätigen Frauen höher als bei den nicht erwerbstätigen Frauen mit 12 Prozent. Und die Gruppe der un- und angelernten Frauen ist bei ihnen mit 16 Prozent niedriger als bei den nicht erwerbstätigen Frauen mit 26 Prozent.

Fassen wir zusammen. Von den 5,6 Millionen nicht erwerbstätigen Frauen haben insbesondere jene, die bislang nie berufstätig waren, schlechte Voraussetzungen, eine Erwerbsarbeit aufzunehmen. Hierbei handelt es sich um fast eine Million Frauen, die allermeisten mit einem sehr niedrigen Qualifikationsniveau. Es bedürfte größter Anstrengungen von allen Seiten, diesen Frauen eine reelle Chance auf dem Arbeitsmarkt zu geben. In diesem Zusammenhang bereitet der hohe Anteil von jungen Frauen besondere Sorgen. Ihnen hilft nur eines: Sie müssen nachqualifiziert werden, um je eine Chance auf dem Arbeitsmarkt zu erhalten.

Die große Mehrheit von 4,7 Millionen nicht erwerbstätigen Frauen war vormals erwerbstätig und verfügt über ein Qualifikationsniveau, welches etwas unter dem der erwerbstätigen Frauen liegt. Ein Drittel dieser Frauen ist arbeitsuchend und steht dem Arbeitsmarkt zur Verfügung. Zwei Drittel dieser Frauen sind als Nichterwerbspersonen zu bezeichnen. Diese Frauen haben die Arbeitsuche aufgegeben und stehen dem Arbeitsmarkt nicht (mehr) unmittelbar zur Verfügung.

Arbeitsuchende Frauen sind finanziell schlecht gestellt. 400.000 alleinerziehende nicht erwerbstätige Mütter leben von Hartz IV, 200.000 alleinerziehende Mütter sind erwerbstätig und werden »aufgestockt«. Sie können Hartz IV nur dann entkommen, wenn ihr Kind betreut wird. Der im internationalen Vergleich bescheidene Rechtsanspruch auf Betreuung von Kindern unter drei Jahren muss bis 2013 dringend umgesetzt werden, obwohl immer fraglicher wird, woher die notwendigen zwei Milliarden Euro kommen sollen. Für die Frauen gilt: Je älter sie werden, desto schwerer fällt es ihnen, wieder ins Berufsleben zurückzukehren. Neben den alleinerziehenden Frauen gehören zu dieser Gruppe auch jene, die nach vielen Ehejahren geschieden wurden und sich unerwartet schnell auf den Arbeitsmarkt verwiesen sehen. Diese Frauen haben oft jahrzehntelang ihre Berufstätigkeit unterbrochen und müssen erst wieder an das Erwerbsleben herangeführt werden. Gerade für diese Frauen bedeutet eine Erwerbsarbeit aber auch gesellschaftliche Integration, soziale Anerkennung und ein kleines Stück Ehre. Und dann gibt es noch Frauen wie Anke. Sie fand sich plötzlich in der Alleinernährerrolle: Ihr Ehemann Frank ist langzeitarbeitslos, und es ist an ihr, den kompletten Unterhalt für die Familie zu verdienen. Auch dieser Rollenwechsel muss im Privaten erst einmal gemeistert werden.

Frauen aus der Gruppe der Nichterwerbspersonen geht es finanziell wesentlich besser. Sie leben in klassischen Familienverhältnissen. Ihr Ehemann sorgt allein für den Lebensunterhalt, sie selbst kümmern sich um Haushalt und Kinder. Wie auch Kathrin haben sich allerdings nur wenige ihr Leben so vorgestellt und wollen es auf Dauer auch nicht so beibehalten. Befragt nach der Bedeutung von Erwerbsarbeit sagen nur 10 Prozent der nicht erwerbstätigen Frauen, dass ihnen diese unwichtig sei. Für 53 Prozent dagegen spielt der eigene Beruf eine große Rolle.[9] Gelingt es, Frauen diesen Wunsch zu erfüllen?

Kapitel 4
Spurensuche: Lebensverläufe nicht erwerbstätiger Frauen

Mit den Daten des Mikrozensus sind wir ein gutes Stück vorangekommen. Wir kennen die Gesamtzahl der nicht erwerbstätigen Frauen, wir wissen, wie sie qualifiziert sind, wie ihre Familiensituation aussieht und wie sie ihren Lebensunterhalt bestreiten. Diese Schnappschüsse lassen sich nun ergänzen. Mit dem Sozio-oekonomischen Panel (SOEP) ist es uns möglich, die Lebensverläufe von heute nicht erwerbstätigen Frauen abzubilden. Wir können also die Wege nachzeichnen, die Monika und Anke, Kathrin und Sabine, Julia und Sirin in die Nichterwerbstätigkeit geführt haben. Wir untersuchen nicht mehr nur einzelne Ereignisse im Leben dieser Frauen, sondern betrachten den Lebensverlauf als Ganzes.[1] Diese Informationen helfen uns, genauer einzuschätzen, für wie viele Frauen eine Rückkehr in den Arbeitsmarkt realistisch erscheint.

Zunächst zur Datengrundlage. Das SOEP 2007 – eine Befragung auf repräsentativer Grundlage – stellt uns Daten über 10.946 Frauen im Alter zwischen 18 und 98 Jahren zur Verfügung. Zum Zeitpunkt der Erhebung waren von diesen Frauen 5.250 nicht erwerbstätig. Da es uns um Erwerbsunterbrechungen geht, betrachten wir nur die 25- bis 59-Jährigen und schließen auch jene aus, die noch nie berufstätig waren oder sich noch in Ausbildung befinden. Die folgenden Analysen beziehen sich somit auf Informationen von und über 1.880 Frauen.

Wir bestimmen ihre Lebensverläufe mit Hilfe eines sequenzanalytischen Verfahrens, das verschiedene Aktivitäten und Ereignisse über die Jahre hinweg abbildet.[2] Insbesondere interessiert uns die Dauer und Abfolge von vier Zustandsbereichen: die schulische und berufliche Qualifikation, die Vollzeitbeschäftigung, die Teilzeitbeschäftigung und die Nichterwerbstätigkeit. Im Ergebnis erhalten wir sechs Verlaufstypen, also sechs Lebensmuster von heute nicht erwerbstätigen Frauen (Abbildung 4.1). Wie sehen nun diese Muster aus und was verraten sie uns über das Leben der Frauen?

Abbildung 4.1: Lebensverlaufsmuster von nicht erwerbstätigen Frauen

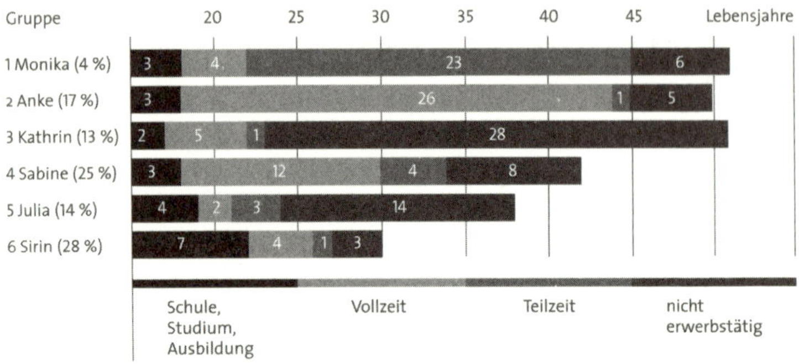

Quelle: SOEP 2007; eigene Berechnungen (N = 1.880). Der Wert in Klammern gibt den prozentualen Anteil der jeweiligen Gruppe an.

Auf den ersten Blick fällt auf, dass die Frauen in den ersten drei Gruppen zum Befragungszeitpunkt um die 50 Jahre alt sind, die meisten von ihnen wurden zwischen 1952 und 1954 geboren. Die Frauen der drei anderen Gruppen sind jünger. Sie gehören zu den Jahrgängen 1964 bis 1977. Die Gruppengröße unterscheidet sich ebenso deutlich. In der ersten Gruppe finden sich nur 4 Prozent der Befragten, in der zweiten Gruppe sind es 17 Prozent, in der dritten Gruppe 13 Prozent. Die Verlaufsmuster der jüngeren Frauen sind mit 25 Prozent (Gruppe 4), 14 Prozent (Gruppe 5) und 28 Prozent (Gruppe 6) vertreten.

Kommen wir zunächst zu den drei Gruppen mit vergleichsweise älteren Frauen.

Die erste, sehr kleine Gruppe hat wie Monika lange Teilzeit gearbeitet, alles in allem 23 Jahre. So waren sie über ihren gesamten Lebensverlauf hinweg sechs Jahre nicht erwerbstätig. Von diesen sechs Jahren liegen drei Jahre direkt vor der Befragung. Die zweite, größere Gruppe besteht aus Frauen, die wie Anke überwiegend Vollzeit berufstätig waren (26 Jahre) und nur fünf Jahre ausgesetzt haben. Diese Unterbrechungen erfolgten vornehmlich in jüngster Zeit, direkt vor der Erhebung waren es durchschnittlich vier Jahre. Anke hangelte sich als Bautechnikerin meist von einer befristeten Projektstelle zur nächsten. Die dritte, etwa gleich große Gruppe umfasst Frauen wie Kathrin, die in ihrem Leben vor allem nicht erwerbstätig waren (28 Jahre), die meiste Zeit davon unmittelbar vor der Befragung.

In dem Dreieck Staat-Markt-Familie lässt sich die zweite Gruppe eindeutig dem Markt, die dritte Gruppe der Familie zuordnen. Und die erste Gruppe? Haben wir es hier mit Frauen zu tun, die Familie und Beruf miteinander vereinbaren wollen? Ist diese Gruppe deshalb so überraschend klein, da die meisten Frauen in Teilzeit noch erwerbstätig sind? Lässt Teilzeit gegenüber Vollzeit eine längere Phase der Erwerbstätigkeit zu?

Betrachten wir die drei Gruppen näher. Frauen wie Monika (Gruppe 1) verfügen über mittlere Bildungs- und Ausbildungsabschlüsse. Die überwiegende Mehrheit ist verheiratet (fast 90 Prozent) und hat Kinder (97 Prozent), größtenteils zwei. 9 Prozent pflegen einen Angehörigen. Das mittlere monatliche Pro-Kopf-Einkommen liegt bei 1.400 Euro, in relativer Armut[3] leben 23 Prozent. Zum Vergleich: Im Bevölkerungsdurchschnitt sind es 14 Prozent. Von diesen Frauen der Gruppe 1 sind 12 Prozent schwerbehindert oder erwerbsgemindert. Gefragt nach ihren beruflichen Perspektiven, geben 40 Prozent an, durchaus wieder erwerbstätig sein zu wollen, 14 Prozent sind arbeitslos gemeldet. Die Gruppe 2 der Frauen, die wie Anke meist Vollzeit gearbeitet haben, greift mit 1.100 Euro auf ein geringeres Pro-Kopf-Einkommen zurück als die zuvor Teilzeit erwerbstätigen Frauen. In relativer Armut leben 45 Prozent von ihnen. Fast alle Frauen in dieser Gruppe leben in den neuen Bundesländern. Es sind Frauen mit niedriger, aber auch solche mit hoher Bildung. Nur etwa die Hälfte ist verheiratet. Geschieden oder verwitwet sind 40 Prozent. Jede fünfte Frau ist kinderlos, die Mütter haben oft zwei Kinder. Die Pflege eines Angehörigen haben 15 Prozent übernommen. Ungefähr ein Drittel dieser Frauen ist schwerbehindert oder erwerbsgemindert. Die Hälfte möchte wieder erwerbstätig sein, 64 Prozent von ihnen sind arbeitslos gemeldet. Die Gruppe 3, zu der Kathrin gehört, findet sich fast ausschließlich in den alten Bundesländern. Ihr durchschnittliches Pro-Kopf-Einkommen liegt mit 1.300 Euro über dem der zuvor Vollzeit erwerbstätigen Frauen. In relativer Armut leben 21 Prozent. Es ist die am schlechtesten qualifizierte Gruppe: 13 Prozent können keinen Schulabschluss und 50 Prozent keinen Berufsabschluss vorweisen. In der Regel sind die Frauen verheiratet (82 Prozent) und haben Kinder (94 Prozent), die meisten von ihnen drei. 12 Prozent pflegen ein Familienmitglied. Fast alle Frauen ohne deutsche Staatsangehörigkeit gehören zu dieser Gruppe. Ein Fünftel dieser Frauen ist erwerbsgemindert oder schwerbehindert. 26 Prozent möchten unter Umständen eine Erwerbstätigkeit aufnehmen, 23 Prozent sind arbeitslos gemeldet.

Was lernen wir aus den Lebensverläufen dieser nicht erwerbstätigen Frauen um die 50? Zunächst ist offensichtlich, dass bei den Frauen der ersten und zweiten Gruppe nicht die Kindererziehung ausschlaggebend für die gegenwärtige Unterbrechung ist. Diese Frauen sind, wenn überhaupt, nur äußerst kurz wegen der Kinder aus dem Berufsleben ausgestiegen. Ihre insgesamt wenigen nicht erwerbstätigen Jahre liegen vielmehr in der jüngsten Vergangenheit. Sie sind gesundheitlichen Problemen, der Pflege von Angehörigen, insbesondere aber dem Arbeitsmarkt und dem oft betriebsbedingten Verlust des Arbeitsplatzes geschuldet.

Weiter halten wir fest, dass jahrzehntelange Vollzeiterwerbstätigkeit die Frauen keineswegs vor Armut schützt. Im Gegenteil: Die Gruppe der zuvor Vollzeit erwerbstätigen Frauen wie Anke ist finanziell viel schlechter gestellt als die der überwiegend im eigenen Haushalt tätigen Frauen. Von ihnen leben wesentlich mehr an oder unter der Armutsgrenze. Außerdem legen die Daten nahe, dass die Arbeit parallel in Beruf und Familie mit nachhaltigen gesundheitlichen Belastungen einhergeht.

Doch gerade diese »Vollzeitfrauen« suchen dringend wieder einen Arbeitsplatz, denn sie sind auf den Verdienst angewiesen. Da ihre Ausbildung schon Jahrzehnte zurückliegt, erweist sich selbst ihre lange Berufserfahrung als wenig anschlussfähig an die Erfordernisse des heutigen Arbeitsmarktes. Viele dieser Frauen benötigen eine Umschulung oder Weiterbildung, andere wiederum Rehabilitationsmaßnahmen.

Aus den Lebensverläufen erschließt sich, dass Frauen mit langen Phasen der Teilzeitarbeit vielleicht am besten fahren. Im Durchschnitt der Bevölkerung gibt es viele Frauen in Teilzeitstellen. Doch unsere Gruppe 1 ist sehr klein, offensichtlich verlieren nur wenige von ihnen ihren Job, oder sie finden nach der Unterbrechung leicht wieder in Teilzeit in den Arbeitmarkt zurück. Die meisten von ihnen sind auch finanziell abgesichert. Im Vergleich dieser drei nicht erwerbstätigen Gruppen liegt ihr Pro-Kopf-Einkommen am höchsten. Gesundheitliche Einschränkungen sind relativ selten.

Es ergibt sich ein ernüchterndes Bild. Für die Mehrzahl dieser heute nicht erwerbstätigen Frauen war und ist der Heiratsmarkt finanziell und gesundheitlich Erfolg versprechender als der Arbeitsmarkt – solange die Ehe hält. Doch selbst nach einer Scheidung sind diese Frauen kaum schlechter gestellt als jene, die beinahe ihr Leben lang Vollzeit erwerbstätig waren.

Kommen wir zu den Lebensverläufen der jüngeren nicht erwerbstätigen Frauen (vgl. Abbildung 4.1). Die zahlenmäßig starke Gruppe 4 setzt sich aus Frauen wie Sabine zusammen, die im Schnitt 42 Jahre alt sind. Sie haben bisher vor allem Vollzeit gearbeitet, insgesamt 12 Jahre. Teilzeit waren die Frauen in der Regel vier Jahre beschäftigt. Von den insgesamt acht Jahren, in denen sie ihr Berufsleben unterbrochen haben, liegen mehr als sechs unmittelbar vor der Befragung. Damit blicken diese Frauen auf eine längere aktuelle Phase der Nichterwerbstätigkeit zurück als die knapp zehn Jahre älteren Frauen der ersten beiden Gruppen. Frauen in der Gruppe 5 sind wie Julia im Durchschnitt 38 Jahre alt. Sie haben in ihrem Leben zwei Jahre Vollzeit und drei Jahre Teilzeit gearbeitet. Deutlich überwiegen die Zeiten, in denen sie nicht erwerbstätig waren. Insgesamt sind es 14 Jahre, davon allein acht vor dem Erhebungszeitpunkt. Schließlich zur letzten und größten wie jüngsten Gruppe, zu der Sirin gehört. Diese Frauen sind erst 30 Jahre alt. Sie waren bislang vor allem mit Schule und Ausbildung befasst, anschließend vier Jahre Vollzeit und ein Jahr Teilzeit erwerbstätig. Drei Jahre lang haben sie im Schnitt ihr Berufsleben unterbrochen, diese liegen direkt vor der Erhebungszeit. Im Dreieck Staat-Markt-Familie lässt sich die vierte Gruppe dem Markt, die fünfte Gruppe der Familie zuordnen. Die Entwicklung der jüngsten Gruppe bleibt abzuwarten, da diese Frauen am Anfang ihres Erwerbslebens stehen.

Werfen wir auch hier einen näheren Blick auf das Leben dieser Frauen. Die meisten Frauen der Gruppe 4 haben einen mittleren Abschluss, 84 Prozent besuchten die Haupt- oder Realschule, 72 Prozent beendeten eine Lehre. Gut zwei Drittel von ihnen (70 Prozent) sind verheiratet, 24 Prozent geschieden oder verwitwet. Die überwiegende Mehrheit der Frauen (91 Prozent) hat Kinder, die durchschnittliche Anzahl liegt bei 1,8. 10 Prozent pflegen einen Angehörigen. Das monatliche Pro-Kopf-Einkommen beträgt 1.200 Euro. 34 Prozent leben in relativer Armut. Wie auch bei den älteren zuvor Vollzeit erwerbstätigen Frauen (Gruppe 2) finden sich hier viele aus den neuen Bundesländern. Sabine gehört zu dieser Gruppe, sie ist Bibliothekarin und arbeitete zuletzt in einer kleinen Stadtteilbibliothek. Wie sie sind 48 Prozent der Frauen arbeitslos gemeldet. 60 Prozent wollen wieder eine Erwerbstätigkeit aufnehmen. Fast 20 Prozent sind schwerbehindert oder erwerbsgemindert. Diese hohe Erwerbsorientierung entspricht jener der nächsten Gruppe, so verschieden sie auch ist. Die meisten Frauen der Gruppe 5 sind relativ schlecht qualifiziert: 11 Prozent haben die Schule nicht abgeschlossen und 47 Prozent keinen Beruf gelernt. 42 Prozent besitzen einen Hauptschulabschluss, so auch Julia. Sie hat anschließend eine Lehre zur Floristin absolviert, doch nur kurz in ihrem Beruf gearbeitet. Frauen wie Julia sind zu 72 Prozent verheiratet, geschieden sind 15 Prozent. 97 Prozent haben Kinder, oft drei (2,5). Allein verantwortlich für die Pflege eines Familienmitglieds sind 6 Prozent. Monatlich können diese Frauen über 1.100 Euro verfügen. 54 Prozent leben in relativer Armut. Viele Frauen in dieser Gruppe haben keine deutsche Staatsangehörigkeit. 35 Prozent sind arbeitslos gemeldet, aber beinahe doppelt so viele (66 Prozent) streben eine Erwerbstätigkeit an. Die letzte Gruppe der jungen Frauen ist ausgesprochen gut gebildet. Fast die Hälfte besitzt das Abitur. So auch Sirin. 36 Prozent können einen Hochschulabschluss vorweisen. 55 Prozent sind verheiratet, 8 Prozent geschieden oder verwitwet. 83 Prozent dieser jungen Frauen sind Mutter, meist eines Kindes (1,3). Gerade 3 Prozent pflegen einen Angehörigen. Ihr Pro-Kopf-Einkommen liegt bei 1.200 Euro. 32 Prozent leben in relativer Armut. Diese jungen Frauen kommen gleichermaßen aus den alten wie den neuen Bundesländern. 29 Prozent von ihnen sind arbeitslos gemeldet, 90 Prozent wollen wieder erwerbstätig sein.

Was sagen uns diese Lebensverläufe der jüngeren Frauen? Zunächst wird deutlich, dass die Ehe sie nicht in gleichem Maße schützt wie die älteren Frauen. Frauen mit langen Unterbrechungen, die jungen Hausfrauen von heute, sind nicht mehr mit den gut verdienenden Ehemännern von früher verheiratet. Michael, der Mann von Julia, ist Elektroanlagenmonteur und erhält ein mittleres Einkommen. Da sich der Bildungsstand von Paaren[4] zusehends angleicht, leben sie oft mit Partnern zusammen, die selbst der Hilfe bedürfen. So ziehen sich weniger gut gebildete Frauen zwar nach wie vor in die Familie zurück, bekommen und betreuen Kinder, ihr Lebensstandard ist aber niedrig. Und aller Voraussicht nach bleibt dies auch so. Zu lang sind die Erwerbsunterbrechungen, zu gering ist ihre Ausbildung, zu sehr haben sich die Anforderungen des Arbeitsmarktes erhöht, als dass an einen Wiedereinstieg zu denken ist.

Dies gilt auch für Frauen mit langer Erwerbserfahrung. Sabine findet auf dem ostdeutschen Arbeitsmarkt keinen Job, der ihrer neuen Lebenssituation nach der Scheidung entspricht. Wie ihr gelingt es den Frauen dieser Gruppe nicht, Beruf und Familie miteinander zu verbinden. Sie zahlen an allen Enden. Durch hohe Scheidungsquoten verlieren sie den finanziellen Rückhalt, ihre Berufe tragen auf Dauer nicht und führen oft in die Arbeitslosigkeit. Kehren diese Frauen in den Arbeitsmarkt zurück? Wir wissen es nicht, der Weg erscheint hart und steinig, die Phase der Arbeitslosigkeit ist bereits lang. Sie brauchen massive Aufmerksamkeit und Hilfe, sonst gehen sie uns verloren.

Übergeordnet bleibt festzuhalten: Die auf der Grundlage von Vollzeit, Teilzeit und Nichterwerbstätigkeit gebildeten Typen von Lebensverläufen gehen mit deutlichen Unterschieden im Sozialprofil der Frauen einher. Allein die Muster der Erwerbstätigkeit verraten viel über die Lebensumstände dieser Frauen. Die Ergebnisse zeigen, dass in Deutschland bis heute zwei Kulturen der Vereinbarkeit von Familien- und Erwerbsarbeit bestehen. In den neuen Bundesländern finden sich kaum Frauen, die zu den Gruppen der Hausfrauen (Gruppen 3 und 5) gehören. Und das, obgleich sie unterschiedlichen Generationen angehören, Jahrzehnte zwischen ihnen liegen. Frauen im Haushalt sind westdeutsche Frauen. Außerdem wird deutlich: Frauen ohne deutsche Staatsangehörigkeit führen in Deutschland größtenteils ein Leben jenseits der Erwerbstätigkeit. Über 80 Prozent der in unseren Analysen erfassten Frauen ohne deutsche Staatsangehörigkeit ordnen sich in die beiden von Hausarbeit geprägten Gruppen ein. Auch hier zeigt sich: Lange Phasen der Nichterwerbstätigkeit sehen wir besonders bei verheirateten Frauen ohne Schul- und Berufsabschluss. Die heute nicht erwerbstätigen Frauen haben mehr Kinder als die meisten anderen Frauen. Kinder sind in Deutschland nach wie vor ein Risiko fürs Berufsleben von Frauen.

Was bedeutet dies nun für die Perspektive Wiedereinstieg? Den Frauen um die 50 wird es schwerfallen, wieder einen Arbeitsplatz zu finden. Frauen wie Kathrin sind bereits sehr lange nicht erwerbstätig. Bei Frauen der zweiten Gruppe zählt ihre oft lange Berufserfahrung nur noch wenig. Ihr Wissen wurde von den Entwicklungen in den Fachgebieten überholt und sie konnten sich nicht weiterbilden. Diese Erfahrung musste auch Anke machen. Häufig haben die Frauen mit gesundheitlichen Einschränkungen zu kämpfen, so dass viel getan werden muss, damit ein Wiedereinstieg ins Erwerbsleben überhaupt denkbar wird. Eine bittere Prognose – denn immerhin 40 Prozent der Frauen wie Monika und 50 Prozent der Frauen aus Ankes Gruppe möchten wieder erwerbstätig sein. Selbst bei den seit Jahrzehnten nicht erwerbstätigen Frauen wie Kathrin sind es fast 30 Prozent. Vergleicht man die Erwerbsorientierung mit dem Anteil arbeitslos gemeldeter Frauen (Abbildung 4.2)[5], so fallen insbesondere die beiden ersten Gruppen ins Auge. Wie Monika haben sie den größten Teil ihrer Erwerbsbiografie Teilzeit gearbeitet. Ihr Erwerbswunsch liegt deutlich über den Arbeitslosmeldungen. Da diese Gruppe sehr klein ist, fällt sie quantitativ wenig ins Gewicht. Anders die große zweite Gruppe der Frauen, die den größten Teil ihres Erwerbslebens Vollzeit tätig waren. Hier liegt der Anteil von Frauen mit einem Erwerbswunsch höher als bei der ersten Gruppe, aber gleichauf mit dem Anteil arbeitslos gemeldeter Frauen. Dies mag wie bei Anke dem Bezug von Arbeitslosengeld I nach Jahrzehnten der Erwerbstätigkeit geschuldet sein. Häufig erhalten sie aber auch Arbeitslosengeld II und müssen aufgrund ihrer finanziellen Situation dringend wieder erwerbstätig sein. Wir dürfen hier nicht nur fordern, wir müssen vor allem fördern. Durch die jahrzehntelange Erwerbsunterbrechung und die relativ gute Absicherung über den Ehemann ist der Anteil von arbeitslos gemeldeten Frauen in der Gruppe 3 mit 7 Prozent niedriger als in allen anderen Gruppen. Ihr Erwerbswunsch liegt deutlich unter dem aller Gruppen, ist mit 26 Prozent dennoch höher als erwartet. So hält auch Kathrin an ihrem Plan fest, wieder ins Berufsleben zurückkehren.

Abbildung 4.2: Lebensverläufe nicht erwerbstätiger Frauen: Erwerbsorientierung und Arbeitslosmeldung

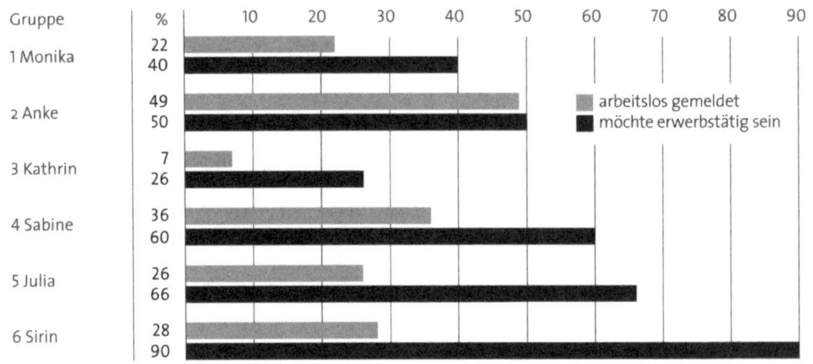

Quelle: SOEP 2007; eigene Berechnungen (N Arbeitslosmeldung = 1.581, N Erwerbswunsch = 1.662)

Bei den jüngeren Frauen der Gruppen 4, 5 und 6 sind die Herausforderungen offensichtlich. 60 Prozent der Frauen wie Sabine – sie sind im Durchschnitt seit sechs Jahren ohne Erwerbsarbeit – möchten wieder erwerbstätig werden. Wir müssen ihnen eine Erwerbschance bieten, wollen wir sie nicht über Jahrzehnte staatlich alimentieren. Hier bedarf es einer sofort einsetzenden Qualifizierungsoffensive im Sinne einer zweiten oder dritten Ausbildung. Die demografische Wende lehrt uns: Auch für diese Frauen gibt es einen Platz. Wir müssen die Frauen bilden und diesen finden. Dies gilt in noch höherem Maße für die Gruppe der jungen Frauen, die sich bislang fast ausschließlich um die Familie gekümmert haben. Zwei Drittel dieser Frauen wollen erwerbstätig sein, so auch Julia. Im Moment können wir diesen Frauen nichts bieten, da sie meist niedrig qualifiziert sind. Hier ist über den Aufbau eines zweiten und dritten Arbeitsmarktes nachzudenken. Die jungen gut ausgebildeten Frauen wie Sirin werden jedoch als Fachkräfte auf dem Arbeitsmarkt dringend benötigt. 90 Prozent von ihnen wollen erwerbstätig sein. Hier fehlen vor allem Betreuungseinrichtungen für die kleinen Kinder dieser Frauen, damit sich die jungen Mütter wieder auf den Weg zurück in den Beruf begeben können. Vergleichen wir wiederum die Arbeitslosmeldungen mit der Erwerbsorientierung, so fallen die Werte weit auseinander. Die »Stille Reserve« ist außerordentlich hoch.

Vor uns liegt eine doppelte Aufgabe. Bei den älteren Frauen darf es nicht nur um die Bedarfe der Wirtschaft gehen, es ist eine sozialpolitisch relevante Gruppe, wir müssen nachträglich reparieren und sie begleiten. Viele dieser Frauen brauchen Perspektiven und gesellschaftliche Einbindung. Anzusetzen wäre mit Beschäftigungsmaßnahmen. Möglich wären auch Angebote im ehrenamtlichen Engagement. In Teilen gilt dies auch für die drei jüngeren Gruppen. Vor allem aber geht es hier darum, präventiv zu wirken, diese Frauen früh zu erreichen, ihnen Einstiegshilfen anzubieten, sie vor noch längeren Phasen der Nichterwerbstätigkeit zu schützen.

»So langsam ernte ich die Früchte« (Silke, 41)

Eigentlich hatte ich meinen Traumberuf gefunden. Ich bin Maschinenbautechnikerin. Nach meinem Realschulabschluss habe ich erst einmal Technische Zeichnerin gelernt und in einer Konstruktionsfirma gearbeitet, die für die Automobilindustrie Rohkarossen zusammenbaut. Ich war mit der Planung und mit organisatorischen Aufgaben betraut. In meiner Abteilung waren fast ausschließlich Männer. Das fand ich wunderbar, das hat gut funktioniert.

Nach zwei, drei Jahren merkte ich, dass mir dieser Stand nicht reichte und ich in die Pötte kommen musste, wenn ich was verändern wollte. Ich kündigte, ging noch mal zwei Jahre zur Schule und qualifizierte mich zur Maschinenbautechnikerin. Gleichzeitig holte ich die Fachhochschulreife nach, denn ich hoffte, noch ein Ingenieurstudium für Maschinenbau anzuschließen. Maschinen mit zu entwickeln, also das hätte mir großen Spaß gemacht.

Während der Technikerausbildung wurde ich schwanger. Das war so nicht geplant und ich wollte auf keinen Fall meinen Abschluss versäumen. Mein Sohn kam in den Osterferien zur Welt, und dank der tatkräftigen Unterstützung meiner Mutter konnte ich kurz darauf meine Abschlussprüfung absolvieren. Bis November blieb ich zu Hause mit dem Kind. Danach fing ich wieder an zu arbeiten. Meinen Sohn betreute in der Zeit meine Schwester. Ich kehrte zu meinem alten Arbeitgeber zurück, das war kein Problem. Doch da ich jetzt nur halbtags arbeitete, wurde mir weniger Verantwortung übertragen. Ich war nicht mehr allein für ein Projekt zuständig, sondern habe mehr oder weniger zugearbeitet. Das fand ich schade, trotzdem war es schön, wieder an die Arbeit zu gehen.

Ich brauchte auch eine Weile, mich an den Gedanken zu gewöhnen, dass ich jetzt für ein Kind verantwortlich war. Den Bezug zum Vater gab es leider relativ schnell nicht mehr. Er ging zum Studium weg, und wir lebten uns auseinander. Ich war also alleinerziehend und sah für mich keine Möglichkeit, noch das Ingenieursstudium zu schaffen.

Als mein Sohn zwei Jahre alt war, lernte ich meinen jetzigen Mann kennen. Er arbeitete mehrere Stunden entfernt. Da uns ziemlich schnell klar war, dass wir keine Wochenendbeziehung führen wollten, und ich nur halbtags arbeitete, kündigte ich und zog zu ihm. Ein Jahr später wurde unsere erste gemeinsame Tochter geboren. Wir waren uns einig, dass wir uns auf jeden Fall noch ein Kind wünschten. Und für mich hieß das, wenn ich ja zu Kindern sage, möchte ich auch hundertprozentig für sie da sein, ihnen ein schönes Zuhause bieten. Wir bekamen dann noch einen Jungen und ein Mädchen. Ich habe die Zeit genossen, sonst hätte ich vielleicht auch nicht vier Kinder zur Welt gebracht.

Schließlich zogen wir in die Nähe von Stuttgart, leben jetzt elf Jahre in der Gemeinde. Unsere Kinder blieben bis zum Alter von drei Jahren bei mir zu Hause, gingen dann nach und nach in den Kindergarten und in die Schule. Seit fast vier Jahren bin ich vormittags allein. Mein Tag beginnt morgens pünktlich um 6 Uhr. Ich wecke nacheinander die Kinder, mache für sie und meinen Mann Frühstück. Die Schulkinder verlassen gegen 7 Uhr das Haus, und mein Mann fährt zur Arbeit. Unsere Jüngste bringe ich in den Kindergarten, manchmal geht sie auch allein. Sind alle aus dem Haus, überlege ich, ob ich etwas Zeit für Sport habe. Ich jogge sehr gern, kann einfach von der Haustür aus starten und meine 10 Kilometer laufen. Anschließend ist der Haushalt dran: einkaufen, putzen, Wäsche waschen. Gegen 12 Uhr fange ich an zu kochen, die ersten Kinder kommen wieder nach Hause, und wir essen gemeinsam. Anschließend sind die Hausaufgaben dran. Das eine Kind schafft sie toll allein, das andere muss ich etwas beaufsichtigen und ihm helfen. Ja, und dann fangen die unterschiedlichen Aktivitäten der Kinder an, sei es nun Karate, Ballett, Trompete oder Klavier, zu denen ich die Kinder meist fahre. Abends ab sechs gibt es für alle gemeinsam Abendessen. Der Papa kommt dazu, der Tag wird besprochen, und jedes Kind will erzählen, was es erlebt hat. So sitzen wird oft über eine Stunde am Tisch. Die Kinder gehen anschließend ins Bett, ich räume die Küche auf, und so ab acht, halb neun haben mein Mann und ich Zeit für uns, können auf dem Sofa sitzen und auch mal ein Gespräch unter Erwachsenen führen.

Es sei denn, ich muss zum Elternabend, die alle halbe Jahre stattfinden. Ich bin in den Schulen meiner Kinder im Elternbeirat, das sind also mindestens acht Abendtermine. Außerdem arbeite ich ehrenamtlich im Kirchengemeinderat. Wir treffen uns monatlich zu Sitzungen. Zudem bin ich in zwei separaten Ausschüssen tätig. Und neben den Sitzungen steht ja noch die eigentliche Gemeindearbeit an, wie Liturgiedienste im Gottesdienst, Feste organisieren, an Amtseinführungen teilnehmen. Alles in allem beanspruchen diese Aufgaben viel Zeit, so dass ich mich manchmal frage, wie ich da bei vier Kindern noch arbeiten gehen sollte.

Mir ist es wichtig, Zeit für die Kinder zu haben. Ich halte mir deshalb die Nachmittage für sie frei. Das bringt viel Ruhe in den Ablauf, die Kinder sind ausgeglichen und probieren sich aus. Ich genieße es sehr, dass ich nicht arbeiten gehen muss und mich um die Kinder kümmern kann. Die Jüngste ist jetzt sechs, kommt dieses Jahr zur Schule. Ich denke, allzu lange werden mich die Kinder nicht mehr in dem Maße brauchen wie jetzt. Sie werden selbstständiger, ich muss nicht mehr ganz so präsent sein. Die Kinder sind jetzt nachmittags auch mal mit ihren Freunden unterwegs. So habe ich schon mal eine Stunde für mich, und langsam kommt auch der Gedanke, wie das wohl später wird. Ich bin seit gut zwölf Jahren raus aus dem Beruf. Und ich glaube auch nicht, dass ich in meinen Beruf zurückgehen würde. Er hat mir wirklich Spaß gemacht, doch es war eine andere Zeit. Ich würde in dem Beruf nicht wieder halbtags arbeiten und nur reine Zuarbeiten erledigen wollen. Das reizt mich nicht. Doch gleich voll einsteigen möchte ich auch nicht, wegen der Kinder. Ich hätte auch große Schwierigkeiten, wieder reinzukommen, da ich die aktuellen Computerprogramme, mit denen jetzt gearbeitet wird, in dem Maße nicht beherrsche. Und welcher Arbeitgeber ist darauf erpicht, eine Wiedereinsteigerin erst einmal lange auszubilden? Hier wäre eine Förderung sinnvoll, um die Voraussetzungen zu schaffen, dass man im Beruf wieder gefragt ist. Doch so finde ich es schwierig, überhaupt den Einstieg zu schaffen.

Im Moment bin ich auch noch nicht soweit. Ich war so viele Jahre voll eingespannt, dass ich jetzt erst einmal durchatmen muss, jedes bisschen Freiraum genieße. Und solange wir es uns durch den Beruf meines Mannes leisten können, glaube ich nicht, dass ich so schnell wieder arbeiten gehe. Die nächsten zwei, drei Jahre brauchen mich die Kinder auch noch. Gut, so langsam ernte ich die Früchte meiner Erziehung, doch dafür bin ich ja auch Vollzeit Mutter. Danach beginnt wieder eine Zeit für mich, in der ich gemeinsam mit meinem Mann auch etwas Neues anfangen kann. Welche Richtung ich einschlage, das werde ich spontan entscheiden.

Kapitel 5
Brücken in die Zukunft: Der Beruf ist entscheidend

Das Leben von Kathrin: Erwerbstätigkeit, Kinder, lange Auszeiten. Das Fehlen beruflicher Perspektiven, ein gut verdienender Ehemann. Das Leben von Anke: Erwerbstätigkeit, Kinder, Wiedereinstieg, betriebsbedingte Kündigung, befristete Verträge, die Verantwortung für die ganze Familie. Es gibt zahlreiche Gründe, warum Frauen ihre Erwerbstätigkeit unterbrechen, sich ihre Berufsrückkehr verzögert und oft ganz zu scheitern droht.

Einen Bereich haben wir bisher noch nicht angesprochen: den Beruf. Macht er einen Unterschied? Welchen Einfluss haben die besonderen Qualifikationen und Kenntnisse, die er voraussetzt? Wie bedeutsam ist die Sicherheit, die er gibt? Welche Rolle spielen die Arbeitszeiten, die er fordert? Die Werte und Orientierungen, die er vermittelt?[1] Sind Frauen also kürzer oder länger nicht erwerbstätig, je nachdem, in welchem Beruf sie zuvor beschäftigt waren?

Diese Frage wurde so bisher nicht gestellt und doch liegt die Vermutung nahe. In Deutschland werden die meisten Personen im Rahmen einer dualen fachlichen Ausbildung im Betrieb und in der Berufsschule qualifiziert. Die Lehre dauert meist drei Jahre, die Inhalte sollen für ein ganzes Erwerbsleben reichen. Bereits Max Weber sah im Beruf die »Grundlage einer kontinuierlichen Versorgungs- oder Erwerbschance«.[2] In anderen Ländern kennt man eine solche duale Ausbildung nicht. Meist bevorzugt man eine kürzere und rein innerbetriebliche Berufsausbildung, eben das *training on the job*. Hierbei wird der Auszubildende zwar oft nicht so intensiv in das komplette Berufsfeld eingearbeitet, gleichzeitig aber auch weniger auf ein bestimmtes Fachgebiet festgelegt. Diese Ausbildungsformen sind damit flexibler und offener für diejenigen, die ihren Job verlieren oder sich beruflich umorientieren müssen. Man braucht keine neue Lehre, kein neues Zertifikat, sondern allgemeine Kenntnisse und erhält ein darauf aufbauendes, auf die Firma zugeschnittenes Training. In Deutschland jedoch steht zu befürchten, dass Frauen und Männer es schwer haben werden, bei Verlust der Arbeit schnell eine neue Beschäftigung außerhalb ihres Ausbildungsberufs zu finden.[3]

Un- und angelernte Personen dagegen haben weniger mit derart geschlossenen beruflichen Arbeitsmärkten zu kämpfen. Ihre Tätigkeiten erfordern weder berufs- noch betriebsbezogene Ausbildungen, haben aber andere Tücken: Sie sind geprägt von gleichförmigen und sich wiederholenden Abläufen oder von körperlich belastenden Arbeiten. Häufig werden sie in geringfügigen Beschäftigungsverhältnissen ausgeübt. Solche Tätigkeiten sollten einen Wiedereinstieg eher ermöglichen als die klassischen Ausbildungsberufe. Zudem dürften die meisten unqualifiziert Beschäftigten gar keine Wahl haben: Aus finanziellen Gründen müssen sie arbeiten, oft bis ihre Gesundheit nicht mehr mitspielt.

Der Stellenwert des Berufs für den Wiedereinstieg in den Arbeitsmarkt bemisst sich aber nicht nur über seinen strukturellen Rahmen. Berufe vermitteln auch persönliche und gesellschaftliche Bedeutung, stehen für soziale Verantwortung und Anerkennung, sie bündeln ein ganzes Paket von informellen Regeln, Konventionen und Erwartungen.[4] All diese Faktoren dürften die Einstellung und das Handeln von nicht erwerbstätigen Frauen prägen. Vermutlich führen sie dazu, dass manche von ihnen ganz selbstverständlich nach einer Unterbrechung ihre Erwerbstätigkeit wieder aufnehmen – die mit ihrem Beruf einhergehenden Erwartungen und Konventionen sehen das so vor. Andere Frauen dagegen werden kaum in ihren alten Beruf zurückkehren – die Arbeitszeiten passen nicht mehr zu den Anforderungen in der Familie, ihr fachliches Wissen wurde durch die Auszeit entwertet, die erzielbaren Löhne führen nicht zu einem Plus an verfügbarem Geld, die Kultur des Berufs setzt auf Jugend – der Wiedereinstieg von Frauen mittleren Alters »schickt« sich hier nicht. Ob *push* oder *pull*: Es handelt sich stets um Merkmale von Berufen, die ihrerseits offen oder geschlossen für Wiedereinsteigerinnen sind.[5]

Um zu überprüfen, ob diese beruflichen Merkmale sich tatsächlich auf die Dauer der Erwerbsunterbrechung auswirken, ziehen wir den Mikrozensus 2006 heran. Dieser Datensatz liefert uns neben Informationen über eine große Anzahl von Berufen, die feingliedrig klassifiziert und damit genau darstellbar werden, auch Angaben über die Frauen, die diese Berufe ausüben oder ausgeübt haben. Wir berücksichtigen hier wie zuvor nur Frauen im Alter zwischen 25 und 59 Jahren und schließen jene aus, die noch nie erwerbstätig waren.[6] Weiterhin beschränken wir uns aus statistischen Gründen auf Berufe mit einem hohen Frauenanteil.[7] Dieses Vorgehen führt uns zu insgesamt 111 Berufen, in denen 100.524 Frauen tätig sind oder vor ihrer Auszeit tätig waren. Hochgerechnet entspricht dies 17 Millionen Frauen. Auf dieser Grundlage fragen wir nun: Beeinflusst der zuletzt ausgeübte Beruf die Dauer der Erwerbsunterbrechung?

Ja, das tut er und zwar deutlich. Die mittlere Dauer der Erwerbsunterbrechung von Frauen in allen untersuchten Berufen beträgt 110 Monate.[8] Besonders lange haben Textilnäherinnen mit 220 Monaten, Drogistinnen mit 190 Monaten, Friseurinnen mit 170 Monaten und Bankfachfrauen mit 160 Monaten unterbrochen. Einen relativ kurzen Ausstieg aus dem Erwerbsleben von durchschnittlich 60 Monaten finden wir dagegen in den sozialpflegerischen Berufen, ebenso bei den Geschäftsführerinnen und bei den Gebäudereinigerinnen mit 70 Monaten.

Abbildung 5.1 zeigt einen Ausschnitt aus dem Spektrum dieser 111 Berufe. Schauen wir uns diesen genauer an. Zunächst bietet sich uns ein etwas verwirrendes Bild: Über alle Unterbrechungszeiträume hinweg sehen wir hoch qualifizierte Berufe neben solchen mit niedrigen Anforderungen, Berufe mit normalen Arbeitszeiten neben solchen, in denen viele Überstunden oder geringfügige Beschäftigung üblich sind. Berufe mit einem großen Anteil an Befristungen folgen auf Positionen von Beamtinnen, hoch dotierte Berufe auf solche mit niedrigem Einkommen. Doch warum ist das so? Welche beruflichen Merkmale kommen hier besonders zum Tragen?

Um uns dieser Frage zu nähern, betrachten wir gezielt einzelne Merkmale von Berufen. Wir untersuchen, inwieweit die in den Berufen anzutreffenden Arbeitsbedingungen die Rückkehr ins Erwerbsleben beeinflussen und ziehen dazu solche heran, in denen viele Un- und Angelernte, Arbeiter und geringfügig Beschäftigte tätig sind. Wir fragen auch, wie sich Berufe mit einem hohen Befristungsanteil auf die Dauer der Erwerbsunterbrechung auswirken. Hier denken wir an Anke, die als Bautechnikerin stets einen neuen Job findet, diesen aber mit Projektende ebenso regelmäßig wieder verliert. Weiterhin betrachten wir die Vereinbarkeit von Beruf und Familie und stützen uns dabei auf Berufe mit langen Arbeitszeiten, auf solche mit einer hohen Teilzeitquote, auf Tätigkeiten im öffentlichen Dienst und auf Berufe, die vor allem am Wochenende und an Feiertagen ausgeübt werden. Ein weiteres Merkmal ist die Offenheit von Berufen: Welche Rolle spielen geschlossene Berufe, die nur mit passenden Zertifikaten ausgeübt werden können? Wie verhält es sich mit Berufen, in denen Beschäftigte mit unterschiedlichen Qualifikationen arbeiten? In diesen Berufen zählt nicht der eine Leistungsnachweis oder die eine spezielle Ausbildung, sondern es werden fachunspezifische, allgemeine Kompetenzen erwartet. Unter der Offenheit eines Berufs fassen wir noch ein weiteres Phänomen: das Auseinanderfallen der Berufswelt in Männer- und Frauenberufe. Ist es für Kathrin als Tierarzthelferin schwierig, wieder einen Job zu finden, weil sie aus einem typischen Frauenberuf kommt?

Würde man nun einfach untersuchen, wie berufliche Merkmale die Dauer der Erwerbsunterbrechung beeinflussen, käme man leicht zu einem falschen Schluss. Etliche nicht erwerbstätige Frauen sind seit Jahren oder Jahrzehnten aus dem Berufsleben ausgestiegen. Sie versuchen, in eine Arbeitswelt zurückzukehren, die sich in der Zwischenzeit gewaltig verändert hat. Wenn wir etwa besonders lange Erwerbsunterbrechungen bei den Textilnäherinnen beobachten, liegt dies wohl auch daran, dass in diesen Berufen immer weniger Arbeitskräfte in Deutschland benötigt werden und diese Berufe geradezu auszusterben drohen. So ist die Zahl der Beschäftigten in der Textilbranche seit den achtziger Jahren um etwa 75 Prozent zurückgegangen.[9] Frauen, die diesen Beruf erlernt haben, finden hier keine Anstellung mehr. Andere Berufe dagegen haben einen Aufschwung erfahren. Seit 1999 stieg die Zahl der Softwareentwicklerinnen und Rechtsberaterinnen um ein Viertel. Veränderungen der Berufsstruktur können also direkt und indirekt die Dauer der Erwerbsunterbrechung beeinflussen und werden dementsprechend bei den weiteren Untersuchungen berücksichtigt.[10]

Wie wirken sich nun die ausgewählten beruflichen Merkmale auf die Dauer der Erwerbsunterbrechung aus? Schauen wir uns zuerst die Arbeitsbedingungen an. Hier zeigt sich, Frauen scheiden nur kurz aus dem Erwerbsleben aus, wenn sie zuletzt in Berufen mit schlechten Arbeitsbedingungen tätig waren. Zu diesen gehören solche, in denen geringfügige Beschäftigungsverhältnisse gang und gäbe sind und in denen überwiegend un- und angelernte Frauen arbeiten, so etwa bei den Gebäudereinigerinnen oder Lagerarbeiterinnen. Diese Berufe setzen keine besonderen Qualifikationen voraus. Sie zahlen oft jämmerliche Löhne, bieten nur eine lückenhafte soziale Absicherung und Aufstiegsmöglichkeiten fehlen ganz. In diesen Berufen arbeiten oft Frauen, die dringend auf ein Einkommen angewiesen sind.[11] Die schnelle Berufsrückkehr erfolgt aus existentieller Not.

Abbildung 5.1: Die Dauer der bisherigen Erwerbsunterbrechung von 25- bis 59-jährigen Frauen nach dem zuletzt ausgeübten Beruf, 2006

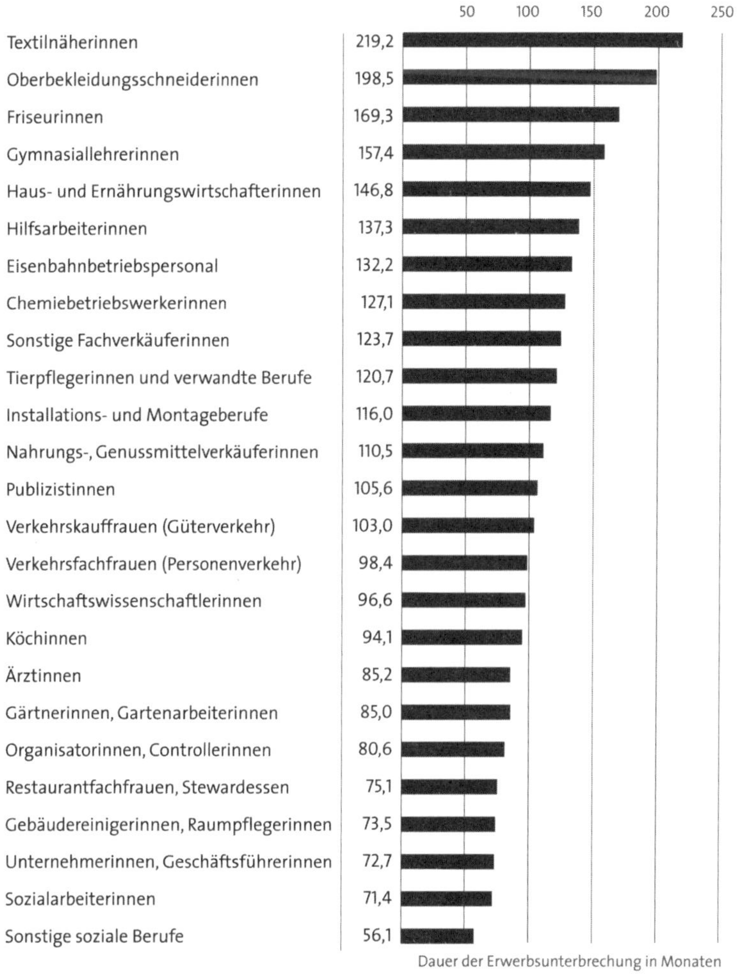

Quelle: Mikrozensus 2006, eigene Berechnungen. Aus Platzgründen können nur 25 der 111 Berufe gezeigt werden.

Anders verhält es sich in Berufen, in denen viele Arbeiterinnen tätig sind.[12] Je höher ihr Anteil in dem Beruf ist, umso länger hält die Erwerbsunterbrechung an. Der Alltag in diesen Berufen ist häufig physisch und psychisch sehr anstrengend, beispielsweise in der Landwirtschaft und im Verkauf. Bei den Arbeiterinnen zeigen sich frühzeitig gesundheitliche Verschleißerscheinungen. Der hohe Anteil erwerbsgeminderter Frauen, auf den wir im letzten Kapitel hingewiesen haben, belegt dies eindrücklich. Da andere Berufe diesen Frauen nicht offenstehen, scheiden sie meist lange aus dem Erwerbsleben aus, weil sie zu einer Weiterarbeit in ihrem alten Beruf körperlich schlichtweg nicht in der Lage sind.

Berufe mit einem hohen Anteil befristeter Tätigkeiten gehen mit kurzen Erwerbsunterbrechungen einher. Architektinnen, Geschäftsbereichsleiterinnen, Ärztinnen, angestellte Lehrerinnen und Wissenschaftlerinnen hangeln sich oft von Job zu Job, bis sie schließlich eine unbefristete Beschäftigung gefunden haben. Auch Anke hat dies so erlebt. Sie fand über kurz oder lang immer eine neue Arbeit in ihrem Beruf. Und jedes Mal hoffte sie, dort nach Ablauf der Befristung übernommen zu werden. Bisher hat es nicht geklappt. Und langsam befürchtet sie, dass sie für eine Festanstellung bald zu alt sein könnte.

Neben den Arbeitsbedingungen spielen auch die Arbeitszeiten eine wesentliche Rolle. Das gilt speziell – wenngleich mit unterschiedlichen Folgen – für besonders lange Arbeitszeiten und Wochenendarbeit. So gehen Berufe, in denen regelmäßig mehr als 46 Wochenstunden geleistet werden, mit langen Ausstiegen aus dem Erwerbsleben einher. Diese Arbeitszeiten sind nicht festgeschrieben, sie folgen informellen Normen, die eine einzelne Frau nicht aufbrechen kann. So werden von Hilfsarbeiterinnen, Friseurinnen und Sprechstundenhelferinnen oft Überstunden erwartet. Diese zusätzliche Belastung erschwert das tägliche Zeitmanagement und lässt sich mit dem Familienleben nur schlecht verbinden. Ganz anders dagegen Berufe, die oft auch am Wochenende oder an Feiertagen ausgeübt werden. Hier kehren die Frauen schnell wieder ins Erwerbsleben zurück. Hohe Anteile von Wochenend- und Feiertagsarbeit finden sich bei den Restaurantfachfrauen und Stewardessen. Offenbar erlaubt die Wochenendarbeit, dass man die Kindererziehung mit dem Partner, den Eltern oder anderen Verwandten teilt. Sie ermöglicht es, Beruf und Familie besser miteinander zu vereinbaren. Für Wochenendarbeit werden außerdem Lohnzuschläge gezahlt, so dass sie auch finanziell attraktiv ist und die Wiederaufnahme der Arbeit beschleunigt. Ohne Einfluss auf die Dauer der Erwerbsunterbrechung sind dagegen Berufe im öffentlichen Dienst oder Berufe mit einem hohen Anteil an Teilzeitarbeit.

Kommen wir zum letzten Punkt: der Offenheit von Berufen. Manche Berufe sind nicht an besondere Zugangsvoraussetzungen gebunden, in ihnen arbeiten Frauen aus verschiedenen Disziplinen und mit unterschiedlich hohem formalem Bildungsstand, beispielsweise Werbefachfrauen, Publizistinnen oder Direktionsassistentinnen. Wenig überraschend stellen wir fest, dass die Dauer der Erwerbsunterbrechung umso geringer ausfällt, je weniger ein Beruf auf nur eine spezifische Ausbildung festgelegt ist. Werden Frauen nach ihren Kompetenzen ausgewählt und nicht nach ihren teilweise veralteten Zertifikaten, so fördert dies ihre Erwerbstätigkeit.

Wenn wir untersuchen, wie offen bestimmte Berufe für Frauen sind, gilt es auch, das Phänomen von sogenannten Frauen- und Männerberufen zu berücksichtigen. Hier stoßen wir auf einen in der Literatur bekannten Effekt: Ein hoher Frauenanteil in einem Beruf, etwa bei Apothekenhelferinnen und Erzieherinnen, geht mit einer längeren Erwerbsunterbrechung einher. Frauen kehren nur langsam in ihre Frauenberufe zurück. Die Crowding-Theorie[13] erklärt diesen Zusammenhang. Frauen legen sich auf wenige Berufe fest, die dann vor allem von ihnen ausgeübt werden. In anderen Berufen können sie ihre Arbeitskraft nicht einsetzen, da diese von Männern dominiert und für sie schwer zugänglich sind. Dies führt zu einem Überangebot von Arbeitnehmerinnen in den Frauenberufen und der Lohn sinkt. Entsprechend herrscht in den vielen Männerberufen eher ein Mangel an Arbeitskräften, die daher gefragter sind und höher entlohnt werden. Das niedrige Lohnniveau in den Frauenberufen verringert den Anreiz, hier wieder erwerbstätig zu werden und verlängert so die Unterbrechungsphase.

Dies mag freilich nicht die einzige Erklärung sein. Die Frauenberufe sind zu 72 Prozent Dienstleistungsberufe, die oft mit einem hohen physischen und psychischen Druck einhergehen. So arbeitete Monika jahrelang als Altenpflegerin, betreute und pflegte hilfsbedürftige Menschen, hörte ihnen zu, war für sie da. Sie trug eine hohe Verantwortung, leistete körperlich schwere Arbeit. Trotzdem erfuhr sie wenig soziale Anerkennung, Aufstiegsmöglichkeiten boten sich ihr keine. Nicht allein finanzielle Aspekte führen also zu langen Erwerbsunterbrechungen, sondern auch fehlende Perspektiven.

Wir halten fest: All diese beruflichen Merkmale – Arbeitsbedingungen, Arbeitszeiten und Offenheit – wirken sich auf die Dauer der Erwerbsunterbrechung aus, auch dann, wenn wir die individuellen Merkmale der Frauen statistisch kontrollieren.[14] Diese individuellen Merkmale sind wichtig, keine

Frage. An der Erklärungskraft der beruflichen Merkmale für die Dauer der Erwerbsunterbrechung ändern sie aber nichts.

Staat, Markt und Familie stehen in der Pflicht. War früher das deutsche duale Ausbildungsmodell anderen Bildungssystemen haushoch überlegen, so reagiert es heute oft zu langsam auf den schnellen Wandel in den Berufsstrukturen. Um Frauen die Möglichkeit zu geben, lange erwerbstätig zu sein, müssen gezielte Weiterbildungen und betriebliche Umschulungen selbstverständlich werden. Vor allem in körperlich anstrengenden Berufen können Frauen nicht bis zur Rente tätig sein. Das Weiterbildungssystem muss an diese Erfordernisse angepasst und eine entsprechende Finanzierung entwickelt werden. Hier gilt es, die klassischen Forderungen nach einer Humanisierung der Arbeit, nach einer Vielfalt von Tätigkeiten am Arbeitsplatz, nach einer Ausdehnung des Verantwortungsbereichs und der persönlichen Gestaltungsautonomie in den Mittelpunkt zu rücken. Wir müssen vieles neu gestalten, um Frauen im Arbeitsmarkt zu halten.

»Man darf nur nicht resignieren« (Christine, 55)

Ich habe einen Lehrgang zur Stenotypistin absolviert und ab 1980 im Büro eines Sanitätsfachhandels gearbeitet. Ich war in der Zentrale tätig, betreute 13 Filialen. Das hat mir sehr viel Spaß gemacht.

Im Oktober 1983 kam unsere Tochter zur Welt. Nach den acht Wochen Mutterschutz blieb ich noch vier Monate zu Hause. Danach ging ich wieder voll arbeiten und unsere Tochter kam mit einem halben Jahr in eine Liegekrippe. Als mein Mann sie dort einmal abholte, lag sie auf einer Matratze und brüllte erbärmlich. So hatten wir uns das nicht vorgestellt. Wir hatten uns dieses Kind über alles gewünscht und wollten es nun auch behüten. Mein Mann war beruflich sehr engagiert und so reduzierte ich meine Arbeitszeit, war nur noch halbtags tätig. Doch unsere Tochter war dann ununterbrochen krank, hatte mit den Atemwegen Probleme. Die Liegekrippe wollte sie nicht mehr aufnehmen. Es waren unmögliche Zustände. Mein Mann und ich beschlossen, dass ich meine Arbeit vorübergehend aufgebe. Ich verdiente auf der Halbtagsstelle eh so wenig, dass es sich nach den steuerlichen Abzügen nicht mehr rentierte. Daher kündigte ich und blieb ab Herbst 1984 zu Hause. Ich dachte, ich würde wieder eine Stelle finden, wenn unsere Tochter sich erholt hatte, und meldete mich arbeitslos. Doch da ich noch im gebärfähigen Alter war, ein Kleinkind hatte und einen Ehemann, der verdiente, erhielt ich kaum Angebote und auf meine Bewerbungen nur Absagen.

Dann kam unsere Tochter in die Schule und es stellte sich heraus, dass sie hier wirklich Unterstützung brauchte. Sie war verspielt und gleichzeitig wissbegierig, konnte schon vor der Schule ganze Wörter schreiben, Äpfel und Birnen zusammenzählen. Ich hatte ihr das nicht beigebracht, sie hatte viel gefragt und das irgendwie mitbekommen. Unsere Tochter war ein ruhiges Kind, und da die Störenfriede in der Klasse nach vorn gesetzt wurden, saß sie hinten und langweilte sich natürlich. Ich machte mir Sorgen, dass sie den Anschluss verliert, diskutierte mit der Lehrerin. Ohne Erfolg. Schließlich ließ ich meine Tochter umschulen. Dann lief es etwas besser, doch im Grunde musste ich ihr viel helfen und mit ihr lernen.

Ich hoffte aber, dass sie irgendwann allein marschiert und ich wieder in den Beruf eingegliedert werden kann. Ich war nach wie vor beim Arbeitsamt gemeldet, hielt meine Termine ein und ließ sie mir abstempeln. Mittlerweile kamen bei mir gesundheitliche Einschränkungen hinzu. Ich hatte eine chronische Sehnenscheidenentzündung und Probleme im unteren Lendenwirbelbereich, so dass ich die Bürotätigkeit nicht mehr ausüben konnte. Dies wurde vom Amtsarzt attestiert. Ich hoffte, über das Arbeitsamt umgeschult zu werden. Dazu musste ich eine dreimonatige Feststellungsmaßnahme durchlaufen, bei der überprüft wurde, ob ich überhaupt umschulungsfähig war. Diese Maßnahme wurde von einem externen Träger durchgeführt, aber vom Arbeitsamt finanziert. Für den Zeitraum wurden wir abgemeldet und bezogen Gelder aus einem EU-Fonds. Wir erhielten richtig Unterricht, beispielsweise in Deutsch und Mathematik, und wurden für das Arbeitsamt benotet. Ich hatte mein Wissen immer aufgefrischt, damit ich meiner Tochter in der Schule helfen konnte, und regelmäßig Kurse in der Volkshochschule besucht. So absolvierte ich diese Feststellungsmaßnahme erfolgreich. Doch andere Frauen, die schon sehr lange aus dem Berufsleben ausgeschieden waren, hatten große Schwierigkeiten, hier zu bestehen. Sie scheiterten an dieser Hürde, weil sie einfach nicht mehr konnten.

Mir wurde dann 1995 eine Umschulung angeboten, kurioserweise zur Bürokauffrau. Laut amtsärztlicher Bescheinigung sollte ich laufen, stehen und wenig sitzen. Doch die Sachbearbeiterin meinte, ich könne mir ja einen Arbeitsplatz im Bürobereich suchen, bei dem dies alles gegeben wäre. Ich war skeptisch, wo heute doch alles am Computer abläuft. Trotzdem unterschrieb ich den Vertrag und begann mit der Umschulung. Ich saß den ganzen Tag in der Schule, übte Maschineschreiben mit zehn Fingern, obwohl ich das schon beherrschte, und meine gesundheitlichen Beschwerden nahmen zu.

In der Zeit wurden meine Eltern krank, wurden zu Schwerstpflegefällen und brauchten neben dem Pflegedienst auch die Unterstützung der Familie. Gemeinsam mit meinen Geschwistern kümmerte ich mich um meine Eltern, begleitete sie bei Krankentransporten, war tagsüber mit ihnen im Krankenhaus, pflegte sie zu Hause. Ich wollte sie in ihrer letzten Lebenszeit nicht alleine lassen und verzichtete dann doch auf die Umschulung. Ich dachte auch, dass ich einer anderen den Platz wegnehme, die den Kurs jetzt besser absolvieren kann. Und insgeheim hoffte ich, dass ich später vielleicht eine andere Umschulung angeboten bekäme.

Mittlerweile hatte unsere Tochter ihre Realschule beendet, eine Ausbildung zur Hotelfachfrau geschafft und arbeitete in ihrem Beruf. Wir sind stolz auf sie, und ich freue mich, dass es sich für sie gelohnt hat, dass ich immer für die Familie da war und sie voll unterstützen konnte. Meinem Mann habe ich den Freiraum geschaffen, dass er beruflich aufsteigen konnte, er ist inzwischen Teamleiter im öffentlichen Dienst. Er war immer vollkommen damit einverstanden, dass ich mir wieder eine Arbeit suche. Wir sind gleichberechtigte Partner. Doch er verdient nun mal wesentlich mehr Geld, als ich es tun würde. Ohne ihn hätte sich unsere Familie nicht finanzieren können.

Ich blieb weiter beim Arbeitsamt gemeldet, schrieb selbst Bewerbungen und hoffte gleichzeitig weiter auf eine Umschulung. Ich wäre gern Erzieherin geworden, in dem Beruf hätte ich wenig sitzen müssen, wäre mit den Kindern viel draußen und in Bewegung gewesen. Doch das wurde abgelehnt, da ich in dem Beruf Kinder heben müsste und das nicht mit dem ärztlichen Attest vereinbar wäre. Daraufhin schlug ich Floristin vor. Wieder ohne Erfolg, da ich hier schwere Kisten tragen müsste, wie es hieß. Und dann erhielt ich vom Arbeitsamt ein Schreiben, dass mir zur Wiedereingliederung eine Putzstelle angeboten würde. Putzen ist körperliche Schwerstarbeit. Ich weigerte mich, die Leistungsvereinbarung zu unterschreiben. Und wurde vom Arbeitsamt ausgegliedert. Ich legte Widerspruch ein, der wurde abgelehnt. Doch ich ging bis zum Sozialgericht. Dort wurde mir vorgeworfen, ich würde ja gar nicht arbeiten gehen wollen. Absurd. Ich wies auf meine gesundheitlichen Einschränkungen hin, worauf mir gesagt wurde, ich wäre ja sowieso Vollinvalidin. Es war furchtbar, ich wäre am liebsten gegangen. Letztlich blieb es dabei, das Arbeitsamt hatte mich rausgeworfen.

Ich suchte dann auf anderem Wege nach Unterstützung. In der Zeitung hatte ich von einem Bildungs- und Beratungszentrum gelesen, das älteren Frauen beim beruflichen Wiedereinstieg half. Ich besuchte dort einen dreimonatigen Orientierungskurs für arbeitslose Frauen 50plus. Inhaltlich brachte mir der Kurs wenig, doch ich fand Kontakt zu anderen Frauen, die in der gleichen Situation wie ich waren. Daraus hat sich eine Art Selbsthilfegruppe entwickelt, die sich einmal im Monat in einem bestimmten Café versammelt. Zurzeit sind wir acht Frauen. Ich halte die Fäden zusammen und organisiere die Treffen. Wir informieren uns gegenseitig über den Stand der Arbeitssuche, helfen uns beim Formulieren von Anschreiben, spielen Bewerbungsgespräche durch. Und tatsächlich hatten einige der Frauen Erfolg, obwohl sie über 50 Jahre alt sind. Dank ihrer Eigeninitiative und mit Hilfe der anderen Frauen. Ich hoffe, mir gelingt es auch, einen Arbeitgeber zu finden, der Ältere einstellt. Denn ein paar Jahre kann ich noch arbeiten und möchte das auch. Ich muss nur stark bleiben und darf nicht resignieren.

Kapitel 6
Arbeit ohne Lohn: Hausarbeit, Weiterbildung und freiwilliges Engagement

Kathrin fand lange keine geeignete Tagesstätte für ihren kleinen Sohn und blieb deshalb erst einmal zu Hause. Martin arbeitete viel und verdiente gut. Die Familie hatte keine finanziellen Sorgen. Unerwartet kündigte sich das zweite Kind an. Jahre vergingen, bis beide Kinder eine Ganztagsschule besuchten und Kathrin an eine Rückkehr in ihren Beruf denken konnte. Der Übergang in den Arbeitsmarkt gestaltete sich schwierig. Kathrin ist Tierarzthelferin und war zuvor in einer Kleintierpraxis tätig. Ihr Lebenslauf wies nun Lücken auf, und die Arbeitgeber schreckten zurück. Wenn Kathrin Stellenangebote erhielt, so überwiegend für befristete und schlecht bezahlte Jobs. Genau in diese Zeit des Suchens platzte auch noch die Nachricht, dass ihr Schwiegervater schwer erkrankt ist und gepflegt werden muss. Kathrin übernahm diese Arbeit. Ihr eigener Lohn hätte die Pflegekosten allemal nicht gedeckt.

Nicht erwerbstätige Frauen sind arbeitende Frauen. Sie regeln den Haushalt, erziehen die Kinder, unterstützen den Partner und versorgen die Eltern. Sie planen, organisieren, erledigen. Sie geben viel und bekommen oft wenig zurück. Meist haben diese Frauen ihr Berufsleben für die Familie aufgegeben. Hauptsächlich wegen der Kinder, doch zunehmend auch, um ältere Angehörige zu betreuen.

Noch zeigen die Daten dies kaum. Nach Angaben des SOEP 2007 pflegen in den alten Bundesländern 8 Prozent der nicht erwerbstätigen Frauen und 4 Prozent der voll erwerbstätigen Frauen Mitglieder ihrer Familien. Die Zahlen für die neuen Bundesländer liegen etwas höher. Dies verwundert nicht, da dort anteilig mehr alte Menschen leben. So übernehmen hier bereits 12 Prozent der nicht erwerbstätigen Frauen die Betreuung ihrer Angehörigen, von den voll erwerbstätigen sind es fast 8 Prozent.[1]

Kindererziehung, Pflege, Haushalt – es sind volle Tage. Doch damit nicht genug. Kathrin bildet sich weiter, zumindest ihre Computerkenntnisse will sie nicht verlieren. Und sie ist ehrenamtlich tätig. Ist sie eine Ausnahme? Wie verhalten sich andere nicht erwerbstätige Frauen? Wie steht es um deren Weiterbildung und freiwilliges Engagement? Was genau machen sie? Helfen diese Tätigkeiten auf dem Weg zurück in den Arbeitsmarkt? Im Folgenden nähern wir uns diesen Fragen. Wir betrachten zunächst Weiterbildungen, die die Frauen von sich aus wählen und teilweise selbst finanzieren, sowie ihr ehrenamtliches Engagement.

Weiterbildung

In Deutschland hat die berufliche Weiterbildung einen geringen Stellenwert. Wir leben noch immer in der Vorstellung, dass wir in unserer Jugend eine Ausbildung abschließen, die uns bis zur Rente trägt. Das duale berufliche Ausbildungssystem ist nicht auf Menschen zugeschnitten, die in der Mitte ihres Lebens einen zweiten Beruf erlernen möchten oder müssen. Öffentliche Kampagnen für Weiterbildungen finden sich kaum. Die Hochschulen bilden die Jungen und bieten das Seniorenstudium für die Älteren. Wo aber bleiben die 40-Jährigen, die sich auf neue Herausforderungen am Arbeitsmarkt vorbereiten, vielleicht auch berufsbegleitend? Die vorausschauend in ihre Zukunft investieren und nicht erst, wenn sie den Anschluss längst verloren haben? Wo sind die entsprechenden Angebote im Rahmen einer zweiten und dritten dualen Ausbildung?

Zunächst: Erwerbstätige Frauen beteiligen sich selten an Weiterbildungen, dies zeigen die Erhebungen des Mikrozensus 2006. Nur 20 Prozent von ihnen geben an, in den letzten 12 Monaten eine Qualifizierungsmaßnahme durchlaufen zu haben. Hinter diesem Durchschnitt verbergen sich große Unterschiede. Von den gut gebildeten Frauen nehmen fast 40 Prozent an Weiterbildungen teil, von den niedrig gebildeten sind es unter 7 Prozent.

Die Weiterbildungsquote von nicht erwerbstätigen Frauen liegt bei gerade 10 Prozent. Wie gering dieser Anteil ist, zeigt der europäische Vergleich[2]. In Dänemark und Frankreich hat in den letzten 12 Monaten ein Drittel der nicht erwerbstätigen Frauen an einer beruflichen Weiterbildung teilgenommen. Um die 30 Prozent sind es in Schweden und Finnland. Auch die Schweiz und Großbritannien weisen mit 25 Prozent und 21 Prozent deutlich höhere Werte als Deutschland auf.

Schauen wir uns die nicht erwerbstätigen Frauen, die hier zu Lande einer Weiterbildung nachgegangen sind, etwas genauer an. Von den gut qualifizierten Frauen haben sich 20 Prozent fortgebildet, aber nur 7 Prozent der

Frauen mit mittlerem und gerade 4 Prozent mit niedrigem Qualifikationsniveau. Dabei wird eine niedrige Ausgangsbildung nur selten durch Weiterbildung kompensiert.[3] Außerdem fällt ins Auge: Arbeitsuchende Frauen bilden sich häufiger weiter als Nichterwerbspersonen.[4] 11 Prozent der 25- bis 59-jährigen arbeitsuchenden Frauen haben sich in den letzten 12 Monaten weiterqualifiziert, bei den Nichterwerbspersonen waren es 4 Prozent. Ein deutlicher Unterschied auf niedrigem Niveau.

Doch nicht nur die Häufigkeit der Weiterbildungen, auch deren Ausrichtung und Inhalte sind verschieden.[5] Arbeitsuchende Frauen wählen eher berufsbezogene Schulungen: EDV, Informationstechnik, Management, Arbeitstechniken, Verkaufstraining. Bei den Nichterwerbspersonen überwiegen private oder soziale Themen: Haushalt, Erziehung, Sprachen, Umweltschutz, Geschichte, Literatur und Kunst.

Weiterbildungen sind ein wichtiges Mittel, um den Anschluss an die Arbeitswelt zu halten. Sie bewahren und vermitteln Wissen und Qualifikationen. Und weit mehr: Bei Weiterbildungen trifft man Gleichgesinnte, knüpft Kontakte, bildet Netzwerke. Man kann sich orientieren, das eigene Selbstbewusstsein stärken. Nicht selten bauen Weiterbildungen Brücken zurück in das gesellschaftliche – und nicht nur das berufliche Leben.

Ehrenamtliches Engagement

Kathrin ist Schatzmeisterin des Ortsvereins einer politischen Partei und Elternsprecherin an der Schule ihrer Kinder – zwei Ämter, die ohne ehrenamtlich Tätige nicht existieren würden. Kathrin hat beide Aufgaben gern übernommen, hier kann sie sich einbringen und kleine Impulse setzen. Und vielleicht helfen ihr die gewonnenen Erfahrungen und Kontakte sogar, wieder einen Arbeitsplatz zu finden.

Ganz abwegig ist das nicht. Bundes- wie Landesministerien[6] und die großen Wohlfahrtsverbände[7] bewerben das Ehrenamt und weisen auf positive Beschäftigungseffekte hin. Die Argumentation ist ebenso einfach wie naheliegend: Nicht erwerbstätige Frauen haben durch ihre Familienarbeit viele Fähigkeiten und Fertigkeiten erworben, die nicht an die eigenen vier Wände gebunden sind. Im Ehrenamt können sie ihre Kompetenzen nutzen und erweitern. Es eröffnet ihnen neue Perspektiven, führt zu Kontakten, vergrößert die Netzwerke, erhöht das Selbstbewusstsein und erleichtert so die Rückkehr in eine bezahlte Beschäftigung. So ist die Hoffnung.

Empirisch ist die Bedeutung von freiwilligem Engagement für die Wiederaufnahme einer Erwerbstätigkeit schwer zu belegen. Quantitative Daten fehlen. Einzelfallstudien bestätigen allerdings die vermuteten Wirkungen. So erzählt uns Frau Lehmann, Leiterin einer Freiwilligenagentur in Berlin, von ihren Erfahrungen aus einem Bezirk, in dem sehr viele Nichterwerbstätige wohnen. Sie berichtet, wie ehrenamtliche Helferinnen nach jahrzehntelangem Ausstieg aus dem Berufsleben oft verloren geglaubte Potenziale und Wissensbestände wiederentdecken, sich integrieren, ihr Selbstwertgefühl festigen, ihren Alltag wieder zeitlich strukturieren. Insbesondere unterstreicht sie, wie wichtig es für Frauen ist, sich über das Ehrenamt näher an die Erwerbsarbeit heranzutasten: »Freiwilliges Engagement ist natürlich eine gute Möglichkeit, in soziale Bereiche reinzuschnuppern. Erst mal zu gucken, sich in der Einrichtung umzutun, die Strukturen kennenzulernen, zu schauen, wer sind da die Hauptakteure, wie sind die vernetzt untereinander.« Viele Frauen brauchen genau dies. Das Ehrenamt hilft ihnen, sich mit dem Alltag in dem gewählten Bereich auseinanderzusetzen. Sie erfahren, wie zeitlich und räumlich flexibel sie sein müssen, wie sehr die Arbeit sie psychisch und physisch belastet. Sie lernen die herrschenden Regeln der Gratifikationen und Kulturen der Anerkennung kennen. Aus Sicht der Arbeitsmarktforschung verbessert sich so die Chance, dass die Erwartungen des Arbeitgebers stärker mit dem übereinstimmen, was die potenzielle Arbeitnehmerin kann und will.

Damit könne das soziale Engagement tatsächlich zum wesentlichen Faktor auf dem Weg zurück ins Erwerbsleben werden, sagt Frau Lehmann. Sie verdeutlicht dies an ihrer eigenen Biografie. »Ich selbst habe auch so einen Hintergrund, bin über Engagement wieder in Beschäftigung gekommen. Ich war freiberuflich tätig, blieb dann mehrere Jahre für meine Kinder zu Hause, nahm nebenher kleine freiberufliche Aufträge an und schloss noch ein Weiterbildungsstudium ab. Ich suchte nach den Zusammenhängen, die mich interessierten, und engagierte mich dort. Ich schrieb selber Konzepte, stellte Anträge, knüpfte darüber Kontakte und fand die Anknüpfungspunkte, die mir ermöglicht haben, dann wieder in den Beruf einzusteigen.«

Netzwerke spielen eine wichtige Rolle bei der Integration in den Arbeitsmarkt, da neue Stellen häufig auf informellem Wege besetzt werden.[8] Freiwilliges Engagement verfügt damit neben seiner enormen gesellschaftspolitischen Funktion zumindest über das Potenzial, den Wiedereinstieg ins Erwerbsleben zu unterstützen. Grund genug, diese Form der Arbeit näher zu betrachten.

Abbildung 6.1: Ehrenamtliches Engagement von 25- bis 59-jährigen Frauen, nach Haushaltsnettoeinkommen und Bildungsniveau, in Prozent

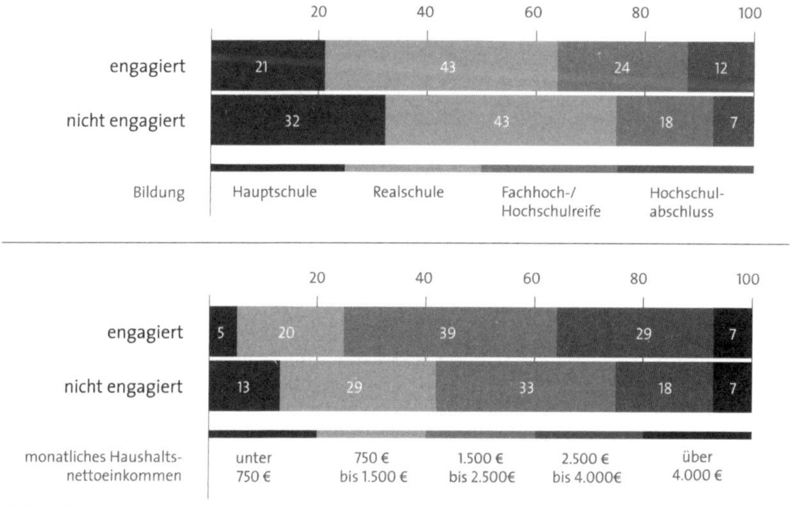

Quelle: Freiwilligensurvey 2004 (Personendatensatz); eigene Berechnungen. (N Bildung =1.136; N monatliches Haushaltsnettoeinkommen = 1.065)

Mit den Daten des Freiwilligensurvey lässt sich gut bestimmen, wie viele Frauen ehrenamtlich tätig sind, wodurch sich ihre Arbeit auszeichnet und welche Fertigkeiten sie erwerben.[9] Wir beschränken uns dabei auf Frauen, die zwischen 25 und 59 Jahren alt sind, mindestens einmal in ihrem Leben berufstätig waren, zum Zeitpunkt der Erhebung aber nicht erwerbstätig sind. Entsprechend der Definition des Freiwilligensurveys verstehen wir unter freiwilligem Engagement eine freiwillige, nicht auf materiellen Gewinn gerichtete, gemeinwohlorientierte, im öffentlichen Raum stattfindende und gemeinschaftlich ausgeübte Tätigkeit. Dazu können kurzfristige Hilfsaktionen zählen, die Mitwirkung in politischen Parteien und Organisationen sowie regelmäßiges freiwilliges Engagement etwa in Sportvereinen.

Von den hochgerechnet 5,6 Millionen nicht erwerbstätigen Frauen engagieren sich 36 Prozent (1,8 Millionen). Besonders die besser gebildeten Frauen sind aktiv: Insgesamt 36 Prozent verfügen über einen Hochschulabschluss beziehungsweise über die Fachhoch- oder Hochschulreife. Nur 21 Prozent haben einen Hauptschulabschluss. Zum Vergleich: Bei den nicht engagierten Frauen besitzen 25 Prozent einen hohen und 32 Prozent einen sehr niedrigen Abschluss (Abbildung 6.1). Noch deutlicher werden die Unterschiede, wenn wir auf das monatliche Haushaltsnettoeinkommen schauen. Von den nicht ehrenamtlich tätigen Frauen verfügen 75 Prozent über ein Haushaltsnettoeinkommen bis zu 2.500 Euro. Dagegen können 75 Prozent der freiwillig aktiven, nicht erwerbstätigen Frauen auf ein Einkommen von 1.500 Euro bis über 4.000 Euro zurückgreifen. Es zeigt sich: Vor allem gebildete und finanziell abgesicherte Frauen sind ehrenamtlich engagiert.[10] Viele von ihnen teilen die Erfahrungen von Kathrin.

Dabei kommt der Anstoß, eine freiwillige Tätigkeit auszuüben, meist von außen (45 Prozent). Man wird »entdeckt« und von leitenden Personen der jeweiligen Vereine oder Organisationen angesprochen. Aus eigener Initiative handeln 37 Prozent der Frauen. Die Berichte von Freunden, Bekannten und Familienmitgliedern spielen eine untergeordnete Rolle, gleiches gilt für Informations- und Kontaktstellen wie Freiwilligenagenturen oder Stadtteilzentren und Hinweise aus den Medien. Diese Durchschnittswerte verdecken allerdings deutliche Unterschiede zwischen Frauen in den alten und den neuen Bundesländern.[11] Frauen in den alten Bundesländern lassen sich bitten, werden rekrutiert und angeworben. Frauen in den neuen Bundesländern ergreifen – angeregt durch eigene Erlebnisse und Erfahrungen – eher selbst die Initiative.

Fragt man nach den Gründen, sich ehrenamtlich zu engagieren, so stehen der berufliche Nutzen, eine sinnvolle Freizeitgestaltung, die Möglichkeit, für andere da zu sein und zu helfen, dem Allgemeinwohl zu dienen und Kontakte zu knüpfen, im Mittelpunkt. Den Frauen ist aber auch der Spaß in der Gemeinschaft wichtig. Häufig möchten sie sich umorientieren, eigenes Wissen anwenden und neue Fähigkeiten erlernen. Sie lassen sich dabei von ihren Wünschen nach Selbstbestimmung, Mitsprache, kooperativen Arbeitsformen und persönlicher Entwicklung leiten.[12] Diese Aussagen decken sich weitgehend mit den Erfahrungen von Frau Lehmann.

Ehrenamtlich tätige Frauen arbeiten insbesondere in sozialen und politischen Bereichen. Die Ausrichtung wird dabei von der jeweiligen Lebensphase der Frauen geprägt. Mütter mit kleinen Kindern engagieren sich am stärksten für Kinder oder Jugendliche und für Familien. Frauen, die nicht (mehr) mit einem Kind zusammenwohnen, sind eher für ältere Menschen, Behinderte und Migranten da.

Wie passen nun die Erwartungen der Frauen zu ihren Erfahrungen als ehrenamtlich Tätige? Können sie durch ihr freiwilliges Engagement Kompetenzen und Qualifikationen erhalten, ausbauen oder gar neu erwerben? Der

Freiwilligensurvey 2004 gibt Antwort. Schauen wir zunächst auf die Kompetenzen, die nach Meinung der Befragten in ihrem Ehrenamt vorausgesetzt oder beansprucht werden.[13] Die Datenanalyse ergibt drei Gruppen von Tätigkeiten mit jeweils ähnlichen Anforderungsprofilen.[14] In der ersten Gruppe finden wir Frauen, die angeben, für ihre freiwillige Arbeit nicht über besondere Fähigkeiten verfügen zu müssen, etwa wenn sie bei einem Schulfest oder bei einer Spendenaktion mitwirken. Frauen, die sich in diesen Bereichen engagieren, bezeichnen wir als »Freiwillige in Tätigkeiten ohne spezifische Anforderungen«.

Die zweite Gruppe umfasst Frauen, denen ein hohes Fachwissen abverlangt wird. Insbesondere sollten sie Führungsqualitäten besitzen, wenn sie etwa Teams anleiten. Entsprechend verweisen die Frauen darauf, dass bei ihrer Arbeit soziale Kompetenz, Einsatzbereitschaft und Organisationstalent gefragt sind. Diese Frauen betonen außerdem, wie sehr die gestellten Anforderungen denen in ihrem letzten Beruf ähneln. Frauen in dieser Gruppe nennen wir »Freiwillige in Tätigkeiten mit fachlichen Anforderungen«.

Die Frauen der dritten Gruppe gehen Aufgaben nach, für die kein fachspezifisches Wissen benötigt wird, die aber psychisch und physisch anstrengend sind, so etwa bei der Telefonseelsorge, der Aidshilfe oder der Betreuung von behinderten Kindern. Von diesen Frauen wird insbesondere Belastbarkeit und Einsatzbereitschaft erwartet, sie sind »Freiwillige in Tätigkeiten mit sozialen Anforderungen«.

Wie beurteilen die Frauen nun den Gewinn, den sie aus dem Engagement für ihre eigene Entwicklung erzielen? Konnten sie neue Fähigkeiten erwerben?[15] Wenig überraschend meint nur ein Drittel der Frauen, die Tätigkeiten ohne spezifische Anforderungen ausüben, sich »in hohem Umfang« neues Wissen angeeignet zu haben. Bei Frauen in Tätigkeiten mit fachlichen Anforderungen gilt dies für 75 Prozent und bei Frauen, die Tätigkeiten mit sozialen Anforderungen nachgehen, sind es fast 50 Prozent. Tätigkeiten ohne spezifische Anforderungen tragen demnach kaum dazu bei, neue Kompetenzen zu erlangen. Dagegen lässt sich in Tätigkeiten mit fachlichen Anforderungen häufig das eigene Fachwissen anwenden, auffrischen und erweitern.

Doch wie viele Frauen sind überhaupt mit diesen Tätigkeiten befasst, die zu einer Qualifizierung beitragen? Die Zahlen sind ernüchternd. Die meisten Frauen engagieren sich in Bereichen, in denen nur geringfügig neue Kompetenzen vermittelt werden. Konkret: In der ersten Gruppe befinden sich mehr als die Hälfte der Frauen (58 Prozent). Tätigkeiten mit fachlichen Anforderungen führen nur 15 Prozent der Frauen aus. Und 27 Prozent der ehrenamtlichen Tätigkeiten nicht erwerbstätiger Frauen werden dem sozialen Anforderungsprofil zugeordnet. Demnach erzielen nur wenige Frauen durch ihr freiwilliges Engagement die erhoffte und wiederholt geforderte (Weiter-)Qualifikation.

Damit stellen wir die positive Wirkung des ehrenamtlichen Engagements in anderen Dimensionen keineswegs infrage. Die Frauen übernehmen diese Aufgaben freiwillig und ziehen aus ihrer Arbeit Wertvolles. Sie helfen, weil sie helfen wollen, sie werden eingebunden, sie leben ein Stück eigenes Leben jenseits ihrer Familie. Sie fühlen Respekt und bekommen Anerkennung. Wir warnen aber vor einer allzu schnellen Gleichsetzung von ehrenamtlicher Tätigkeit und Kompetenzgewinn und vor einer zu optimistischen Einschätzung, dass sich ehrenamtliches Engagement leicht in Erwerbstätigkeit übersetzen lässt.

Denn erschwerend kommt hinzu, dass sich solche Übergänge, wenn sie denn gelingen, oft als unsicher und instabil herausstellen. Viele freiwillige Tätigkeiten werden im sogenannten Dritten Sektor[16] angeboten und ausgeübt. Die Beschäftigung in diesem Bereich steigt. Einstellungen erfolgen durchaus rasch und zu Bedingungen, welche gerade Frauen entgegenkommen, die aus familiären Gründen ihre Erwerbstätigkeit unterbrochen haben. Ihnen werden flexible Arbeitszeiten geboten und somit die Chance, Beruf und Familie miteinander zu vereinbaren. Allerdings finden sich auch unübersehbare Nachteile: Die Beschäftigung erfolgt meist befristet oder auf ein Projekt bezogen. Gleichzeitig sind die Löhne und Gehälter häufig auf einem sehr niedrigen Niveau. Diese Kombination aus flexiblen Arbeitszeiten, Befristung, Projektarbeit und geringen Löhnen bildet ein prekäres Arbeitsmarktsegment, in dem vor allem Frauen tätig sind. Übergänge in eine unbefristete und reguläre Anstellung sind in diesem Bereich selten zu erwarten.

Dabei ist die Schnittfläche zwischen ehrenamtlicher Tätigkeit und bezahlter Erwerbsarbeit groß, die Grenzen sind fließend. Diese Grauzone ermöglicht den direkten Übergang in den Arbeitsmarkt, geht aber auch mit der Gefahr einher, reguläre Arbeitsplätze zu verdrängen, wenn entlohnte durch freiwillige Arbeit ersetzt wird. Zitieren wir wieder die Leiterin der Freiwilligenagentur: »Die Einsatzbereiche für Freiwillige sind in den Organisationen vielfältiger geworden und viel professioneller. Es ist tatsächlich häufig ein Hand-in-Hand-Gehen mit Hauptamtlichen, teilweise an der Grenze zum Hauptamt. Da kommt man dann in diese politische Diskussion. Teilweise müssten die Arbeiten hauptamtlich geleistet werden. Da verschwimmen die Grenzen. Wenn ich Organisationen berate, halte ich es für notwendig zu gucken, dass das Einsatzprofil so umrissen ist, dass es einen Freiwilligen nicht überfordert und nicht eigentlich eine professionelle Arbeit ist, die ein Freiwilliger auffangen soll. Weil die Einrichtung nicht mehr das Geld hat. Da müsste politisch mehr passieren, das dann einzufordern.«

Das auf dem Prinzip der Uneigennützigkeit beruhende und am Gemeinwohl orientierte freiwillige Engagement wird zunehmend für den Arbeitsmarkt instrumentalisiert. Es ersetze reguläre Erwerbsarbeit und verdränge diese sogar, heißt es. Empirische Belege dafür gibt es kaum. Zu Recht mahnt der »Bericht zur Lage und zu Perspektiven des bürgerschaftlichen Engagements in Deutschland« von 2009 daher an: »Eine fundierte empirische Engagementforschung ist erst noch zu schaffen. […] Insgesamt fehlen noch immer gesicherte Daten, die tiefergehende Differenzierungen nach Engagementthemen, regionalen Kriterien oder verschiedenen sozialstrukturellen Gruppierungsmerkmalen ermöglichen.«[17] Erst mit solchen längsschnittlich angelegten Daten erhalten wir ein objektives Bild über den Stellenwert von ehrenamtlicher Tätigkeit für den Prozess der Einmündung in den Arbeitsmarkt.

In diesem Kapitel haben wir gezeigt, was Frauen in Phasen ihrer Nichterwerbstätigkeit tun. Da meist die Familiengründung und manchmal die Betreuung von älteren Angehörigen zur Unterbrechung der Erwerbsarbeit führten, stehen Erziehung, Haushalt und Pflege in dieser Zeit im Mittelpunkt. Insbesondere gebildete oder finanziell abgesicherte Frauen besuchen eine Weiterbildung oder engagieren sich ehrenamtlich. Spezifisch auf eine neue Tätigkeit ausgerichtete Weiterbildungen finden sich allerdings selten und auch das freiwillige Engagement bietet nur wenigen Frauen Inhalte, die direkt für den Arbeitsmarkt verwertbar sind. Man sollte daher das Ehrenamt nicht als Brücke zum Arbeitsmarkt bewerben, sondern es so stehen lassen, wie es angelegt ist: als eine freiwillig erbrachte, gute Tat für die Gesellschaft.

Nachdenklich fragt Martin auf dem Heimweg von einer dienstlichen Abendeinladung: »Was meinst du, was würde passieren, wenn all die Frauen viel beschäftigter Männer plötzlich berufstätig wären?« Er fragt das nicht wegen der Männer. »Ich habe mich am Abend mit einigen der Frauen dort unterhalten. Ich dachte, die wären einfach nur Hausfrauen. Aber was die so alles tun – für Schulen, Verbände, für Junge und Alte. Das ist enorm.«

»Finde ich auch«, erwidert Kathrin. »Aber für mich ist es schon seltsam, dass andere für die gleiche Arbeit, die ich ohne Geld mache, bezahlt werden.«

»Ich baute dann meine Flötengruppen auf« (Elisabeth, 56)

Ich komme aus einer großen Familie. Früh wurde mir Verantwortung für meine jüngeren Geschwister übertragen. Gern wäre ich Lehrerin geworden, doch mir fehlte dafür das Abitur. Ich besuchte in Köln die Hauptschule und holte über den zweiten Bildungsweg die mittlere Reife nach. Damit konnte ich die Ausbildung zur Erzieherin beginnen. Mit 20 war ich fertig und fand eine Stelle in einem Kindergarten in Dormagen. Fünf Jahre war ich dort tätig. In dieser Zeit lernte ich meinen Mann kennen. Wir heirateten und zogen nach Gießen, wo er studierte. Ich war zunächst arbeitslos, suchte aber nach einer neuen Stelle. Dann kam unsere erste Tochter zur Welt. Mein Mann schrieb noch an seiner Diplomarbeit, war also an keine festen Zeiten gebunden. So ließ es sich gut organisieren, dass er sich um das Kind kümmerte, während ich wieder arbeiten ging. Ich hatte inzwischen eine Halbtagsstelle in einem Kindergarten gefunden.

Dann wurde unsere zweite Tochter geboren. Mittlerweile hatte mein Mann sein Studium abgeschlossen und ging auf Arbeitssuche. Er erhielt eine Stelle bei einem großen Unternehmen in Köln und wir zogen zurück in unsere gemeinsame Heimatstadt. Zunächst blieb ich mit unseren Kindern zu Hause. Ich nahm den Kontakt zu meinem ersten Arbeitsplatz wieder auf. Just wurde dort eine Erzieherin schwanger und man bot mir die Vertretung an. Diesmal aber für ganztags. Da meine Schwiegermutter in der Nähe lebte, konnte sie meine Kinder betreuen und ich die Stelle annehmen. Mein Mann arbeitete auch Vollzeit. Er brachte morgens die Kinder bei seiner Mutter vorbei und ich fuhr zum Kindergarten nach Dormagen. Gegen 16 Uhr holte ich die beiden bei der Oma wieder ab. Das funktionierte ganz gut, ungefähr zwei Jahre lang.

Da kam mein Mann eines Abends nach Hause und erzählte, er hätte in seinem Unternehmen ein Angebot gesehen, dass Ingenieure im Ausland gesucht würden. Wir waren noch relativ jung und die Aussicht auf Veränderung reizte uns. Mein Mann bewarb sich und bekam tatsächlich eine Zusage. Und so gingen wir 1982 mit unseren Kindern nach Südafrika. Wir fühlten uns recht mutig, im Land herrschte noch Apartheid, doch die Umbrüche zeichneten sich bereits ab.

Wir lebten zwischen Johannesburg und Pretoria, also außerhalb der Stadt. Für unsere beiden Töchter fanden wir einen Kindergarten. Und beinahe wäre ich noch einmal berufstätig geworden, hatte sogar schon eine Stelle als Erzieherin in einer Kirchengemeinde. Da beschloss mein Mann, für drei Monate nach Deutschland zurückzukehren, um an einer Fortbildung teilzunehmen. Allein wollte ich mit den Kindern nicht in Südafrika bleiben. Deshalb sagte ich meinen Job ab und wir gingen zu viert nach Deutschland.

Nach unserem zweiten Anlauf in Südafrika suchte ich keine neue Stelle, sondern kümmerte mich um unsere Töchter. Sie besuchten einen Waldorf-Kindergarten und ich lernte die Mütter der anderen Kinder dort kennen. Gemeinsam organisierten wir einen Village-Markt, verkauften selbst hergestellte Produkte und spendeten den Erlös für den Kindergarten. Ich fühlte mich gut aufgehoben in diesen Kreisen. Ja, und dann wurde ich noch zwei Mal schwanger. Als wir Südafrika verließen, waren wir zu sechst, eine Großfamilie.

Die fünf Jahre dort hatten uns sehr geprägt, wir mussten in Deutschland erst einmal wieder Fuß fassen. Mein Mann wechselte nach Erlangen, ins Stammhaus seiner Firma. Ich blieb mit den Kindern für ein halbes Jahr in Köln. Unsere älteste Tochter war mittlerweile schulpflichtig und kam in die dritte Klasse. Die Eingewöhnung fiel ihr schwer, sie brauchte viel Unterstützung. Für unsere zweite Tochter fand ich einen Kindergarten, aber nicht vor Ort, ich fuhr täglich einen längeren Weg hin und zurück. Um den Platz musste ich kämpfen, denn Kinder von berufstätigen Müttern wurden bei der Vergabe bevorzugt. Die beiden Kleinen blieben bei mir daheim. Irgendwie schafften wir es, die sechs Monate zu überbrücken, und dann ging's nach Bayern.

Wir suchten eine Wohnung, was nicht so einfach war als Großfamilie. Oft hieß es: »Oh, vier Kinder, die nutzen die Wohnung schnell ab.« Doch schließlich fanden wir eine und holten endlich unsere Möbel aus den Transportcontainern. Für uns stand fest, dass wir in Erlangen bleiben werden. Deshalb bauten wir in der Nähe ein Haus. Die Kinder kamen nach und nach zur Schule oder in den Kindergarten, das Haus wurde fertig, wir zogen ein, und wie das so ist, kam dann unser »Hauskind«. Inzwischen hatte ich mich in Deutschland wieder soweit orientiert, dass ich für unseren Jüngsten einen Waldorf-Kindergarten in Erlangen auswählte, als er in dem Alter war. Die anderen Kinder gingen in staatliche Einrichtungen.

In der Zeit tauchte bei mir öfter der Gedanke auf, dass ich jetzt wieder als Erzieherin tätig sein könnte. Mich hatten die Erfahrungen in Afrika sehr geprägt, so kam nur ein anthroposophischer Kindergarten infrage. Dafür hätte ich eine Zusatzausbildung absolvieren müssen, sie wäre mir sogar vom Arbeitsamt finanziert worden. Mein Mann fragte mich: »Wie sollen wir das managen, wenn du den ganzen Tag im Seminar bist? Unsere Kinder kommen mittags nach Hause. Da müssen wir ja für zwei Jahre eine Tageshilfe einstellen.« Wir diskutierten lange, am Ende verabschiedete ich mich von der Idee. Es wäre zu viel gewesen. Mein Mann war voll berufstätig, der Ernährer der Familie, und mittlerweile in eine Position aufgestiegen, in der er nicht einfach halbtags arbeiten konnte. Das hätte das Aus für seine Karriere bedeutet.

Ich kümmerte mich also um unsere fünf Kinder, engagierte mich im Elternbeirat und sammelte dort wertvolle Erfahrungen. Zusammen mit anderen Frauen setzte ich mich dafür ein, dass in unserem Dorf eine Grundschule gebaut wurde. Wir wollten unsere kleinen Kinder nicht mehr in den Schulbus setzen. Morgens herrschte an der Haltestelle ein Gerangel und Geraufe, also fürchterlich. Außerdem zogen immer mehr Familien in unser Dorf, die Kinderzahl stieg. Eine eigene Grundschule machte auch deshalb Sinn. Wir gründeten eine Elterninitiative und sammelten Unterschriften für den Neubau einer Grundschule im Ort. Die Unterschriftenlisten reichten wir beim Schulamt ein. Auf den Sitzungen der Stadtverordneten trugen wir wiederholt unser Anliegen vor und belegten, dass diese Schule wirklich gebraucht wurde. Nach ungefähr drei Jahren erhielten wir die Zusage. Unsere Vorletzte konnte die neue Schule noch ein Jahr lang genießen und der Jüngste ging alle vier Jahre zu Fuß zur Schule. Ich finde es schön, dass die Kleinen ihren Schulweg allein und selbstständig meistern können, dabei ein eignes soziales Umfeld aufbauen und viel entspannter nach Hause kommen.

Sie hatten dann ordentlich Hunger und wehe, es stand kein Essen auf dem Tisch. Die Kinder aus der Grundschule aßen zuerst, erledigten anschließend ihre Hausaufgaben und wollten so schnell wie möglich wieder raus zum Spielen. In der Zwischenzeit kamen die älteren Kinder aus dem Gymnasium nach Hause. So war die Küche bis drei Uhr in Gebrauch. Die Großen setzten sich dann auch an ihre Hausaufgaben, manchmal fragte ich Vokabeln ab oder las kleine Hausaufsätze von ihnen. Ich hatte schon einen Blick drauf. Bei Fragen in Mathematik, Physik und so mussten sie bis zum Abend warten, da half ihnen mein Mann weiter. Insgesamt waren meine Kinder es früh gewohnt, selbstständig an ihren Hausaufgaben zu arbeiten.

Ich baute dann meine Flötengruppen auf. Ich liebe Musik, wuchs mit ihr auf. Im Haus meiner Großmutter wurde viel gemeinsam musiziert und gesungen. Ja, und diese Liebe zur Musik wollte ich an meine Kinder weitergeben. Die beiden Ältesten besuchten den Flötenunterricht in der Musikschule. Ich musste sie dazu in die Stadt fahren, die Kleinen mit dabei. Welch ein Stress. Ungefähr in der Zeit bekam die Vierte von ihrer älteren Schwester die Blockflöte geschenkt. Die Kleine fragte mich: »Mama, kannst du mir das Flötenspielen beibringen?« Ich stimmte zu und schlug vor, dass sie noch eine Freundin mitbringt und wir uns einen festen Flötentag aussuchen. Und so entstand meine erste Flötengruppe mit vier Kindern.

Die Idee zog Kreise, es kamen mehr Kinder aus dem Dorf zum Flötenunterricht, auch unser Jüngster brachte seine Freunde mit. Die Mütter waren froh, dass sie ihre Kinder nicht mehr in die Stadt chauffieren mussten, sondern diese allein zu Fuß zu uns kommen konnten. Gemeinsam organisierten wir kleine Feste bei uns im Garten, bei denen die Kinder ihr Können vortrugen.

Mit einigen der Mütter singe ich im Erwachsenenchor unserer Gemeinde. Zu dem Gesangsverein gehört auch ein Kinderchor. Als dessen Leiterin wegzog, fragte man mich, ob ich den Kinderchor übernehmen würde. Zunächst war ich unsicher, doch da sich sonst keiner bereit erklärte, stimmte ich zu. Andernfalls wäre der Chor aufgelöst worden. Schnell stellte ich fest, dass mir etwas fehlte. Einen Kinderchor zu leiten ist etwas anderes, als Instrumentalunterricht zu geben. Ich brauchte eine Fortbildung. Der Leiter unseres Erwachsenenchors empfahl mir einen Lehrgang an der Musikakademie in Hammelburg. Die zweijährige Ausbildung fand vor allem im Fernstudium statt, dadurch konnte ich sie gut mit meiner Familie vereinbaren. Mein Mann und die Kinder unterstützten mich und auch die eigene Finanzierung war keine Frage. Wir Kursteilnehmer trafen uns vierteljährlich an Wochenenden zu Blockseminaren, in denen wir intensiv unterrichtet wurden. Wir bekamen Hausaufgaben mit, die wir an die Dozenten schickten und beim nächsten Treffen auswerteten. So wurde ich in allgemeiner Musikerziehung, Harmonielehre, Didaktik und vielem mehr ausgebildet. Am Ende absolvierten wir eine Prüfungswoche, das war eine große Herausforderung. Doch gemeinsam mit den anderen Frauen schaffte ich es. Das war eine gute Erfahrung.

Ich bin noch heute die ehrenamtliche Leiterin des Kinderchores, probe mit den Kindern einmal in der Woche. Neben dem Flötenunterricht gebe ich jetzt auch Gitarrenstunden. In meiner Jugend lernte ich ein bisschen Gitarre spielen, nahm aber während meiner Zeit an der Musikakademie noch extra Unterricht, da wir uns sowieso ein Begleitinstrument aussuchen mussten. So habe ich auch gelernt, wie man Jugendlichen das Gitarrenspiel beibringt, ohne dass sie Noten lesen, also eher über die Akkorde und das genaue Hinhören, um die Harmoniewechsel zu erkennen.

Mittlerweile kommen auch Eltern zu mir in den Unterricht. Sie frischen ihre Kenntnisse auf oder haben einfach Spaß, mit ihren Kindern zusammen Musik zu machen. Ein Flötenkind bestand darauf, dass es mit seiner Mutter gemeinsam übt. Für mich ist es schön zu sehen, wie gut dies den beiden tut. Und ich bin neugierig, wie sich das weiterentwickelt.

Insgesamt finde ich es spannend, was seit meiner ersten Flötengruppe so alles passiert ist. Es hat relativ klein angefangen und ist ein großes Projekt geworden, ohne dass ich darauf hingearbeitet hätte.

Den Instrumentalunterricht gebe ich nach wie vor zu Hause, mittlerweile gegen einen kleinen Unkostenbeitrag. Ich habe mir ein richtiges Musikzimmer eingerichtet. Unsere Kinder sind nach und nach ausgezogen. Sie haben das Abitur abgelegt, manche eine Ausbildung abgeschlossen, andere sind zum Studium gegangen. Unsere Kinder sind recht unterschiedlich, aber wir haben immer gemeinsam über den nächsten Schritt beraten. Und sie haben gelernt, dass das Leben aus Kompromissen besteht, dass man sehen muss, was möglich ist. Ich denke, wir haben alle fünf gut auf den Weg gebracht. Sie müssen auch kämpfen und sich bewähren. Doch sie tun dies mit Lebensfreude und Mut, finden neue Kontakte und Freunde. Ich bin wirklich dankbar, dass alle fünf ihren Einstieg geschafft haben und freue mich, dass sie als Geschwister so gut zusammenhalten. Auch wenn sie sich eine Weile nicht sehen, wissen sie doch, dass sie einander haben.

Für mich ist es eine ganz neue Erfahrung, dass die Kinder aus dem Haus sind. Ich muss nun nicht mehr tonnenweise Lebensmittel anschleppen und mich durch Wäscheberge kämpfen. Ich habe jetzt Zeit für mich, genieße im Moment noch die freien Räume. Vormittags erledige ich schnell die Hausarbeit und bereite den Instrumentalunterricht am Nachmittag vor. Ich schaue, auf welchem Stand die Kinder sind, was sie brauchen, wie wir weiterüben. Am Montag, Dienstag und Mittwoch kommen die Kinder zum Instrumentalspiel und am Donnerstagnachmittag leite ich den Kinderchor. Also, das füllt mich schon aus. Ich könnte mir nicht vorstellen, jetzt noch mal in den Beruf einzusteigen. In meinem Alter wäre das sicher auch schwierig. Außerdem genieße ich es, meine Musikstunden selbst festzulegen, mir die Arbeit frei einzuteilen. Mich an Arbeitszeiten beispielsweise in einer Musikschule anzupassen, würde mir heute schwerfallen. Sicher, ich wäre dann wieder rentenversichert. Aber zum Glück verdient mein Mann so gut, dass es für uns beide reichen wird. Wenn ich so auf mein Leben zurückblicke, bin ich erstaunt, wie es sich entwickelt hat. Oder war es Fügung?

Kapitel 7
Pflaster auf der Wunde: Die Bundesagentur für Arbeit und die Perspektive Wiedereinstieg

Lange Zeit hatte Kathrin mit der Bundesagentur für Arbeit keinen Kontakt. Als sie mehr als vier Jahre nach der Geburt ihres Sohnes endlich eine Betreuung für ihr Kind gefunden hatte und wieder ihren Beruf als Tierarzthelferin aufnehmen wollte, konnte ihr ehemaliger Arbeitgeber keine Halbtagsstelle für sie bereitstellen. Kathrin meldete sich arbeitslos. Finanzielle Leistungen der Bundesagentur standen ihr nicht zu. Obgleich sie einige Jahre versicherungspflichtig beschäftigt gewesen war, erhielt sie aufgrund der fast fünfjährigen Unterbrechung kein beitragsfinanziertes und am früheren Lohn ausgerichtetes Arbeitslosengeld I. Das steuerfinanzierte und am Bedarf ausgerichtete Arbeitslosengeld II kam für sie ebenfalls nicht infrage, da ihr Ehemann Martin gut verdiente.

Die Mitarbeiter der Arbeitsagentur wiesen Kathrin darauf hin, dass es gerade für Frauen in diesem typischen Frauenberuf schwierig sei, wieder Arbeit zu finden. Zu viele Frauen würden sich um die wenigen Stellen bemühen. Man schlug ihr eine Weiterbildung vor. Kathrin aber wollte in ihrem Beruf bleiben. Sie bewarb sich auf die seltenen Stellenangebote und sammelte nur Absagen. Zermürbt von der erfolglosen Suche verlängerte sie ihre Arbeitslosmeldung nicht, rutschte zurück in die »Stille Reserve« und lebte weiter vom Einkommen ihres Mannes. Sie kümmerte sich um den Haushalt, bekam ein zweites Kind, pflegte ihren Schwiegervater, belegte Volkshochschulkurse und engagierte sich ehrenamtlich.

Mittlerweile ist Kathrin über 50. Fast zwei Jahrzehnte war sie nicht mehr erwerbstätig. Ihre Tochter ist 17, in der Schule ein Selbstläufer, eine wahre Freude. Ihr 21-jähriger Sohn absolviert seine Lehre im Ausland. Der Schwiegervater lebt nun in einem Heim, es ging nicht mehr anders. Von dem Aktionsprogramm »Perspektive Wiedereinstieg« erfährt Kathrin aus der Zeitung, sie erkundigt sich bei der Arbeitsagentur, recherchiert im Internet und besucht einen Infotag mit verschiedenen Veranstaltungen.[1] »Wenn nicht jetzt, wann dann«, sagt sie sich. Der Schritt fällt ihr dennoch schwer. Im Leben fühlt sie sich jung, tatendurstig und hoch motiviert. Im Arbeitsmarkt jedoch alt, ungebraucht und uninformiert. Welche Perspektiven bieten sich ihr?

Anke ist heute 52 Jahre alt. Im Gegensatz zu Kathrin kennt sie die Bundesagentur für Arbeit gut. Als ostdeutsche Frau beendete sie 1975 die Polytechnische Oberschule, schloss eine Lehre zur Bauzeichnerin ab und qualifizierte sich in einem Fachschulstudium zur Bautechnikerin weiter. Sie gründete früh eine Familie. Wegen der Kinder ihr Erwerbsleben zu unterbrechen, kam ihr nicht in den Sinn. 1990 wurde Anke erstmals arbeitslos. Sie erhielt nach zehnjähriger Zugehörigkeit die betriebsbedingte Kündigung, da ihr Arbeitgeber in Leipzig nach der Wiedervereinigung Konkurs anmelden musste. Als Frau in einem damals florierenden Männerberuf fand sie schnell eine befristete Projektstelle. Doch aus der ersehnten Festanstellung wurde nichts. Immer wieder erlebte sie kürzere Phasen von Arbeitslosigkeit. Und mit jedem Jahr merkte sie, dass sie trotz ihrer Erwerbstätigkeit den fachlichen Anschluss verlor. Die Arbeitsanforderungen hatten sich dramatisch verändert. CAD und CAP – das computergestützte Design und die computergestützte Planung – nehmen nun einen noch höheren Stellenwert ein. Die von ihr bevorzugten Zeichnungen mit der Hand sind kaum mehr gefragt. Wenn sie mit Zeichenprogrammen am Computer arbeiten muss, fühlt sie sich in ihrer Kreativität eingeschränkt. Anke denkt nicht so schematisch wie diese Programme. Und so überraschte es sie wenig, als sie im Jahr 2010 nach dem Auslaufen eines Projekts wieder nicht übernommen wurde. Zu diesem Zeitpunkt war sie 28 Jahre sozialversicherungspflichtig beschäftigt und mehrfach kurzfristig arbeitslos gewesen.

Nun bemüht sich Anke erneut, eine passende Stelle zu finden. Da sie erwerbsfähig ist und dem Arbeitsmarkt sofort zur Verfügung steht, erhält sie Arbeitslosengeld I, dessen Höhe von ihrem Einkommen in den letzten 12 Monaten abhängt. Es steht ihr laut Sozialgesetzbuch Drittes Buch (SGB III) zu, nachdem sie zum einen Anspruch auf das Arbeitslosengeld I (ALG I) als Arbeitslosenversicherungsleistung hat und außerdem auf Leistungen zur Arbeitsförderung. Anke bezieht monatlich 1.500 Euro. Sollte die Stellensuche erfolglos bleiben, würden Anke und ihr ebenfalls arbeitsloser Mann nach 15 Monaten[2] und einer Prüfung ihrer Bedürftigkeit ins Arbeitslosengeld II rutschen. Anke selbst erhielte dann pauschal 323 Euro. Hinzu kämen Leistungen für ihren Mann Frank, die Kosten für Unterkunft und Heizung, Versicherungsbeiträge sowie ein befristetes Übergangsgeld, um die Differenz zwischen dem Arbeitslosengeld I und dem Arbeitslosengeld II etwas auszugleichen.[3] Insgesamt würden Anke und Frank als Bedarfsgemeinschaft zunächst etwa 1.450 Euro erhalten – kaum ein Unterschied zu heute. Dennoch fühlt sich das für Anke anders an. Sie hat Angst. An eine Frühverrentung oder lange Phasen der Nichterwerbstätigkeit mag sie nicht denken. Die permanente Unsicherheit hat Anke so richtig satt. Welche Perspektiven bietet ihr die Arbeitsagentur?

Anke und Kathrin sind verheiratet und leben mit ihren Ehemännern zusammen. Frank ist erwerbsgemindert und langzeitarbeitslos. Ab und zu geht er in einer Werkstatt geringfügigen Beschäftigungen nach. Jetzt, in der Krise, jedoch seltener. Den Unterhalt verdiente Anke. Martin, Kathrins Mann, ist nach wie vor erwerbstätig. Als Referent in der Pharmabranche hat er einen krisensicheren Job. Er versorgt seine Frau und die beiden Kinder. Alleinverdiener der Familie zu sein, ist für ihn selbstverständlich. Den Erwerbswunsch von Kathrin versteht er nicht so recht. »Das liegt nur an deinen zwei Freundinnen«, ist er überzeugt. Bei denen platzte kürzlich die Ehe und sie werden, so der Gesetzgeber, bald auf ihr eigenes Einkommen angewiesen sein.[4]

Sirin ist über 20 Jahre jünger als Anke und Kathrin. Als eine von wenigen deutsch-türkischen Frauen in ihrem Alter schloss sie nach dem Abitur eine Lehre als Bankkauffrau ab. Sie fand sofort eine Stelle und arbeitete vier Jahre in ihrem Beruf. Dann wurde sie schwanger. Ihr deutscher Freund beschwerte sich: »Doch nicht jetzt. Ich bin noch nicht bereit für Kinder.« Nach kurzer Diskussion trennte sich Sirin von ihm und bekam 2006 ihre Tochter. Die Zeit danach war schwierig. Immer stärker wurde sie zurück in ihr Elternhaus gezogen. Zunächst wollte sie ihre Arbeit in der Bank gar nicht unterbrechen, doch daheim erntete sie nur lauten Protest. Jahr für Jahr blieb sie daher zu Hause bei ihrer Familie. Wie über 40 Prozent der 1,6 Millionen Alleinerziehenden, überwiegend Frauen, erhält Sirin Leistungen gemäß dem Zweiten Buch des Sozialgesetzbuches, kurz »SGB II« genannt. Es umfasst die Grundsicherung für Arbeitsuchende mit dem Arbeitslosengeld II (ALG II) als Transferleistung und wird häufig als „Hartz IV" bezeichnet. Danach bezieht Sirin 359 Euro für sich, 215 Euro für ihre kleine Tochter, 129 Euro Mehrbedarf als Alleinerziehende und Kosten für die Unterkunft. Außerdem erhielt sie in den ersten beiden Jahren 300 Euro Erziehungsgeld pro Monat. Das Kindergeld wird von ihrem Leistungssatz abgezogen, erhöht also ihr Einkommen nicht. Mittlerweile sind mehr als drei Jahre vergangen. Ein Ganztagskindergarten für ihre Tochter ist gefunden, der Platz in einer der wenigen Ganztagsschulen in Sicht. Endlich kann Sirin wieder erwerbstätig sein. Für ihre Vermittlung ist eine Arbeitsgemeinschaft (ARGE) zuständig, in der die Bundesagentur für Arbeit und die Stadt, in der sie wohnt, zusammenarbeiten. Was bietet ihr die ARGE?

Wege zum Wiedereinstieg: Unterstützungsleistungen gemäß SGB III und SGB II

Kathrin, Anke und Sirin stehen beispielhaft für Lebensverläufe, die zahlreiche Frauen mit ihnen teilen. Blicken wir auf die sechs Gruppen zurück, die wir in Kapitel 4 vorgestellt haben, so verkörpert Kathrin eine der Frauen der Gruppe 3, die über lange Zeit nicht erwerbstätig waren. Anke steht für eine der langjährig erwerbstätigen Frauen aus Gruppe 2 und Sirin ist eine der jungen gut ausgebildeten Frauen der Gruppe 6. Alle drei Frauen verfolgen das gleiche Ziel: Sie wollen wieder erwerbstätig sein. Wir berichten nun, wie die Bundesagentur für Arbeit und die Arbeitsgemeinschaften sie dabei unterstützen. Eine Darstellung ausgewählter Maßnahmen im Bereich des SGB III und SGB II findet sich in Abbildung 7.1.1 und 7.1.2.

Als Grundlage dienen uns neben den gesetzlichen Regelungen eine Vielzahl von Expertengesprächen: Wir haben mit Programmberaterinnen und Beauftragten für Chancengleichheit am Arbeitsmarkt in den Regionaldirektionen der Bundesagentur für Arbeit gesprochen, auch mit Vertretern der Arbeitsgemeinschaften und der Landesministerien.[5]

Kathrin ist eine klassische Wiedereinsteigerin. Diese unterbrechen ihre Erwerbstätigkeit deutlich länger als die Berufsrückkehrerinnen im Sinne des Dritten Buchs des Sozialgesetzbuchs, also des »SGB III«, die nur für einen begrenzten Zeitraum ausgesetzt haben. Das Aktionsbündnis »Perspektive Wiedereinstieg« soll all diese Betroffenen erreichen, und das sind noch immer hauptsächlich Frauen. Das Bundesministerium für Familie, Senioren, Frauen und Jugend, das Bundesministerium für Arbeit und Soziales, die Bundesagentur für Arbeit, einige Länder und die Kommunen entwerfen Kampagnen, schalten Anzeigen in Tageszeitungen, organisieren Gesprächsabende. Faltblätter und Internetportale – eine Auswahl der Portaladressen findet sich im Anhang – informieren und laden zu Orientierungsgesprächen ein. Ziel ist es, nicht erwerbstätige Frauen zu interessieren, sie hinzuweisen auf Möglichkeiten, die der Arbeitsmarkt ihnen bietet, und auf Hilfen, die sie auf dem Weg zurück ins Erwerbsleben erhalten.

Der Wiedereinstieg wird dabei als ein Prozess verstanden, der sich oft über Jahre hinzieht. Man möchte viele Frauen ansprechen, führt langsam heran, lässt schnuppern, schaut, ob sie überhaupt in der Lage sind, sich erneut ein Erwerbsleben zu organisieren. Nicht erwerbstätige Frauen sollen motiviert werden. »Egal, woher sie kommen, wie sie heißen und wohin sie gehen«, erklärt eine Programmberaterin. »Gerade Wiedereinsteigerinnen brauchen erst einmal eine Orientierung, weil ihnen die Kenntnis über den lokalen Arbeitsmarkt sicherlich fehlt. Es gibt Trainingsmaßnahmen, wie man sie früher nannte, höchstens zwölf Wochen lang, man bietet Praktika bei Arbeitgebern für maximal vier Wochen an, wo man sich ein Bild machen kann, wo man gucken kann, bekomme ich es in meinem persönlichen Umfeld geregelt, schaffe ich es überhaupt bis dorthin. Die Umschulung ist dann der krönende Abschluss, nachdem man eine Strategie beschlossen hat.« Umschulungen und längere Weiterbildungsmaßnahmen werden nur eingesetzt, wenn es wahrscheinlich ist, dass die Frau nach der Maßnahme eine Erwerbstätigkeit aufnimmt. In diesem Fall steht den Wiedereinsteigerinnen der Zugang zu einer beruflichen Weiterbildung offen: »Wichtig ist, man hat eine klare Vorstellung und einen festen Willen. Denn man darf nicht unterschätzen, am Schluss steht eine Prüfung, trotz Familie.«

Die Arbeitsagentur musste Kathrin nur wenig unter die Arme greifen. Da Kathrin unbedingt in einem medizinischen Umfeld bleiben wollte, wurde ihr zunächst ein Praktikum in der nahe gelegenen Rehaklinik vermittelt. Sie war begeistert und ging den Rest des Weges allein. Aufgrund ihrer privilegierten finanziellen Situation und nur noch geringen Belastungen durch die Familie konnte sie sich nun ganz um ihre Zukunft kümmern. Eine Freundin empfahl ihr, in das neue Feld der Medizintechnik einzusteigen. Da sie gut vorbereitet sein wollte, besuchte sie eine Fachschule. Nach zwei Jahren begann sie ihre neue Erwerbskarriere und kann nun in der Medizintechnik noch über zehn Jahre erfolgreich tätig sein.

Bei vielen Frauen gestaltet sich der Wiedereinstieg wesentlich schwieriger. Oft sind die Kinder noch im Haus, die Frauen trauen sich selbst nur noch wenig zu, sie stoßen auf Vorbehalte der Arbeitgeber. Manchmal hilft das Einstiegsgeld oder der Eingliederungszuschuss zur Beschäftigung älterer Arbeitnehmer. Häufig nehmen die Frauen an Trainingsmaßnahmen teil, absolvieren hier und da ein Praktikum, nähern sich dem Arbeitsmarkt, finden aber lange keine offene Stelle. Der Weg zurück in den Arbeitsmarkt ist mühsam und braucht viel Zeit.

Anke gehört weder zu den Wiedereinsteigerinnen noch zu den Berufsrückkehrerinnen. Sie ist eine Frau mit langer Berufserfahrung, die seit wenigen Wochen Arbeitslosengeld I bezieht. Und Anke weiß, was sie will. Sie wünscht sich eine radikale Veränderung. Seit 20 Jahren erlebt sie die Abhängigkeit von wechselnden Arbeitgebern. Nun plant sie, ihr eigenes Unternehmen zu gründen. Die Arbeitsagentur äußert Bedenken, immerhin muss Anke auch ihren Mann ernähren. Die zuständige Fachkraft fördert zunächst eine kurze Weiterbildung. Anke erhält einen Bildungsgutschein mit klar definierten Inhalten: Lernmodule in Betriebswirtschaft, Softwarekenntnisse, Finanzwesen. Anke sucht sich den Bildungsträger selbst, schafft die Prüfungen, schreibt einen Businessplan. Die Arbeitsagentur gewährt für neun Monate einen Gründungszuschuss, der sich aus dem bisherigen Arbeitslosengeld I und zusätzlich 300 Euro zusammensetzt.[6] Die Bautechnikerin wird zur selbstständigen Immobilienmaklerin.

Und wie sieht Sirins Weg aus? Sie zählt zu den Berufsrückkehrerinnen. Darunter versteht die Bundesagentur für Arbeit Frauen und Männer, die mindestens ein Jahr ihre Erwerbstätigkeit wegen Kindererziehung oder Pflege von Angehörigen unterbrochen haben und die dem Arbeitsmarkt nun wieder zur Verfügung stehen. Früher fanden sich in dieser Rubrik meist Frauen ohne Leistungsbezug. Heute erhalten einige dieser Frauen Arbeitslosengeld I, da sie zwischendrin für kurze Zeit erwerbstätig waren oder nur für die ersten drei Lebensjahre ihres Kindes unterbrochen haben und noch Ansprüche auf ALG I aus der vorherigen Beschäftigung bestehen. Andere beziehen eine Grundsicherung gemäß SGB II. Wie Sirin gehören sie einer Bedarfsgemeinschaft an, die die festgelegten Bedarfe nicht aus eigenem Einkommen abdecken kann. Nachdem Sirin die Kinderbetreuung für ihre Tochter organisiert hat, kann sie nach über drei Jahren endlich wieder erwerbstätig sein. Sie steht dem Arbeitsmarkt für mindestens 15 Stunden in der Woche zur Verfügung. Sirin ist arbeitslos, bringt aber gute Voraussetzungen mit, um wieder auf dem Gebiet der Finanzdienstleistungen einzusteigen. Allerdings muss sie einige Kenntnisse auffrischen. In den Selbstinformationseinrichtungen der ARGE findet sie Hinweise auf Maßnahmen, die für sie geeignet sein könnten, und bespricht das mit ihrer Fallmanagerin. Sie schließen eine Eingliederungsvereinbarung und beide verständigen sich auf eine Maßnahme zur Datenverarbeitung und Bürokommunikation. Nach dem erfolgreichen Abschluss wird Sirin zunächst an eine Zeitarbeitsfirma vermittelt. Später erhält sie eine Stelle in einer Versicherung, wobei dem Unternehmen anfangs ein Eingliederungszuschuss gezahlt wird, um die Kosten für die Einarbeitung und die betriebliche Nachschulung abzudecken.

Anke und Sirin hatten Glück. Durch die zunehmende Alterung der Bevölkerung und den steigenden Fachkräftemangel fanden in den letzten beiden Jahren zahlreiche Arbeitslose im Bereich des SGB III zügig wieder eine Beschäftigung. Gleiches gilt für etwa 10 Prozent gut gebildete Arbeitslose, die gemäß SGB II abgesichert sind. Die meisten Bezieher von Arbeitslosengeld II aber stehen in der Warteschlange ganz hinten. Aufgrund schlechter Bildung, fehlender Weiterbildung, gesundheitlicher Einschränkungen, langer Erwerbsunterbrechungen oder fortgeschrittenem Alter haben sie nur geringe Chancen, ins Erwerbsleben zurückzukehren, und sind oft Spielball der launischen Konjunktur.

Abbildung 7.1.1: Aktive Arbeitsmarktförderung im SGB III. Ausgaben und Anteil von Frauen an den Geförderten, Bestandsdaten 2008, ausgewählte Maßnahmen

	durchschnittliche Ausgaben je geförderter Person pro Monat in Euro	Anteil Frauen an Geförderten in %
	463	52,8
Eignungsfeststellung / Trainingsmaßnahmen	904	51,7
Berufliche Weiterbildung	144	62,2
Beauftragung Dritter mit der Vermittlung	213	65,1
Beauftragung von Trägern mit Eingliederungsmaßnahmen	653	42,1
Eingliederungszuschüsse	571	37,9
Eingliederungsgutschein	925	48,0
Einstellungszuschuss bei Neugründungen	1.209	47,6
Einstellungszuschuss bei Vertretung	912	34,4
Arbeitsentgeltzuschuss bei berufl. Weiterbildung Beschäftigter	1.133	47,0
Arbeitsbeschaffungsmaßnahmen	1.011	37,3
Gründungszuschuss		44,8
Maßnahmen insgesamt		

Quelle: eigene Darstellung, Eingliederungsbilanz nach § 11 SGB III, 2008

Abbildung 7.1.2: Aktive Arbeitsmarktförderung im SGB II. Ausgaben und Anteil von Frauen an den Geförderten, Bestandsdaten 2008, ausgewählte Maßnahmen

	durchschnittliche Ausgaben je geförderter Person pro Monat in Euro	Anteil Frauen an Geförderten in %
Eignungsfeststellung / Trainingsmaßnahmen	444	45,2
Berufliche Weiterbildung	803	44,3
Beauftragung Dritter mit der Vermittlung	199	45,5
Beauftragung von Trägern mit Eingliederungsmaßnahmen	195	43,5
Eingliederungszuschüsse	663	34,7
Eingliederungsgutschein	867	55,0
Einstellungszuschuss bei Neugründungen	847	38,4
Einstellungszuschuss bei Vertretung	1.046	60,5
Arbeitsentgeltzuschuss bei berufl. Weiterbildung Beschäftigter	897	50,1
Arbeitsbeschaffungsmaßnahmen	1.123	41,6
Einstiegsgeld	221	39,9
Beschäftigungszuschuss	1.106	34,6
Arbeitsgelegenheiten in der Mehraufwandsvariante	361	42,5
Sonstige weitere Leistungen	1.299	45,9
Maßnahmen insgesamt		42,4

Quelle: eigene Darstellung, Eingliederungsbilanz nach § 54 SGB II, 2008

Prozesse, Praktiken und Paradoxien: Die Perspektive Wiedereinstieg zwischen Innovation und Stagnation

Die Lebensverläufe der drei Frauen, die hier im Schnittpunkt von Unterstützungsleistungen der Bundesagentur für Arbeit, der Arbeitsgemeinschaften und der Länder stehen, verweisen auf sechs Felder, die zentral für den Prozess der Arbeitsvermittlung von Frauen sind.

Das erste Feld umfasst den Auftrag der Bundesagentur für Arbeit, die zwischen Reparatur und Prävention aufgestellt ist. Eine Beauftragte für Chancengleichheit am Arbeitsmarkt sagt treffend: »Die Bundesagentur für Arbeit ist das Pflaster auf der Wunde.« Das zweite Feld umschreibt den Auftrag der Arbeitsvermittlung in einem für Frauen strukturell ungünstigen Umfeld, genauer: »Die Kinderbetreuung ist die Zufahrt zur Autobahn.« Diese Struktur wird, drittens, durch die Kultur befestigt. Ein Satz wie »Die muss ja gar nicht arbeiten« verdeutlicht, wie fest das männliche Ernährermodell nach wie vor in den Köpfen verankert ist. Ferner finden sich Stereotype auch in den Vorstellungen der Arbeitgeber: Diese sprechen wir in unserem vierten Punkt an und fragen »Vielleicht ist der Fachmann, den Sie suchen, eine Frau«. Die beiden letzten Felder sind administrativer Natur. Während die Sozialhilfe und die Arbeitslosenhilfe 2005 im SGB II zusammengelegt wurden, um die Betroffenen gemeinsam in den Arbeitsmarkt vermitteln zu können, sieht die Praxis im SGB II und SGB III – der alten Arbeitslosenversicherung – recht verschieden aus. Obgleich sich die Probleme der Wiedereinsteigerinnen stark ähneln, werden sie, so das fünfte Problemfeld, unterschiedlich behandelt: »Wiedereinsteigerinnen sind im Bauchladen jeder Arbeitsagentur und im Rucksack jeder ARGE« – besser lässt sich das Bild nicht zeichnen. Wir schließen, als sechstes Feld, mit einer Frage zur Steuerung: Die Bundesagentur für Arbeit hat das Ziel, die Leistungen der aktiven Arbeitsmarktpolitik quotiert an Frauen und Männer zu vergeben. Wie hängt die steigende Arbeitslosigkeit von Männern mit den erreichten Zielförderquoten für Frauen zusammen?

»Die Bundesagentur für Arbeit ist das Pflaster auf der Wunde«

Mit einigem Erfolg setzt die Bundesagentur für Arbeit auch während der Krise aufs Vorbeugen, auf Prävention. So wird Betroffenen angeboten, den Hauptschulabschluss nachzuholen,[7] Migranten erhalten Deutschunterricht, bildungsfern aufwachsende Kinder können in Sommercamps fahren und die Weiterbildung gering Qualifizierter in Unternehmen (WeGebAU) wird gefördert[8]. Allerdings, noch nutzen nur wenige Personen diese Maßnahmen.

Prävention – darunter sind nicht nur Bildung, Weiterbildung und Qualifizierung zu verstehen. Die Beauftragten für Chancengleichheit am Arbeitsmarkt gehen einen Schritt weiter: »Es darf eigentlich gar nicht erst zum Ausstieg kommen.« Der vorbeugende Gedanke entspringt oft einer gewissen Frustration der Frauen und Männer in der Arbeitsvermittlung: »Wir können uns arg anstrengen, aber die Verluste, die die Frauen durch den Ausstieg gemacht haben, sind groß. 10 Prozent werden es schaffen, aber 90 Prozent werden die Verluste niemals aufholen, von den Rentenansprüchen ganz zu schweigen.[9] Ich denke, wir müssten viel stärker mit der Botschaft raus, auch gegenüber den Arbeitgebern: Schaut, dass die Vereinbarkeit im Berufsleben stattfindet. Denn bei jedem Ausstieg bist du einfach draußen und das Arbeitsleben läuft immer schneller weiter. Selbst wenn wir jetzt von der Unterstützungsseite besser werden, und das können wir auf jeden Fall, wir können natürlich keine Arbeitsplätze schaffen.« Das Gleiche betont eine andere Stimme: »Eigentlich wünsche ich mir, dass wir nur ganz wenige Wiedereinsteigerinnen haben, weil die alle im Unternehmen bleiben. Am besten wäre es, wenn die gar nicht erst so lange rausgehen, arbeitslos sind und diesen mühsamen Prozess des Wiedereinstiegs machen müssen. Wir versuchen hier, präventiv tätig zu sein. Wenn das Unternehmen sich bewegt und die Frau sich bewegt und die Kinderbetreuung besser ausgebaut wird und es gesellschaftlich normaler ist, dass auch der Vater sein Kind zu Hause versorgt – ja, das sind natürlich viele Faktoren, aber wir versuchen, an all diesen Stellen mitzuwirken.«

Beide Zitate zeigen deutlich: Viele sind in der Pflicht. Länder und Kommunen können mehr Betreuungsplätze für Kinder einrichten, die Arbeitgeber eine bessere Vereinbarkeit von Beruf und Familie ermöglichen. So können sie Führungspositionen in Teilzeit anbieten, Männer für Teilzeit motivieren, Netzwerke zwischen den Betrieben schaffen und rechtzeitig über Möglichkeiten informieren. Die Bundesagentur für Arbeit sollte mit ihrer Beratung früher beginnen. Die Perspektive Wiedereinstieg unterstützt Frauen und Männer, die mindestens drei Jahre lang ihr Berufsleben unterbrochen haben. Sie müsste bereits vor dem Ausstieg ansetzen. Und die Frauen müssen umdenken: »Die Frauen kommen erst zu uns, wenn sie wieder einsteigen möchten. Die wenigen Männer informieren sich, bevor das Kind geboren wird, um das sie sich kümmern werden. Wir wünschen uns viel mehr Frauen, die das Thema Berufstätigkeit praktisch die ganze Zeit mitdenken.«

Selbst vorzusorgen ist auch für die Frauen wichtig. Zum einen entwerten sich berufliche Qualifikationen durch lange Auszeiten. Doch die Frauen scheinen sich auch selbst nicht mehr zu trauen. Aus allen Teilen Deutschlands wird uns berichtet, wie verunsichert sie sind. »Meiner Meinung nach besteht die größte Übereinstimmung bei den Wiedereinsteigerinnen und Berufsrückkehrerinnen in ihrem beruflichen Minderwertigkeitsgefühl. Wir haben die hoch qualifizierte Akademikerin und die Verkäuferin, sie bleiben ein Jahr zu Hause oder 20 Jahre, wir sehen viele Unterschiede zwischen den Frauen, aber das ist die Gemeinsamkeit.« Entsprechend heißt es in einer anderen Regionaldirektion: »Ich erlebe bei Informationsveranstaltungen als

Beauftragte für Chancengleichheit vor Ort, dass viele Frauen kommen und sie scheinbar vergessen haben, was sie können, welche Kompetenzen sie erworben haben. Wir starten häufig mit einer Art Talent-Marketing, also wir versuchen, Talente wieder aufleben zu lassen, Frauen auf ihre Stärken hinzuweisen, sie ihnen bewusst zu machen.« Und abschließend noch eine dritte Stimme: »Manchmal fehlt einfach nur der Mut, neue Wege zu gehen und sich zu bewerben. Wir raten dann, setz dich mit dem Arbeitgeber in Verbindung, nutze deine Netzwerke, nutze alle deine Potenziale, die du durch deine Tätigkeit in einem Verein, in einer Gesellschaft oder so bekommen hast, öffne dich und sage, was du willst. Dann bekommst du auch den Ratschlag. Oft reichen diese Hilfen aus, um den Frauen neue Möglichkeiten zu eröffnen.«

Die Erwerbsunterbrechung hinterlässt tiefe Spuren. Arbeitgeber trauen den Kompetenzen der Berufsrückkehrerinnen nicht mehr, die Frauen machen sich selbst oft klein – auch aufgrund vieler frustrierender Erfahrungen auf dem Weg zurück in den Arbeitsmarkt. Hier hilft nur eines: den Kontakt zum Arbeitsmarkt wahren, die Wunde vermeiden, das Pflaster sparen. Die Arbeitsvermittlung ist hier herausgefordert. »Es gibt Projekte und Programme der Bundesagentur in Bereichen, wo man sich fragt, ist das überhaupt noch ihre Aufgabe. Sprache und Integration beispielsweise, die eigentlich Aufgabe der Schule sind. Doch wir als Versicherungsanstalt erkennen, wie wichtig es ist, hier so früh wie möglich anzusetzen.« Die Beauftragten für Chancengleichheit unterstützen dies alle. Doch tun sie das nicht nur im Rückblick, sondern auch mit Blick nach vorn? Schaut man bei den Berufsrückkehrerinnen nicht doch wieder nur auf das Hier und Heute, unterstützt die schnelle Integration, selbst wenn eine Weiterbildung langfristig hilfreicher wäre? »Ziel muss doch sein, mit möglichst wenig Mitteln die Vermittlung in den Arbeitsmarkt zu erreichen. Vermittlung hat immer Vorrang vor Qualifizierung. Darin besteht die Hauptaufgabe der Bundesagentur. Und wenn dies nicht klappt, dann hängt's genau von den Gegebenheiten ab, von den Vorgaben, wann du eventuell aktiv wirst.« Beißt sich die Katze hier in den Schwanz? Haben wir uns immer nur im Kreis gedreht? Die Bundesagentur für Arbeit kann nur auf Grundlage ihres gesetzlichen Auftrages wirken. Eine Diskussion, ein geteiltes Verständnis dieses gesamtgesellschaftlichen Auftrages ist dringend nötig, steht aber noch aus. Hier ist der Gesetzgeber gefragt.

»Die Kinderbetreuung ist die Zufahrt zur Autobahn«

Die Kinderbetreuung ist der Schlüssel. Wenn sie nicht gewährleistet ist, stehen die Mütter dem Arbeitsmarkt nicht zur Verfügung.[10] Warum, so eine Programmberaterin, sollte man Maßnahmen vermitteln, wenn sowieso keine Beschäftigung für die Frau möglich ist, da sie für ihr Kind keine Betreuung findet? Die Arbeit der Bundesagentur ist abhängig von anderen und sie kann nur so gut sein wie ihr Umfeld.

In den alten Bundesländern werden knapp 15 Prozent aller Kinder unter drei Jahren außerhäuslich versorgt, in den neuen Bundesländern sind es 46 Prozent.[11] Eine private Kinderbetreuung ist oft zu teuer. Nach wie vor übernehmen die Väter nur selten ihre Kinder. Die Eltern und Schwiegereltern können oft wenig helfen, da sie selbst erwerbstätig sind. Für ältere Kinder sieht die Betreuungssituation auf den ersten Blick etwas besser aus: Jetzt stehen mehr Plätze bereit. Doch die meisten Kindergärten sind nicht ganztags geöffnet, sie ermöglichen den Müttern nicht die Flexibilität, die der Arbeitsmarkt erfordert. Kommen die Kinder zur Schule, verschlechtert sich die Situation sogar wieder: Nur die Hälfte unserer Schulen sind Ganztagsschulen. Somit können nur wenige Berufsrückkehrerinnen Vollzeit arbeiten, sie sind auf eine Teilzeitbeschäftigung angewiesen.

In den neuen Bundesländern ist die Lage etwas anders: »Ich habe im Osten keine Wiedereinsteigerinnen im West-Sinne«, sagt eine Programmberaterin aus den neuen Bundesländern. Wiedereinsteigerinnen gibt es im Osten kaum, weil hier keine Frau lange unterbricht. Erwerbstätig zu sein ist für sie selbstverständlich.[12] Die Unterschiede zwischen Ost und West sind noch immer so groß, dass selbst die Initiative »Perspektive Wiedereinstieg«, die auf der Bundesebene angesiedelt ist, davon überrascht wurde. Die Programme richteten sich zunächst an Frauen, die viele Jahre ihr Erwerbsleben unterbrochen hatten. Ostfrauen wurden damit faktisch von allen Maßnahmen ausgeschlossen. Das Paket wurde neu geschnürt, die Programme sind jetzt für einen Ausstieg ab drei Jahren zugeschnitten.

Die außerhäusliche Kinderbetreuung sichert jedoch nur einen Teil der Vereinbarkeit. Hinzu kommen die Anstrengungen der Betriebe und die Erfordernisse der Berufe. Oft stehen jungen Müttern ihre erlernten Berufe gar nicht mehr offen: »Wenn man sich mal die Gesundheitsberufe anschaut, das sind typische Frauenberufe, und die Krankenschwester muss auch nachts arbeiten. Viele Frauen würden gerne in den Beruf zurückgehen und können es nicht, müssen sich umorientieren. Bei technischen Berufen, beispielsweise in der Montage, sowieso.« Ostdeutschland trifft es besonders schwer: »Wir sind zu 90 Prozent mit klein- und mittelständischen Unternehmen aufgestellt, die bieten nicht das Gleiche wie Großunternehmen. Da fliegen die Frauen schnell raus aus dem Beruf. Das ist schwierig.«

Die Vereinbarkeit ist ein Nadelöhr, das es zu passieren gilt auf dem Weg zurück ins Erwerbsleben. Eine Beauftragte für Chancengleichheit am Arbeitsmarkt bezeichnet sie gar als die Zufahrt zur Autobahn der Beschäftigung. Die Bundesagentur für Arbeit hat mit diesen Rahmenbedingungen tagtäglich zu kämpfen, ist ihnen aber nicht völlig hilflos ausgesetzt. Sie kann zwar keine Kinderbetreuung anbieten, jedoch ihre direkten Kontakte zu allen lokalen Akteuren nutzen. Sie kann Betreuungsnetzwerke zwischen Arbeitgebern und kommunalen Trägern aufbauen, für neue Arbeitszeitmodelle vor Ort werben, die Dringlichkeit einer neuen Personalpolitik erklären. Sie kann fordern, mahnen, den Finger in die Wunde legen. Eine Beauftragte findet hierfür folgende Worte: »Auf vielen Stellen geht die Arbeitszeit nun mal bis 19 oder 21 Uhr. Ich habe aber mit einer Investmentbankerin gesprochen. Ihr Mann nimmt Elternzeit, sie arbeitet weiter. Sie geht um 18 Uhr und ihre Arbeit ist getan. Sie tut das, weil sie ein kleines Kind hat, das sie auch täglich sehen möchte. Seitdem wurde sie von 20 Vätern in der Abteilung angesprochen, die ihr unter vier Augen sagten, dass sie das ja auch gern tun würden, sich aber nicht trauen. Ja, das ist immer wieder dieser Punkt. Muss das denn so sein? Wir müssen wirklich vieles infrage stellen. Da sind wir als Bundesbehörde aufgerufen, Dinge transparent zu machen, immer wieder anzusprechen. Natürlich können wir keinen gesellschaftlichen Wertewandel alleine stemmen und so ein Wertewandel dauert in der Regel mehrere Generationen. Doch es sind viele kleine Faktoren, die wir beeinflussen können.«

»Die muss ja gar nicht arbeiten«

Der Vergleich mit anderen europäischen Ländern in Kapitel 2 hat uns gezeigt, dass wir am Ausbau der öffentlichen Kinderbetreuung in einem Land gut ablesen können, wie selbstverständlich dort die Erwerbstätigkeit von Müttern ist. Länder mit guten Betreuungsstrukturen pflegen eine Kultur der Vereinbarkeit von Beruf und Familie. Hier müssen die Mütter nicht jedes Mal aufs Neue erklären, warum sie erwerbstätig sein möchten. In Deutschland sieht das anders aus. Die Arbeitsvermittlung merkt dies besonders an zwei Stellen: im SGB III, wenn Frauen ohne finanzielle Not arbeiten gehen wollen, und im SGB II, wenn Frauen die Bedarfsgemeinschaft allein versorgen müssen.

Warum sollte man Kathrin, die das Geld nun wirklich nicht braucht, einen Job vermitteln? Welche Anreize hat eine Arbeitsvermittlung, sich um Berufsrückkehrerinnen zu kümmern? Eine Beauftragte für Chancengleichheit am Arbeitsmarkt beschreibt die Lage so: »Da kommt eine Frau, die hat sieben Jahre nicht gearbeitet, die muss also nicht arbeiten. Das ist ja schon mal klar. Sonst kommen eigentlich Personen, die sind akut arbeitslos geworden oder sind es jetzt schon ein paar Jahre, die müssen dringend arbeiten. Deswegen nimmt man vielleicht auch eine Botschaft von so jemandem anders auf, als von jemandem, der eigentlich gar nicht arbeiten muss. Die kommt anders bei mir an.« Weiter gilt: Verhilft die Arbeitsagentur einem Leistungsbezieher zu einem Arbeitsplatz, so entfällt mit der erfolgreichen Vermittlung auch die bisherige Zahlung des Arbeitslosengeld I. Die Ausgaben der Bundesagentur sinken. Gleichzeitig entrichten der neue Beschäftigte und der neue Arbeitgeber Sozialversicherungsbeiträge und die Einnahmen der Arbeitslosenversicherung steigen. »Da schlägt man zwei Fliegen mit einer Klappe.« Wiedereinsteigerinnen dagegen sind meistens keine Leistungsbezieher.

Wohlgemerkt: Die Bundesagentur für Arbeit hält die Zahl der Vermittlungen von Nichtleistungsbeziehern nicht bewusst niedrig. Doch in den Köpfen vieler Berater spukt weiter der Gedanke herum, die Frauen seien ja sowieso über einen männlichen Ernährer finanziell abgesichert. »Es muss hier einfach Ziel werden, dass man bei Frauen nicht an eine Sondergruppe denkt. Eigenständige Existenzsicherung durch Erwerbsarbeit gilt für Männer wie Frauen und bei diesem Selbstverständnis sind wir noch nicht angelangt. Auch die BA müsste mit diesem Selbstverständnis arbeiten, aber das will der Gesetzgeber nicht. Er hat sich da einfach noch nicht klar entschieden. Das merkt man dann bei uns, und deswegen gibt's immer wieder so Ausweichstrategien.«

Wie steht es mit den Bedarfsgemeinschaften im SGB II? Der Auftrag der Arbeitsgemeinschaften besteht explizit darin, mit allen Kräften zumindest eine der erwerbsfähigen Personen zurück in den Arbeitsmarkt zu holen. Dies gilt auch für die Optionskommunen.[13] Im Blick hat man hier auch die Kinder. Man will sie nicht in Haushalten von Langzeitarbeitslosen aufwachsen lassen, ihnen stattdessen Rollenmodelle geben, die das Leben in der Erwerbsarbeit zeigen. Doch wo setzen die Arbeitsgemeinschaften an? Sind es eher die

Väter, sind es die Mütter? Hier zunächst ein Bericht aus der Praxis: »Das war dann witzigerweise eine Frau, die im Osten eingestellt wurde, und der Mann blieb daheim. Doch der Osten ist einfach auch anders strukturiert, die Frauen haben andere Ausbildungen. Wenn das in meinem doch immer noch sehr konservativen Bundesland wäre, wie würde das ankommen? Was würde kommuniziert bis runter? Würde am Schluss der Arbeitsvermittler im SGB II denken, der Mann muss wieder zum Arbeiten? Oder würde er sagen, jetzt gucke ich mal beide an?« Auch dies ist Ausdruck unserer Kultur. Der Mann wird als Alleinverdiener gesehen, zumindest als Hauptverdiener einer Bedarfsgemeinschaft. Anke entspricht nicht diesem traditionellen Verständnis von Geschlechterrollen.

Diese kulturelle Prägung wird von der gegebenen Einkommensstruktur wirkungsvoll gestützt und getragen. Eine Beauftragte für Chancengleichheit sagt offen: »Ist eh Mist, kann ich eh nichts machen. Ich habe eine Familie, bei der muss ich gucken, dass der Mann wieder arbeiten geht. Wenn seine Frau in den Verkauf kommt, bleiben die weiter im SGB II. Das nützt mir gar nichts. Die Zielsetzung ist ja, dass einer aus der Familie raus soll und das ist bei dem Lohngefälle in Deutschland normalerweise der Mann. Jetzt wurde das Ganze vom Gesetzgeber auch noch von der Ehe auf Lebensgemeinschaften ausgeweitet, das macht es ja noch abstruser.«

Kulturelle Normen und der gesetzliche Auftrag an die Arbeitslosenversicherung führen also zwangsläufig dazu, dass Wiedereinsteigerinnen, so gerne sie arbeiten möchten, sich bei der Arbeitsvermittlung in der zweiten Reihe wiederfinden. Die Arbeitsagentur strebt danach, Ausgaben zu verringern und Einnahmen zu erhöhen. Mit Wiedereinsteigerinnen im SGB III ist dies nur teilweise möglich. Ihr Vorgehen wird dadurch gerechtfertigt, dass viele Wiedereinsteigerinnen durch ihre Ehemänner gut abgesichert sind und ein eigenes Erwerbseinkommen nicht dringend benötigen.

Hinzu kommen kulturelle Vorstellungen darüber, was normal ist. Normal – und damit richtig – ist danach, dass der Mann die Familie ernährt. Sorgt die Frau auch finanziell für den Haushalt, verstößt sie gegen diese Normen und muss ihr Handeln rechtfertigen. Nur in 11 Prozent aller Haushalte verdienen Frauen mehr als Männer.[14] In noch weniger Haushalten (9 Prozent) sind Frauen Alleinverdienerinnen.[15] Dies liegt auch an den Einkommensstrukturen: In Frauenberufen wird weniger gezahlt als in Männerberufen. Umso problematischer ist es, dass Frauen im SGB II nicht nur für sich, sondern gleich für die gesamte Bedarfsgemeinschaft aufkommen müssen. Mit einem typischen Frauenverdienst ist dies kaum zu schaffen. Doch selbst die gut ausgebildete Anke konnte nur ein Einkommen erzielen, das knapp über den Leistungssätzen des SGB II für zwei Personen liegt. Diese Sätze sind nicht zu hoch, die Einkommen sind schlicht zu niedrig. Das gilt besonders in Frauenberufen. Hier zeigt sich der *gender wage gap*, die geschlechterspezifische Einkommenslücke, in seiner Reinform. So wird auch das Verhalten der Arbeitsvermittlung verständlich: Den Männern zu einem Job zu verhelfen, ist kurzfristig Erfolg versprechender, jedoch keinesfalls nachhaltig und Zukunft sichernd. Spätestens wenn die Bedarfsgemeinschaft zerbricht, haben die Frauen das Nachsehen. In anderen Worten: »Ich kann nicht dauerhaft mit der Botschaft kommen, mit Kind bleibst du daheim, und wenn sie dann als Alleinerziehende im SGB II sind, dann will ich sie erst zum Arbeiten bringen.«

»Vielleicht ist der Fachmann, den Sie suchen, eine Frau«[16]

Prävention, Vereinbarkeit, Vermittlung – ohne Arbeitgeber ist nichts von alledem zu verwirklichen. Um den Kontakt zu möglichen Arbeitgebern herzustellen, unterhält jede Arbeitsagentur und jede ARGE, teilweise gemeinsam, einen Arbeitgeberservice, der sich bei den Arbeitgebern über offene Stellen informiert. Die Arbeitsvermittlung dagegen arbeitet bewerberorientiert, geht von den Fähigkeiten des Bewerbers aus und sucht für ihn einen Arbeitsplatz. Beide Bereiche arbeiten eng zusammen, doch hat der Arbeitgeberservice meist nicht unmittelbar mit den Arbeitsuchenden und die Arbeitsvermittlung nicht direkt mit den Arbeitgebern zu tun. Umso wichtiger ist es, dass der Arbeitgeberservice auch von der Stabsstelle Chancengleichheit beraten und über die Gruppe der Wiedereinsteigerinnen unterrichtet wird.

Geht es um die Einstellung von Unternehmen zur Frauenerwerbstätigkeit, so hörten wir in unseren Gesprächen eher Ernüchterndes. Natürlich kennen Arbeitgeber die demografische Entwicklung und wissen, dass Frauen gut qualifiziert sind. Nur wenige leiten daraus aber ab, dass sie bald auf die Beschäftigung von Frauen in Führungspositionen und in technischen Berufen angewiesen sein werden und dass sie sich mehr als bisher um die Frauen bemühen und ihre Personal- und Arbeitszeitpolitik entsprechend anpassen müssen.

Die Vorbehalte der Arbeitgeber scheinen noch immer groß: »Solange die Unternehmen nicht bereit sind zu sagen, egal ob Frau oder Mann, egal ob Berufsrückkehrerin oder wie auch immer, sondern der Mann der Ingenieur erster Wahl ist, kann die BA ganz viel tun und trotzdem wird es schwer sein, die Ziele umzusetzen«, so eine Programmberaterin. In einer anderen Regionaldirektion berichtet eine Beauftragte für Chancengleichheit: »Ich frage Arbeitgeber oft, warum sie weibliche Beschäftigte schätzen. Solange man mir antwortet, dass Frauen fürs Betriebsklima gut sind, solange man sagt, die gießt die Blumen, tut das Klopapier hin und sorgt dafür, dass die Menschen nett miteinander sind, solange sieht man die Frauen nicht als qualifizierte Kräfte. Das zu ändern ist Schwerstarbeit.«

Die Schwerstarbeit hat einen Namen: Vorteilsübersetzung. Sie zielt darauf, den Arbeitgebern zu erklären, dass Gleichstellung in ihrem ureigensten Interesse liegt. »Wir müssen Vorteilsübersetzungen schaffen. Das Unternehmen selbst gewinnt an Attraktivität. Frauen haben neue Ideen, entwickeln oft Produkte für Frauen, die sehr gerne in Anspruch genommen werden, Frauen sind kreativ. Frauen in Führungspositionen, in Steuerungskreisen, alle diese Frauen werfen noch einmal einen ganz anderen Blick auf verschiedene Themen, und ich glaube, da liegt unsere Zukunft, da gilt es, die Potenziale zu erkennen.« Von der Bundesagentur gehen entsprechende Impulse aus: »Liebes Unternehmen, guck', dass du dir deine Frauen hältst. Wir können auf unterschiedliche Art unterstützen und beraten, eben auch zu diesen weichen Faktoren, wie Arbeitszeitmodelle, Arbeitsort, also Telearbeit. Wenn du Frauen in die Führung holen möchtest, musst du etwas verändern, insbesondere wenn die Frauen Mütter sind.« Noch konkreter: »Wir haben da sieben Akademikerinnen. Außer dem Dilemma, dass sie fünf Jahre nicht gearbeitet haben, können die noch logisch denken, klar sprechen, waren im Elternbeirat, Vorsitzende im Sportverein. Ich schlage Ihnen vor, gucken Sie sich die an.«

Eine Beauftragte für Chancengleichheit sagt ruhig: »Leider waren Gleichstellung und Unternehmen noch nie ein Symbiose«, haben bisher keine Gemeinschaft zum wechselseitigen Nutzen gebildet. Jetzt aber geht es um harte Standortvorteile, die nur mit Diversität, mit einer Vielfalt im Unternehmen erreicht werden können. Die Bundesagentur für Arbeit sollte hier hartnäckig bleiben, werben und unterstützen. Der Weg ist das Ziel, auch wenn er mühsam ist.

»Wiedereinsteigerinnen sind im Rucksack jeder ARGE«

Als wir im März und April 2010 unsere Gespräche in den Regionaldirektionen führten, zeigte sich schnell, dass Wiedereinsteigerinnen im SGB III, also diejenigen, die Arbeitslosengeld I oder aber gar keine finanziellen Leistungen erhalten, auf andere Strukturen treffen, ihnen dort andere Möglichkeiten offenstehen, als den Frauen im SGB II, also denjenigen, die Arbeitslosengeld II bekommen.

So ist schon die Perspektive Wiedereinstieg ganz auf das SGB III zugeschnitten. Im SGB II dagegen müssen Wiedereinsteigerinnen zusätzlich mit betrachtet werden, sie sind sozusagen nur huckepack, nur im Rucksack mit dabei. Bisher gibt es lediglich im SGB III Beauftragte für Chancengleichheit am Arbeitsmarkt, viele Frauen und wenige Männer, die diese Fäden zusammenhalten, Netzwerke knüpfen, informieren und helfen. Und dies mit Erfolg: »Ich brauche im SGB II auch eine Beauftragte für Chancengleichheit, ich brauche jemanden, der diese Führungs- und Steuerungsunterstützung leisten kann, weil im Tagesgeschäft da keiner mehr dran denken kann, nicht aus Bösartigkeit. Die haben so viele Vorgaben, die brauchen jemanden, der vorbereitet, ausarbeitet, auswertet und sagt, so siehts aus.« Dies gilt umso mehr, als »im SGB II Probleme oft noch sehr viel stärker vorhanden sind als im SGB III. Da kommt die Problematik der Alleinerziehenden hinzu und der Druck ist sehr viel stärker, sich wieder auf eigene finanzielle Beine zu stellen. Da spielen manchmal Suchtprobleme eine Rolle, Magersucht, Alkoholsucht oder was auch immer, Probleme, mit denen sehr sensibel umgegangen werden muss. Ich glaube, dass es da sehr sinnvoll wäre, eine Beauftragte für Chancengleichheit zu haben, die in vielen Fällen, nicht in allen, als erste Ansprechpartnerin Verständnis für diese Probleme aufbringen kann und dann, wenn eine gewisse Struktur geschaffen ist, die Beratung abgibt an die Vermittlungsfachkräfte vor Ort. Also ich fände das schon sehr positiv, wenn eine solche Stelle geschaffen wird.«

Die Notwendigkeit, hier zu handeln, hat der Gesetzgeber inzwischen erkannt. Am 17. Juni 2010 wurde das SGB II überarbeitet und ein Paragraph eingefügt, der viel an dem ändern wird, was wir hier beschreiben. In Paragraph 18e des SGB II wird festgelegt, dass nun auch im SGB II Beauftragte für Chancengleichheit tätig sein werden.

Die Rechtskreise des SGB II und des SGB III, von bedarfsgeprüften und von Versicherungsleistungen, sind heute mehr denn je miteinander verknüpft. Arbeiteten die Arbeitsagenturen bislang mit »Kundengruppen« und die Arbeitsgemeinschaften mit »Betreuungsstufen«, so sind beide Kategorien nun durch ein Vier-Phasen-Modell ersetzt worden, das in beiden Rechtskreisen einheitlich und verbindlich angewendet wird.[17] Sechs »Profillagen« lösen die bisherigen Kundengruppen und Betreuungsstufen ab. Um eine Person einer bestimmten Profillage zuzuordnen, werden ihre persönlichen Stärken und der eventuelle Handlungsbedarf nach vier Schlüsselgruppen bestimmt: Qualifikation, Leistungsfähigkeit, Motivation und Rahmenbedingungen. Die daraus abgeleiteten Handlungsstrategien betonen weniger die Hemmnisse, die der Vermittlung entgegenstehen, sondern die Stärken der Person, die die Vermittlung erfolgreich sein lassen.

Dieses Vier-Phasen-Modell und die geplante Einführung von Chancengleichheitsbeauftragten im Rechtskreis des SGB II setzen positive Signale. Doch nach wie vor werden die Wiedereinsteigerinnen bei der Anwendung des SGB II nicht als Zielgruppe erkannt. Mit einer Ausnahme: Den Alleinerziehenden gilt besondere Aufmerksamkeit. Eine Mutter, die nach der Geburt ihres Kindes in Elternzeit geht, steht dem Arbeitsmarkt zwar zunächst nicht zur Verfügung, bleibt aber eine erwerbsfähige Hilfebedürftige. Sie gilt bis zum dritten Lebensjahr des Kindes nicht als arbeitslos (und wird auch in der Arbeitslosenstatistik nicht beachtet), entsprechend ist sie nicht in Vermittlungsaktivitäten eingebunden. Möchte die Frau dann aber im vierten Jahr in den Arbeitsmarkt zurückkehren, kann sie mit dem Programm »Gute Arbeit für Alleinerziehende« gefördert werden. Das Programm ist bundesweit mit 79 Projekten, aber nicht flächendeckend vertreten.

Gerade bei der Anwendung des SGB II lässt sich also noch einiges verbessern. Die Konstruktion von Bedarfsgemeinschaften hält Frauen oft zu lange vom Arbeitsmarkt fern und setzt falsche Anreize. In einigen Bundesländern wird deshalb in beiden Rechtskreisen, also im SGB III und II, eng mit den Kommunen zusammengearbeitet, so in Nordrhein-Westfalen, das ein »Netzwerk W« (für Wiedereinstieg) unterhält, und in Rheinland-Pfalz, das die Initiative »Plan W« ins Leben gerufen hat. Hier wirken die Bundesagentur für Arbeit und das Ministerium für Arbeit, Soziales, Gesundheit, Familie und Frauen (MASGFF) im Bereich des SGB II und des SGB III eng zusammen. Die Akteure sind begeistert: »Das ist ein ganz tolles Ding.«

»Die Arbeitslosigkeit von Männern erleichtert die Zielerreichung für Frauen«

Die Bundesagentur arbeitet mit Quoten, die neuerdings »Mindestbeteiligung von Frauen« heißen. Die Arbeitsagentur muss Frauen entsprechend ihrem Anteil an den Arbeitslosen und gemäß ihrer relativen Betroffenheit durch Arbeitslosigkeit im Rechtskreis des SGB II und des SGB III fördern (Paragraph 1 Absatz 2 SGB III). Aus diesen beiden Werten wird die »Zielförderquote« gebildet. Abbildung 7.2 zeigt den Unterschied zwischen dieser Zielförderquote und der tatsächlich verwirklichten Förderung von Frauen durch die Bundesagentur. Für die Jahre 2005 bis 2008 liegen die Werte für die Bundesrepublik insgesamt im SGB III und im SGB II ausnahmslos im Minusbereich: Die Zielförderquote von Frauen wurde nicht erreicht. Gemessen an ihrer Betroffenheit wurden Frauen unterproportional, Männer überproportional gefördert. Unter die Förderung fallen Weiterbildungen, Umschulungen, Beratungen und Beschäftigungsmaßnahmen, Eingliederungszuschüsse, kurz alle arbeitsmarktpolitischen Maßnahmen des SGB II und III (vgl. Abbildung 7.1).

Abbildung 7.2: Unterschiede zwischen der Zielförderquote und den verwirklichten Förderquoten von Frauen in den Rechtskreisen des SGB III und SGB II in den alten und neuen Bundesländern, 2005 bis 2008

		2005	2006	2007	2008
Differenz Zielförderquote und Förderanteil SGB III	Bundesrepublik	-9,0 %	-12,9 %	-16 %	-8,4 %
	Deutschland West	-8,6 %	-11,0 %	-14,3 %	-6,8 %
	Deutschland Ost	-9,4 %	-16,5 %	-19,5 %	-11,3 %

		2005	2006	2007	2008
Differenz Zielförderquote und Förderanteil SGB II	Bundesrepublik	-1,2 %	-3,2 %	-5,3	-5,8 %
	Deutschland West	-4,6 %	-6,6 %	-8,7	-9,1 %
	Deutschland Ost	2,4 %	2,1 %	0,4	0,0 %

Quellen: eigene Darstellung beruhend auf Statistiken der Bundesagentur für Arbeit: Eingliederungsbilanz nach § 11 SGB III und § 54 SGB II (ohne Daten für zugelassene kommunale Träger), Berichtsjahr 2006, 2007, 2008

Betrachten wir den Rechtskreis des SGB III, also das versicherungsgemäße Arbeitslosengeld I, genauer, so wird die Zielförderquote zwischen 2005 und 2007 immer stärker unterschritten und erreicht 2007 einen Wert von minus 14 Prozent in Westdeutschland und von fast minus 20 Prozent in Ostdeutschland. Im Osten wurde beinahe jede fünfte Maßnahme nicht gemäß der geschlechtsspezifischen Betroffenheit von Arbeitslosigkeit an eine Frau, sondern an einen Mann vergeben. Zwischen 2007 und 2008 ändert sich das Bild. Die Benachteiligung von Frauen nimmt deutlich ab, ja sie verringert sich um die Hälfte. Nur noch 8 Prozent der Maßnahmen werden statt einer Frau, einem Mann zugeteilt. Erste, vorläufige Zahlen für 2009 zeigen, dass sich diese Tendenz fortsetzt.

Im Rechtskreis des SGB II, also der bedarfsgeprüften Hartz-IV-Leistungen, sind die Unterschiede zwischen Frauen und Männern geringer, sie haben aber über die Jahre leicht zugenommen. In Westdeutschland erhalten weniger Frauen eine Förderung, als ihnen anteilig zusteht. Männer werden häufiger gefördert. Der Wert steigt von fast minus 5 Prozent in 2005 auf minus 9 Prozent in 2008. In Ostdeutschland wurden Frauen bislang stärker als Männer gefördert und verlieren nun diesen kleinen Vorteil: Der Wert liegt 2005 bei plus 2 Prozent und fällt 2008 auf 0 Prozent.

Wie ist diese Entwicklung zu erklären? Reagiert die Arbeitsverwaltung auf die Quoten? Richtet man die Förderung vor Ort neu aus? Ein genauerer Blick zeigt, dass dies alles nicht so einfach ist. Die Förderquoten von Frauen und Männern werden nicht monatlich bekannt gegeben.[18] Sie liegen erst im Folgejahr auf dem Tisch, das ist zu spät, um sie für die Steuerung zu nutzen. Doch selbst wenn eine zeitnahe Rückmeldung gelingen würde, zur Steuerung taugen die Angaben wenig. So hat sich die Situation von Frauen im SGB III verbessert, ohne dass sich der Förderanteil von Frauen verändert hätte. Das liegt daran, dass die Arbeitslosigkeit von Männern in der Wirtschaftskrise stark angestiegen ist und nun über der von Frauen liegt. Während 2007 noch 54 Prozent der Arbeitslosen im SGB III Frauen waren, sind es 2008 nur noch 51 Prozent, die absolute Betroffenheit der Frauen ist also geringer geworden und somit auch die Zielförderquote. In den Worten einer Beauftragten: »In den letzten beiden Jahren sind Verbesserungen durch den Anstieg der Männerarbeitslosigkeit erreicht worden. Das ist ein bisschen unser Problem, weil die ja gekoppelt mit der Arbeitslosenquote errechnet werden, es ergibt sich also eine automatische Verbesserung, ohne dass man irgendwas tut.« Durch den Anstieg der Männerarbeitslosigkeit wird die

Frauenarbeitslosigkeit relativ gesehen geringer, bleibt aber in absoluten Zahlen gleich.

Ein weiterer Punkt ist problematisch. Betrachtet man, wie die Quote berechnet wird, so sind Frauen gemäß ihrem Anteil an den Arbeitslosen insgesamt zu fördern, zusätzlich wird seit 2002 die Arbeitslosenquote der Frauen berücksichtigt. Damit bleiben nicht arbeitslos gemeldete Frauen in der »Stillen Reserve« außer Acht, Frauen in Elternzeit und Minijobberinnen werden dagegen als Erwerbstätige mitgezählt. Mit den ausgewiesenen Unterschieden zwischen der Zielförderquote und der verwirklichten Förderung von Frauen werden daher die tatsächlich bestehenden Unterschiede unterschätzt.[19] Wollte die Bundesagentur mit ihren Aktivitäten wirklich präventiv ansetzen, so müsste sie die Berechnungsgrundlage überdenken.

Aussagefähigkeit, Transparenz und Nutzen der Zielförderquote sind stark eingeschränkt. Dennoch ist sie für die Beauftragten wichtig: »Ob die Zielförderquote so förderlich ist, darüber kann man wirklich trefflich streiten. Dennoch bin ich der Meinung, das Schlimmste wäre, wenn wir sie nicht mehr hätten. Es muss irgendein Kriterium geben, das man erfasst, wo man draufguckt und wenn man davon abweicht, dann muss man was tun.«

Die Bundesagentur für Arbeit und die Perspektive Wiedereinstieg

Im Jahr 2005 zählen wir 5,6 Millionen nicht erwerbstätige Frauen zwischen 25 und 59 Jahren. Davon war eine Million Frauen noch nie erwerbstätig, 1,8 Millionen sind arbeitslos oder arbeitsuchend gemeldet und 1,3 Millionen Frauen beziehen ALG I (SGB III) oder ALG II (SGB II), um ihren Lebensunterhalt zu bestreiten. Wie viele dieser nicht erwerbstätigen Frauen wissen eigentlich von der Perspektive Wiedereinstieg? Wir vermuten, es sind wenige. Und wie viele dieser Frauen kennt die Bundesagentur für Arbeit?

In diesem Kapitel haben wir gezeigt, dass die Bundesagentur für Arbeit eine hohe Verantwortung trägt. Sie ist in einem Spannungsfeld zwischen hinderlichen Strukturen und bröckelnden Kulturen aktiv. Um die Vereinbarkeit von Beruf und Familie steht es in Deutschland nicht zum Besten. Das männliche Ernährermodell wird gleichermaßen gefördert wie hinterfragt. Hier der Blick auf die einzelne Frau, die Förderung ihrer finanziellen Unabhängigkeit, dort der Blick auf die Bedarfsgemeinschaft, die Förderung ihrer finanziellen Abhängigkeit. Hier die emanzipierende Förderquote, dort die restaurative Berechnungsgrundlage. Hier das SGB II als Dach über

Grundsicherung und Arbeitsvermittlung, dort der Graben zwischen dem SGB II und dem SGB III.

Stehen die Beauftragten für Chancengleichheit am Arbeitsmarkt für die gesamte Bundesagentur, ist das Fazit dennoch positiv. Unsere Gesprächspartnerinnen sehen die Probleme, denken, handeln, bäumen sich manchmal auf. Man sollte sie kräftig unterstützen. Und immer wieder hinterfragen: Welche Gesellschaft wollen wir?

»Ich möchte nicht nur Familienobjekt sein« (Anne, 38)

Ich bin Diplom-Biologin, habe in Kassel, Köln und Oldenburg studiert. 1998 schrieb ich meine Diplomarbeit bei einer großen Arzneimittelfirma in Darmstadt, arbeitete als freie Mitarbeiterin und forschte im Labor. Die Firma bot mir an, meine Ergebnisse für eine Promotion zu nutzen. Das klang verlockend und ich legte los. In der Zeit wurde ich schwanger. Meine Tochter kam viel zu früh und so ging ich praktisch direkt vom Labor in den Kreißsaal.

Unsere Tochter wurde 2003 geboren. Ich kümmerte mich um das Kind und versuchte, nebenbei die Promotion fertigzustellen. Das war schwierig, denn mein Mann arbeitete Vollzeit und war wenig zu Hause. Einen Kindergartenplatz bekamen wir nicht. Da erhielt mein Mann ein Stellenangebot aus Berlin. Er ist auch Biologe, betreut Ausstellungen im Museum und ist in den heißen Phasen Tag und Nacht beschäftigt. Wir führten zunächst eine Wochenendbeziehung, denn ich wollte noch letzte Versuche abschließen. Wenn ich ins Labor ging, musste ich unser Kind irgendwo unterbringen. Das funktionierte schlecht, und ich war viel krank.

Nach ungefähr einem halben Jahr zog ich auch nach Berlin. Da war unsere Tochter ungefähr zweieinhalb. Erneut begann die Suche nach einem Kindergartenplatz. Wir erkundigten uns bei knapp 30 Kindergärten, Kinderläden und Kitas, führten regelrechte Bewerbungsgespräche. Was da teilweise von den Eltern erwartet wird, ist enorm und ziemlich übertrieben. Schließlich fanden wir einen sehr guten Kindergarten, und ich atmete auf. Ich dachte, jetzt kann ich wieder arbeiten gehen, denn mein Kind ist dort gut aufgehoben. Ich schrieb Bewerbungen und setzte mich parallel noch einmal an meine Promotion.

Da kündigte sich unser zweites Kind an, wir waren glücklich, hatten es uns sehr gewünscht. Unsere zweite Tochter wurde 2007 geboren. Von Anfang an nahm ich sie mit in den Kindergarten ihrer älteren Schwester, in dem ich mich engagierte und teilweise bis zu 15 Stunden in der Woche aushalf. Die Kleine bekam dort auch einen Platz und wieder war es, als ob sich in meinem Kopf ein Schalter umlegt. Ich wusste, meine Kinder sind gut versorgt, und ich kann mich als Mutter etwas zurücknehmen. Mir die Freiheit geben, auch an mich zu denken, ohne ein schlechtes Gewissen zu haben.

Und dann zogen wir um, in die Nähe von Potsdam. Die Kleine blieb drei Monate bei mir zu Hause. Jetzt geht sie in eine ganz normale staatliche Kita. Ich sehe schon den Qualitätsunterschied zu ihrem früheren Kindergarten, aber die Auswahl in der Gemeinde ist einfach nicht so groß.

Unsere ältere Tochter besucht mittlerweile die Schule, und ich habe den Freiraum gewonnen, mich neu zu orientieren. Meine Promotion habe ich jetzt nach sieben Jahren ad acta gelegt. Stattdessen würde ich gern eine Weiterbildung beginnen und in den Schuldienst wechseln. Ich habe im Internet recherchiert, mich direkt in der Schule erkundigt und mit Leuten gesprochen, die diesen Weg gegangen sind. Es besteht die Möglichkeit, berufsbegleitend eine Weiterbildung zur Lehrerin zu durchlaufen. Ich würde zwei Jahre stundenweise unterrichten und an den Wochenenden die eigentliche Schulung absolvieren. Nach einem Referendariat könnte ich regulär im Schuldienst tätig sein. Am liebsten würde ich in einer Grundschule arbeiten, aber ob die mich als Biologin nehmen, weiß ich nicht. Ich würde auch in den erweiterten Schuldienst gehen, doch das entscheidet sich nach meiner Bewerbung.

Meine Arbeit im Kindergarten und früher mit Jugendgruppen habe ich gern gemacht. Ich fand es interessant, in den Kitas meiner Kinder die verschiedenen Erziehungsformen und Lernstrukturen kennen zu lernen. Tatsächlich fehlte mir bei meiner früheren Forschung der menschliche Faktor. Ich habe auch schon daran gedacht, im pädagogischen Bereich zu forschen, auf neurobiologischer Basis. Das wäre mein Traum.

Über einen Bekannten, der an einem Institut in Berlin arbeitet, habe ich angefragt. Da hieß es, ich wäre zu alt und zu lange raus aus der Forschung. Wahrscheinlich müsste ich dort persönlich vorsprechen und einen konkreten Vorschlag einreichen. Doch das ist für mich eine Riesenhürde. Ich hätte das Gefühl, in eine Bettelposition zu geraten, mich für mein Muttersein und meine Auszeit rechtfertigen zu müssen. Ich bin ja nicht dümmer geworden und bei jedem Berufswechsel muss ich mich neu einarbeiten. Warum wird mir das als Mutter nicht ermöglicht? Was ist daran so schlimm, wenn man als Mutter einige Zeit zu Hause bleibt und dann wiedereinsteigen möchte?

Doch gerade in der Forschung ist es schwierig, halbtags zu arbeiten. Und Vollzeit heißt in der Wissenschaft meist mehr als 38 Stunden. Wenn man pünktlich geht, weil man seine Kinder abholen muss, wird man schief angesehen. Zumindest habe ich das früher beobachtet. Also wenn die Arbeitszeiten hier flexibler wären, ich viel zu Hause arbeiten könnte, würde mir das helfen. Doch unter diesen Umständen kann ich nicht Vollzeit arbeiten. Diese Doppelbelastung würde ich nicht verkraften, das würde auf Kosten meiner Kinder gehen und ich hätte ihnen gegenüber ständig ein schlechtes Gewissen.

Mit meinem Mann habe ich darüber gesprochen und er versicherte mir, dass er mich unterstützen würde, im Rahmen seiner Möglichkeiten. Doch dass er seine Arbeitszeit generell reduziert, ist für ihn sehr schwierig. Da wäre er in seinem Beruf schnell benachteiligt. Und es ist natürlich auch ein finanzielles Problem. Manchmal trifft mich das schon. Schließlich bin auch ich gut ausgebildet und war erfolgreich in meinem Beruf. Doch wir beide sind sehr konservativ erzogen, kommen nicht aus unseren Rollen raus. Bisher war die Betreuung der Kinder meine Aufgabe, ich bin für sie da, wenn sie krank werden oder der Kindergarten wegen der Ferien schließt.

Dennoch ist mein Mann auch davon überzeugt, dass es für mich besser ist, wenn ich wieder arbeite. Er schlug deshalb vor, dass wir uns ein Au-Pair-Mädchen nehmen oder uns eine Tagesmutter suchen. Ich finde es problematisch, meinen Kindern grundsätzlich eine dritte Bezugsperson zuzumuten. Die Großeltern einmal ausgeschlossen, doch die sind nicht vor Ort. Ein Au-Pair bleibt meist nur ein halbes, maximal ein ganzes Jahr, und das Kind leidet unheimlich, wenn dieser liebgewonnene Mensch geht. Das habe ich bei Bekannten gesehen.

Wenn wir jemanden finden, der ab und zu nachmittags auf unsere Kinder aufpasst oder mal am Wochenende, wäre das eine gute Alternative. Ich könnte dann tatsächlich den Quereinstieg in den Schuldienst versuchen und auf einer Halbtags- oder Dreiviertelstelle arbeiten. Ich würde mich freuen, wenn ich das schaffe. Für meine Kinder wäre es auch gut, wenn ich wieder arbeiten gehe. Sie fragen mich schon: »Mama, warum machst du jetzt gar nichts mehr?« Sicher, sie genießen es, dass ich zu Hause bin, wenn sie aus der Schule oder dem Kindergarten kommen. Aber sie merken auch, dass ich mit der jetzigen Situation unzufrieden bin. Ich möchte nicht nur Familienobjekt sein, mein ganzes Tun auf die Familie fixieren, sondern mir wieder eine gewisse Eigenständigkeit schaffen. Mir ist wichtig, unabhängig zu sein, auch finanziell. Ich bin gerne Mutter und für meine Kinder da. Doch ich merke, dass es auch für meine Kinder nicht gut ist, wenn ich den ganzen Tag zu Hause bin. Früher habe ich selbst erfahren, wie anstrengend es ist, wenn sich die Mutter nur über die eigene Familie definiert, die Kinder ihren Erfolg widerspiegeln müssen. Davor möchte ich meine Kinder bewahren. Und dies spornt mich zusätzlich an, die nächsten Schritte zu gehen und meine Bewerbung abzuschicken. Gerne würde ich spätestens im nächsten Jahr mit der Arbeit anfangen. Mein größter Wunsch? Dass ich es schaffe.

Kapitel 8
Geschafft: Der Wiedereinstieg von Frauen in den Arbeitsmarkt

Kathrin, Anke und Sirin sind wieder erwerbstätig. Kathrin hat den Wiedereinstieg nach fast zwei Jahrzehnten erfolgreich bewältigt und arbeitet Vollzeit in der Entwicklungsabteilung einer Rehaklinik. Ihre Tochter findet es cool, dass ihre Mutter nun wieder »ein Stück eigenes Leben« lebt. Kathrin ist besser gelaunt und traut auch ihrer Tochter mehr zu. Die Beziehung zwischen Mutter und Tochter hat sich entspannt. Anke ist nun selbstständig tätig. Als Immobilienmaklerin kann sie ihr bautechnisches Wissen und ihre Kontakte hervorragend einsetzen. Frank, ihr Mann, arbeitet mit im Unternehmen und schaut wieder zuversichtlich in die Zukunft. Die junge Sirin hat es schwerer. Sie muss darauf achten, dass ihre Arbeitszeiten mit den Öffnungszeiten des Kindergartens ihrer Tochter übereinstimmen. Sie ist sehr gut in ihrem Job, obwohl sie beim Wettbewerb um möglichst lange Anwesenheit in der Firma nicht mitspielt. An abendlichen Besprechungen kann sie nicht teilnehmen und Krankheitstage ihrer Tochter stellen sie ebenso vor Schwierigkeiten wie die langen Ferienzeiten, in denen der Kindergarten schließt.

Diese drei Frauen haben ihr Ziel erreicht. Manchen jedoch gelingt der Wiedereinstieg nicht, andere können ihn gar nicht schaffen – sie pflegen Familienangehörige oder sie bedürfen selbst der Pflege. Manche Frauen arbeiten nach dem Wiedereinstieg deutlich weniger Stunden als zuvor, andere können ihre Arbeitszeit halten. Viele Frauen finden alleine den neuen Job, andere greifen auf Hilfen der Arbeitsagenturen zurück. So fand Kathrin ihren neuen Job über eigene Netzwerke, die Arbeitsagentur hatte damit nur wenig zu tun. Anke machte sich selbstständig. Sirin wiederum nutzte erfolgreich die Jobbörse der Bundesagentur für Arbeit im Internet.

In diesem Kapitel beantworten wir drei Fragen. Zunächst geht es um das Alter der Frauen: Welche Frauen finden eher als andere den Weg zurück in den Arbeitsmarkt? Anschließend untersuchen wir die Qualität der Jobs: Wie verhält sich die neue Tätigkeit zu der vor dem Ausstieg? Ist die Wertigkeit in etwa gleich geblieben? Oder finden hier Prozesse statt, die zu einer Herabstufung führen? Auch die Arbeitszeit wird betrachtet. Kann man diese halten? Arbeiten Frauen nach dem Wiedereinstieg weniger Stunden als zuvor? Die letzte Frage betrifft den Such- und Findungsprozess. Suchten die Frauen selbst aktiv nach einer Arbeit? Wer vermittelte ihnen die neue Tätigkeit?

Welchen Frauen glückt der Wiedereinstieg?

Kommen wir zum Wiedereinstieg nicht erwerbstätiger Frauen. Wie viele Frauen schaffen diesen? Welche Rolle spielen dabei ganz unterschiedliche Merkmale dieser Frauen? Insbesondere betrachten wir die Bedeutung individueller Faktoren, so etwa Alter, Qualifikation und Gesundheit der Frauen. Wie wichtig ist ihre Haushaltssituation, also Partner, Kinder und Einkommen? Wie beeinflusst die frühere Tätigkeit den Wiedereinstieg? Mit diesen drei Merkmalsbündeln – individuelle, haushaltsbezogene und berufsbezogene Kennzeichen – greifen wir Bereiche auf, die sich als zentral erwiesen haben, wenn es um den Ausstieg aus dem Arbeitsmarkt geht. Sind sie gleichermaßen für den Wiedereinstieg entscheidend?

Die empirische Untersuchung gestaltet sich etwas schwierig. Wir müssen die Frauen über lange Zeiträume begleiten, sonst bleiben wir dem Erfolg oder Misserfolg nicht auf der Spur. Schnappschüsse mit Querschnittsdaten helfen hier nicht. Wir brauchen Filme, die uns zeigen, wann die Frauen ihre Erwerbstätigkeit unterbrochen haben und wann sie in den Arbeitsmarkt zurückgekehrt sind. Wir müssen wissen, wie ihre Lebenssituation aussah und wie sie sich heute darstellt. Das SOEP[1] liefert uns diese Informationen. Die Auswertung beschränken wir wie zuvor auf Frauen im Alter zwischen 25 und 59 Jahren. Wir schließen Unterbrechungen wegen Elternzeit aus, denn hier greift die gesetzliche Regelung, dass der frühere Arbeitgeber Frauen und Männern bei ihrer Rückkehr einen gleichwertigen Arbeitsplatz bereitstellen muss. Wir betrachten also nur Frauen, die über drei Jahre nicht erwerbstätig waren.[2]

Das SOEP enthält Lebensverlaufsdaten von insgesamt 574 Frauen, die diese Vorgaben erfüllen, die also mindestens drei Jahre unterbrochen haben und zwischen 25 und 59 Jahre alt sind. Zum Zeitpunkt der Erhebung 2007 waren 509 von ihnen noch nicht wieder berufstätig, 65 Frauen hatten erneut eine Erwerbsarbeit aufgenommen. Von diesen Frauen setzten 33 zuvor drei bis sechs Jahre aus und 32 Frauen sieben Jahre und länger. Wir lernen: Die Wiedereinstiegsquote ist sehr niedrig und liegt bei gerade 13 Prozent.

Um herauszufinden, welche Merkmale zu einem Wiedereinstieg führen, vergleichen wir nun die noch nicht wieder erwerbstätigen Frauen mit jenen, die ins Berufsleben zurückgekehrt sind. Da aber nur wenigen Frauen nach drei und mehr Jahren der Wiedereinstieg gelungen ist, können wir aus methodischen Gründen nicht den Einfluss aller Merkmale aus den drei Bündeln (Individuum, Haushalt, Beruf) gleichzeitig betrachten. Behelfsweise gehen wir deshalb in mehreren Schritten vor: Zunächst bilden wir ein Grundmodell, in das wir die Merkmale aufnehmen, die in der Literatur[3] als zentral für den Wiedereinstieg von Frauen angeführt werden: Alter, berufliche Qualifikation und Dauer der Erwerbsunterbrechung.[4] Dieses Grundmodell ergänzen wir um weitere individuelle Merkmale – Staatsangehörigkeit, Gesundheitszustand, Weiterbildung und ehrenamtliches Engagement – und überprüfen deren zusätzlichen Erklärungswert. Anschließend kehren wir zum Grundmodell zurück und erweitern es um die haushaltsbezogenen Merkmale, also Partner, Kinder und Familieneinkommen. Helfen uns diese Informationen, die Rückkehr in den Arbeitsmarkt besser zu verstehen? Schließlich nutzen wir nochmals das Grundmodell, ergänzen die berufsbezogenen Merkmale und prüfen, wie sich diese auf den Wiedereinstieg auswirken. In einer vergleichenden Gesamtbetrachtung können wir bei diesem Vorgehen trotz der geringen Fallzahl angeben, welche Faktoren die Rückkehr ins Erwerbsleben mehr oder weniger bestimmen.

Berechnen wir das Grundmodell. Beeinflussen das Alter der Frauen, ihre Qualifikation und die Dauer ihrer Erwerbsunterbrechung die Chance, dass Frauen nach vielen Jahren wieder eine Erwerbstätigkeit aufnehmen? Wir führen eine logistische Regression durch, die abhängige Variable ist der Wiedereinstieg (ja/nein), die unabhängigen Variablen sind das Alter, die berufliche Qualifikation[5] und die Dauer der Erwerbsunterbrechung.

Anhand dieser drei Variablen können wir bereits eine gute Prognose[6] darüber abgeben, welche Frauen den Wiedereinstieg eher als andere schaffen (Abbildung 8.1). Ihr Alter und ihre Qualifikation sind dabei außerordentlich wichtig.[7] Mit zunehmendem Alter sinkt die Wahrscheinlichkeit, wieder in das Erwerbsleben einzutreten, deutlich. Ebenso ist bei Frauen mit einem mittleren Abschluss die Chance auf Wiedereinstieg um das 3,4-Fache größer als bei Frauen ohne berufliche Qualifikation. Bei Frauen mit einem hohen beruflichen Abschluss liegt der Wert sogar um das 4,2-Fache über dem von Frauen ohne berufliche Qualifikation. Dagegen ist die Dauer der Erwerbsunterbrechung in diesem Modell nicht ausschlaggebend. Mit anderen Worten: Die gut ausgebildete Kathrin findet im Alter von 50 Jahren schwerer eine Stelle als mit 40. Ob sie aber 10 oder 20 Jahre lang nicht erwerbstätig war, scheint im Vergleich damit nebensächlich.

Abbildung 8.1: Faktoren des Wiedereinstiegs. Das Grundmodell aus Alter, beruflicher Qualifikation und Dauer der Erwerbsunterbrechung

	Odds Ratio
Alter in Jahren	**0,90** **
Ohne Berufsabschluss	Referenz
Lehrausbildung, Berufsfachschule	**3,40** **
Meisterin, Technikerin, Fachhoch- und Hochschule	**4,17** **
Dauer der Erwerbsunterbrechung (bereinigt)	0,02

Quelle: SOEP 2007; eigene Berechnungen, N = 574, Pseudo R^2 = 0,15. Zur Interpretation dieser Tabelle siehe auch Anmerkungen 6 und 7.

Ergänzen wir das Grundmodell um weitere persönliche Merkmale: die Staatsangehörigkeit, die Gesundheit, Weiterbildung und ehrenamtliches Engagement (Abbildung 8.2). Die Prognosekraft verbessert sich dadurch nicht (der R^2 erhöht sich unwesentlich von 0,15 auf 0,17). Auf den ersten Blick überraschend spielt die Staatsangehörigkeit für die Aussicht, in den Arbeitsmarkt zurückzufinden, keine Rolle. Hier ist allerdings zu berücksichtigen, dass die wenigsten ausländischen Frauen überhaupt eine gute Qualifikation in Deutschland erreichen können, sie werden bereits lange vor ihrem Wiedereinstieg in den Arbeitsmarkt benachteiligt und ausgeschlossen. Die Gesundheit erweist sich dagegen als wichtiger Faktor: Bei erwerbsgeminderten oder schwerbehinderten Frauen ist ein Wiedereinstieg um das 7-Fache unwahrscheinlicher als bei gesunden Frauen. Nach Angaben des Mikrozensus 2005 sind 15 Prozent der 5,6 Millionen nicht erwerbstätigen Frauen schwerbehindert oder erwerbsgemindert. Diese Gruppe fällt also ins Gewicht. Schauen wir, wie sich eine Weiterbildung auswirkt. Sie erhöht die Chance auf den Wiedereinstieg nicht. Dies mag auch daran liegen, dass die nur 25 Frauen, welche eine Weiterbildung in den letzten 12 Monaten angegeben haben, sehr unterschiedliche Maßnahmen belegten. Immerhin 280 Frauen engagierten sich ehrenamtlich. Entgegen der oft geäußerten Meinung, das

Ehrenamt würde die Rückkehr in das Erwerbsleben erleichtern, können wir einen solchen Zusammenhang hier nicht erkennen.

Zu beachten ist nun weiterhin, ob sich der Einfluss der Variablen unseres Grundmodells verändert hat, nachdem wir neue Variablen einführten. Das Alter der Frauen bleibt weiterhin eine zentrale Größe. Die Qualifikation der Frauen verliert an Einfluss. Dies dürfte daran liegen, dass dieses Merkmal bereits mit der Staatsangehörigkeit (Frauen ohne deutsche Staatsangehörigkeit haben im Schnitt eine niedrigere Bildung), mit der Gesundheit (Frauen mit niedriger Bildung sind häufiger erwerbsgemindert), mit der Weiterbildung und mit dem Ehrenamt (gut gebildete Frauen nehmen häufiger an Weiterbildungen teil und sind häufiger ehrenamtlich tätig) verknüpft ist.

Abbildung 8.2: Faktoren des Wiedereinstiegs: Das Grundmodell erweitert um die individuellen Merkmale

	Odds Ratio
Alter in Jahren	**0,92** **
Ohne Berufsabschluss	Referenz
Lehrausbildung, Berufsfachschule	2,68
Meisterin, Technikerin, Fachhoch- und Hochschule	3,00
Dauer der Erwerbsunterbrechung (bereinigt)	0,01
Deutsche Staatsangehörigkeit	Referenz
Nicht deutsche Staatsangehörigkeit	0,63
Schwerbehindert oder erwerbsgemindert: Nein	Referenz
Schwerbehindert oder erwerbsgemindert: Ja	**0,14** *
Keine Weiterbildung im Vorjahr	Referenz
Weiterbildung im Vorjahr	1,50
In den letzten 10 Jahren ehrenamtliches Engagement: Nein	Referenz
In den letzten 10 Jahren ehrenamtliches Engagement: Ja	1,04

Quelle: SOEP 2007; eigene Berechnungen, N = 574, Pseudo R^2 = 0,17. Zur Interpretation dieser Tabelle siehe auch Anmerkungen 6 und 7.

Wir kehren zurück zu unserem Ausgangsmodell und ergänzen Merkmale, die die Haushaltssituation der Frauen beschreiben. Fördern oder hemmen Partner, Kinder und ein hohes Haushaltseinkommen[8] die Rückkehr ins Erwerbsleben? Uns überrascht, dass sich die Prognosekraft dieses Modells gegenüber dem Grundmodell kaum verändert (der R^2 erhöht sich unwesentlich von 0,15 auf 0,16). Haushaltsbezogene Merkmale verbessern nicht unser Verständnis, welche Frauen eher als andere wieder eine berufliche Tätigkeit aufnehmen. Frauen mit Partner werden ebenso häufig wieder erwerbstätig wie Frauen ohne Partner. Frauen mit hohem Familieneinkommen ebenso häufig wie Frauen mit niedrigem Familieneinkommen. Frauen mit Kindern unter 12 Jahren ebenso häufig wie Frauen ohne Kinder unter 12 Jahren. Konkret bedeutet das: Eine Frau in dem Alter und mit der Qualifikation von Sirin würde auch dann wieder erwerbstätig sein, wenn sie mit einem Partner zusammenleben und über ein hohes Familieneinkommen verfügen würde. Schaut man auf die drei Merkmale unseres Ausgangsmodells, so sehen wir wieder: Das Alter und die Qualifikation der Frauen bleiben entscheidend.

Abbildung 8.3: Faktoren des Wiedereinstiegs: Das Grundmodell erweitert um die haushaltsbezogenen Merkmale

	Odds Ratio
Alter in Jahren	**0,91** **
Ohne Berufsabschluss	Referenz
Lehrausbildung, Berufsfachschle	**3,42** **
Meisterin, Technikerin, Fachhoch- und Hochschule	**4,68** **
Dauer der Erwerbsunterbrechung (bereinigt)	0,04
Ohne Partner	Referenz
Mit Partner	0,81
Bedarfsgewichtiges Haushaltsnettoeinkommen	1,00
Keine Kinder unter 12 Jahren im Haushalt	Referenz
Kinder unter 12 Jahren im Haushalt	1,78

Quelle: SOEP 2007; eigene Berechnungen, N = 574, Pseudo R^2 = 0,16. Zur Interpretation dieser Tabelle siehe auch Anmerkungen 6 und 7.

Kommen wir zu dem letzten Modell und überprüfen die Rolle des zuletzt ausgeübten Berufs und die geleistete Arbeitszeit für den Wiedereinstieg. Dies bedarf einiger Vorarbeit. Da die 574 Frauen zuvor in vielen verschiedenen Berufen tätig waren, die nicht alle einzeln in das Modell integriert werden können, müssen wir zunächst die Berufe klassifizieren. Hierbei können wir auf die Ergebnisse in Kapitel 5 zurückgreifen. Dort hatte sich gezeigt, dass die Dauer der Erwerbsunterbrechung von einigen besonderen Merkmalen der Berufe abhängt. Hierzu zählten der Beschäftigungsanteil von un- und angelernten Personen, der Anteil von Akademikern und von Personen im öffentlichen Dienst, der Frauenanteil, die Lohnstruktur, die regelmäßige und unbezahlte Vielarbeit, die Wochenendarbeit, die befristete, geringfügige und Teilzeitarbeit, die Offenheit von Berufen für unterschiedliche fachliche Disziplinen und die Beschäftigungsentwicklung in den Berufen.

Wir nutzen nun diese Merkmale für eine Clusteranalyse, der wir auf Grundlage des Mikrozensus alle vom Statistischen Bundesamt gelisteten Berufe unterziehen.[9] Die Clusteranalyse ergibt drei Gruppen von Berufen mit jeweils ähnlichen Arbeitsbedingungen. In Anlehnung an die Arbeiten von Michael J. Piore[10] bezeichnen wir sie als »Spitzenberufe«, als »Berufe im primären Arbeitsmarkt« und als »Berufe im sekundären Arbeitsmarkt«. Einer dieser drei Gruppen ordnen wir nun jeden der von den 574 Frauen zuletzt ausgeübten Berufe zu. Insgesamt 77 der befragten Frauen (12 Prozent) waren allerdings noch nie erwerbstätig, diese Frauen fassen wir in einer weiteren Kategorie zusammen. Jenseits des zuletzt ausgeübten Berufs berücksichtigen wir die Arbeitszeiten über die gesamte Erwerbsbiografie hinweg und unterscheiden, wie lange die Frauen bisher in ihrem Leben Vollzeit oder Teilzeit gearbeitet haben beziehungsweise arbeitslos waren.

Nach diesen Vorarbeiten erweitern wir nun unser Grundmodell um die folgenden berufsbezogenen Variablen: Spitzenberufe, Berufe im primären Arbeitsmarkt, Berufe im sekundären Arbeitsmarkt, keine Arbeitsmarkterfahrung, Dauer der Vollzeitbeschäftigung, Dauer der Teilzeitbeschäftigung und Dauer der Arbeitslosigkeit. Sofort wird deutlich: Diese Variablen bewirken einen enormen Unterschied (Abbildung 8.4). Die Modellanpassung steigt von $R^2 = 0{,}15$ auf $R^2 = 0{,}27$, wir können also viel besser als zuvor bestimmen, welchen Frauen der Wiedereinstieg gelingen wird. Ein Blick auf die einzelnen Variablen zeigt, dass Merkmale der Berufe außerordentlich wichtig sind. Die Wahrscheinlichkeit, dass eine Frau, die vor dem Ausstieg in einem Spitzenberuf tätig war, wieder in das Erwerbsleben zurückkehrt, ist um das 77-Fache höher als die einer Frau, die nie erwerbstätig war. Frauen, die im primären Arbeitsmarkt beschäftigt waren, haben eine um das 37-Fache und Frauen in Berufen des sekundären Arbeitsmarktes eine um das 12-Fache höhere Chance als Frauen, die noch nie beschäftigt waren.

Werfen wir noch einen Blick auf die Arbeitszeit. Wir stellen fest, dass Frauen, die in ihrem Erwerbsleben hauptsächlich Vollzeit tätig waren, der Wiedereinstieg schwerer fällt als zuvor Teilzeit tätigen Frauen. Die Erklärung liegt auf der Hand. Wir wissen, dass die meisten nicht erwerbstätigen Frauen unter den gegebenen Rahmenbedingungen nur eine Teilzeitbeschäftigung aufnehmen können, da nur so Beruf und Familie zu vereinbaren sind. Wenn diese Frauen nun früher Vollzeit gearbeitet haben und auf ihrem Gebiet keine Teilzeitstellen angeboten werden, müssen sie große Hürden beim Wiedereinstieg überwinden. Vor diesen Problemen stehen Frauen nicht, die auch zuvor Teilzeit tätig waren – diese Berufe werden offensichtlich in Teilzeit angeboten. Unsere Analysen zeigen auch, dass es für den Wiedereinstieg unbedeutend ist, ob die Frauen vor der Unterbrechung schon einmal arbeitslos waren. So tief wie erwartet und befürchtet sind die Narben einer ehemaligen Arbeitslosigkeit für den weiteren Erwerbsverlauf offensichtlich nicht.

Abbildung 8.4: Die Faktoren des Wiedereinstiegs: Das Grundmodell erweitert um den zuletzt ausgeübten Beruf und die Arbeitsmarkterfahrung

	Odds Ratio
Alter in Jahren	**0,91** **
Ohne Berufsabschluss	Referenz
Lehrausbildung, Berufsfachschule	2,40
Meisterin, Technikerin, Fachhoch- und Hochschule	1,89
Nie erwerbstätig gewesen	Referenz
Spitzenberufe	**76,86** **
Berufe im primären Arbeitsmarkt	**37,17** **
Berufe im sekundären Arbeitsmarkt	**12,17** **
Arbeitsmarkterfahrung in Vollzeiterwerbstätigkeit	**0,88** **
Arbeitsmarkterfahrung in Teilzeiterwerbstätigkeit	1,08 *
Arbeitsmarkterfahrung in Arbeitslosigkeit	0,86

Quelle: SOEP 2007; eigene Berechnungen, N = 574, Pseudo R^2 = 0,27. Zur Interpretation dieser Tabelle siehe auch Anmerkungen 6 und 7.

Was passiert nun mit den Merkmalen[11] unseres Grundmodells? Neben dem Beruf und der Arbeitszeit bleibt das Alter der Frauen weiterhin eine wichtige Größe. Die Qualifikation der Frauen verliert jedoch deutlich an Bedeutung, was daran liegt, dass die Berufe das Qualifikationsniveau zu einem guten Teil bereits in sich tragen.

Die erste Themenstellung dieses Kapitels ist damit untersucht. Wir wissen, welche Faktoren den Wiedereinstieg von Frauen hemmen oder beschleunigen. Das Alter der Frauen hat sich in allen vier Modellen als zentrale Größe erwiesen. Je älter die Frauen sind, umso mehr verringert sich ihre Chance, ins Erwerbsleben zurückzukehren. So ist der Wiedereinstieg bei der über 50-jährigen Kathrin wesentlich unwahrscheinlicher als bei der 30-jährigen Sirin. Da beide Frauen gut gebildet sind, muss uns dieses Ergebnis sehr zu denken geben. Offensichtlich diskriminieren wir Menschen nach wie vor aufgrund ihres Alters. Weiterhin beeinflussen die Qualifikation der Frauen, ihre Gesundheit, ihre vor der Unterbrechung ausgeübten Berufe und geleisteten Arbeitszeiten ihre Rückkehr ins Erwerbsleben. In diesen Bereichen zeigt sich ebenfalls deutlicher Handlungsbedarf. Wir müssen mehr Menschen als bisher eine gute berufliche Ausbildung mit auf den Weg geben. Wir benötigen eine Gesundheitsvorsorge, die systematischer ansetzt. Die Vereinbarkeit von Beruf und Familie ist wesentlich zu verbessern. Dies sind gesamtgesellschaftliche Aufgaben. Ebenso muss das Betreuungsangebot für Kinder ausgebaut werden. Väter sollten sich mehr an der Erziehung ihrer Kinder beteiligen und auch Söhne die Pflege ihrer Eltern übernehmen. Würden die Arbeitgeber die persönlichen Umstände ihrer Beschäftigten stärker berücksichtigen, wenn sie die Arbeitszeiten festlegen, könnte dies den Wiedereinstieg von Frauen erleichtern. Doch wir müssen uns auch von einigen Mythen verabschieden. Ehrenamtliches Engagement ist für uns alle wichtig, als Brücke für einen Erwerbseinstieg jedoch sollte es nicht instrumentalisiert werden. Denn diese Brücke finden wir empirisch nicht. Ähnliches gilt für Weiterbildungen, die oft zu unsystematisch ansetzen und zu kurz sind, um einen wirklichen Unterschied zu bewirken. Wir wissen, dass Weiterbildungen die Chancen des Wiedereinstiegs erhöhen können.[12] Allerdings wissen wir auch, dass der Wunsch und die Möglichkeit, eine Weiterbildung aufzunehmen, sehr stark an das individuelle Bildungsniveau und den Erwerbsstatus gekoppelt sind.[13] Wir brauchen daher nicht nur eine größere Anzahl an Weiterbildungsmaßnahmen. Ihre Qualität muss sich verbessern, damit sie auch zu neuen Tätigkeitsfeldern hinführen.

Welche Tätigkeiten finden die Wiedereinsteigerinnen?

Vergleichen wir die Tätigkeiten vor und nach der Unterbrechung. Erkennen wir Prozesse eines sozialen Abstiegs? Weisen die neuen Tätigkeiten eine niedrigere Wertigkeit auf als die vor der Unterbrechung ausgeübten? Oder erreichen die Frauen sogar eine höhere Position? Wissen es die Arbeitgeber also zu schätzen, dass Frauen während der Unterbrechung auch neue Kompetenzen erworben haben? Unsere Analysen bewegen sich hier auf dünnem Eis. Da nur sehr wenige Frauen überhaupt den Weg zurück in den Arbeitsmarkt finden, können wir mit den Daten des SOEP 2007 nur ungesicherte Antworten geben.

Auf Grundlage dieser Daten halten die meisten Frauen ihr berufliches Niveau. Alle Frauen, die vor der Erwerbsunterbrechung in einer Spitzenposition gearbeitet haben, kehren in eine solche zurück. Ebenso nehmen 66 Prozent der Frauen, die zuvor in einem Beruf des primären Arbeitsmarktes beschäftigt waren, wieder eine entsprechende Beschäftigung auf. Doch 30 Prozent der Frauen steigen in den sekundären Arbeitsmarkt ab. Ähnlich verhält es sich mit Frauen, die zuvor im sekundären Arbeitsmarkt tätig waren. Bei 75 Prozent von ihnen entspricht die neue Tätigkeit dem erlernten Beruf. Einige können sich jedoch verbessern: 16 Prozent erreichen eine Position im primären Arbeitsmarkt und 9 Prozent treten in eine Spitzenposition ein. Insgesamt sehen wir hier überraschend wenig Bewegung, von einem sozialen Abstieg kann nicht gesprochen werden. Die wenigen Frauen, die überhaupt zurückkehren, nehmen meistens eine Stelle an, die mit dem Qualifikationsniveau ihres erlernten Berufs vergleichbar ist. Leider können wir auf Grundlage unserer Daten nicht belegen, wie viele Frauen nicht in den Beruf zurückkehren, weil entsprechend qualifizierte Arbeitsmöglichkeiten fehlen oder nicht angeboten werden.

Vergleichen wir nun die Arbeitszeiten. Verändert sich ihr Umfang vor und nach der Unterbrechung? Ja, und zwar dramatisch. Nur 3 Prozent der Frauen kehren von einer Vollzeitbeschäftigung in eine solche zurück. Über die Hälfte (53 Prozent) der zuvor Vollzeit tätigen Frauen arbeitet nach dem Wiedereinstieg Teilzeit, 44 Prozent von ihnen wechseln in eine geringfügige Beschäftigung. Frauen, die vor der Erwerbsunterbrechung eine Teilzeitstelle hatten, nehmen zu 74 Prozent wieder eine solche auf. 22 Prozent von ihnen arbeiten in einem Minijob und nur 4 Prozent treten eine Vollzeitstelle an.[14] Diese Ergebnisse sind extrem ernüchternd. Sie rücken das positive Bild, nach dem die Frauen ihren sozialen Status trotz Erwerbsunterbrechung halten können, in ein anderes Licht. Wenn überhaupt, so trifft dies nur auf die zuvor Teilzeit erwerbstätigen Frauen zu. Die »Vollzeitfrauen« finden nicht nur schwerer wieder in den Arbeitsmarkt hinein. Sie rutschen auch oft in geringfügige Beschäftigungsverhältnisse ab. Dadurch erleiden die Frauen hohe Einkommensverluste, die sich in niedrigen Altersrenten rächen.

Wie finden die Wiedereinsteigerinnen ihre neuen Tätigkeiten?

Fragen wir die Frauen, wie sie ihre neue Beschäftigung gefunden haben. Die allermeisten Frauen erfuhren über Freunde (45 Prozent) von der Stelle, 12 Prozent bewarben sich auf eine Anzeige in der Zeitung, der frühere Arbeitgeber half in 10 Prozent der Fälle, ebenso häufig das Internet (10 Prozent). Keine einzige Frau, die in den Daten des SOEP 2007 als Wiedereinsteigerin erfasst wurde, fand über die Arbeitsagentur eine neue Stelle. Dies mag auch daran liegen, dass viele Wiedereinsteigerinnen aktiv gar keine Erwerbsarbeit gesucht haben. Schauen wir auf die Angaben aller nicht erwerbstätigen Frauen aus dem Jahr 2006, also dem Vorjahr unserer Auswertung. Die Frage im SOEP 2006 lautete: »Beabsichtigen Sie in der Zukunft eine Erwerbstätigkeit aufzunehmen?« Fast ein Viertel der 2007 wieder eingetretenen Frauen antwortete mit »nein« oder »unwahrscheinlich«. Dieses Ergebnis verweist auf ein nicht unerhebliches Aktivierungspotential. Die Perspektive Wiedereinstieg kann hier noch einiges bewirken.

Fassen wir zusammen: Zunächst ist festzuhalten, dass viele Frauen ihre Erwerbstätigkeit unterbrechen. Nach drei Jahren kehren aber nur sehr wenige überhaupt wieder in den Arbeitsmarkt zurück. Es sind nur etwas mehr als 10 Prozent. Weiterhin unterscheiden sich die Gründe, die zu einer Erwerbsunterbrechung führen, deutlich von den Merkmalen, die den Wiedereinstieg bestimmen. Der Ausstieg aus der Erwerbsarbeit ist fast ausschließlich familienbezogenen Ursachen geschuldet: Kindern und fehlenden Betreuungseinrichtungen, dem Haushaltseinkommen der Partner und deutlichen Steuererleichterungen durch den Staat. Den Wiedereinstieg in den Arbeitsmarkt unterstützen individuelle Merkmale: das Alter, eine gute Qualifikation, eine solide Gesundheit, ein entsprechender Job vor der Unterbrechung und die Möglichkeit, hier wieder anzuknüpfen. Auch darf nicht übersehen werden, dass die meisten Frauen nach dem Wiedereinstieg zwar ihre berufliche Stellung behalten, die Verluste an Arbeitszeit und damit Arbeitseinkommen aber dramatisch sind. Die Bundesagentur für Arbeit scheint eher mit Maßnahmen zu unterstützen, als direkt bei der Jobvermittlung hilfreich zu sein. Keine der hier identifizierten Wiedereinsteigerinnen hat ihre neue Tätigkeit direkt mit Hilfe der Arbeitsagentur gefunden.

So hat sich Kathrin, die Tierarzthelferin, weiterqualifiziert und konnte nach Hinweisen aus ihrem Freundeskreis eine zweite Erwerbskarriere starten. Anke half bei ihrer Rückkehr in den Arbeitsmarkt, dass sie jahrzehntelang immer wieder in guten Jobs gearbeitet hat und den Mut zur Selbstständigkeit hatte. Darauf kann sie nun als Unternehmerin in Leipzig aufbauen. Sirin ist als junge, gut ausgebildete Frau gefragt und erfährt bei ihrer Arbeitsuche erfreulicherweise keine Diskriminierung wegen der Herkunft ihrer Eltern. Die drei Frauen haben den Wiedereinstieg geschafft. Den anderen drei blieb er bisher verwehrt. Bei Monika spielt die Gesundheit nicht mehr mit, sie kann nicht in ihren erlernten Beruf als Altenpflegerin zurück. Wenn sie sich auf andere Stellen bewirbt, hört sie ständig, dass sie dafür nicht qualifiziert sei und außerdem zu alt. Trotzdem hofft sie auf eine Umschulung. Sabine findet als Bibliothekarin in Rostock keine Stelle mehr, da dort eine Reihe von öffentlichen Büchereien geschlossen wurde. Noch zögert sie, einen Job anzunehmen, für den sie überqualifiziert wäre. Und die junge Julia hat vor der Erwerbsunterbrechung Vollzeit gearbeitet, nun mit einem vierjährigen Kind sucht sie eine Teilzeitstelle. Bisher ohne Erfolg.

»Mir fehlt nur noch eine Oma« (Nina, 36)

Ich arbeite als Fremdsprachenassistentin in einem naturwissenschaftlichen Forschungsinstitut in Frankfurt am Main. Eigentlich bin ich Diplom-Dolmetscherin für Französisch und Englisch. Während des Studiums war ich in einer internationalen Kulturaustauschorganisation beschäftigt, schickte Studenten auf Austauschprogramme, leitete Seminare und interkulturelle Trainings. Nach meinem Abschluss 2001 blieb ich dort auf einer halben Stelle. Nebenher dolmetschte ich auf Konferenzen. Diese Kombination aus einer festen Anstellung und einer freiberuflichen Tätigkeit gefiel mir gut. Ich reiste viel, kam mit interessanten Menschen in Kontakt. Eine spannende Zeit.

Dann wurde ich schwanger, meine Tochter kam 2004 zur Welt. Nach dem Mutterschutz hatte ich für neun Monate Elternzeit eingereicht. Da mein Lebenspartner noch studierte und auf einer halben Stelle bei der gleichen Organisation arbeitete, hätten wir das einigermaßen gut organisieren können. Doch die Austauschorganisation wurde aufgelöst und wir beide verloren unsere Stellen. Ab 2005 war ich also arbeitslos, blieb zu Hause und kümmerte mich um unser Kind, während sich mein Partner mühsam eine Existenz aufbaute. Das war finanziell eine krasse Zeit, aber im Nachhinein sehr schön für mich. Ich konnte mich ganz auf die Mutterrolle konzentrieren, ohne den Spagat zwischen Arbeit und Familie.

Als unsere Tochter zwei Jahre alt war, suchte ich nach einem Kindergarten für sie. Ungefähr ein halbes Jahr lang schaute ich verschiedene Kindergärten an und fand schließlich einen kleinen Kinderladen, in dem nur 20 Kinder wunderbar betreut werden. Dort besteht ein direkter Draht zwischen Erziehern und Eltern, die sich stark engagieren. Ich wurde ehrenamtliches Mitglied des Elternvorstands. Mir machte es Spaß, mit den Leuten dort gemeinsam etwas auf die Beine zu stellen. 2007 wurde unser Sohn geboren. Mit ihm blieb ich ein Jahr zu Hause und mein Lebenspartner nahm die zwei Vätermonate. Ich überlegte mir, wie es für mich beruflich weitergehen könnte. Ich wollte nicht nur ehrenamtlich viel Zeit und Mühe investieren, sondern wieder Geld verdienen mit meiner Arbeit. Ich hätte freiberuflich von zu Hause als Übersetzerin tätig sein können, fand dies aber zu einsam, wollte lieber raus unter Menschen. Es war auch eine finanzielle Frage. In der Zeitung sah ich die Annonce für die Teilzeitstelle, bewarb mich kurzerhand und wurde sofort genommen. Zum Glück lagen zwischen dem Vorstellungsgespräch und dem Arbeitsbeginn noch anderthalb Monate. So konnte ich unseren Sohn noch in den Kinderladen eingewöhnen. Das funktionierte sehr gut, obwohl er erst knapp zwei Jahre alt war. Er kennt den Kinderladen, seit er auf der Welt ist. Beide Geschwister werden dort von 9.00 bis 16.00 Uhr betreut. Unsere Tochter kommt allerdings dieses Jahr zur Schule, das wird noch einmal eine Umstellung.

Manch einer mag fragen, warum ich jetzt als Fremdsprachenassistentin arbeite, womöglich darin eine Abwertung meiner Qualifikation sehen. Aber für mich passt es im Moment gut zusammen. Mich interessiert das Fachgebiet, auf dem das Institut forscht, aber vor allem habe ich eine halbe Stelle und damit Zeit für die Kinder.

Mein Lebenspartner arbeitet jetzt Vollzeit. Er hat sich selbstständig gemacht und inzwischen viel zu tun. Insofern leben wir schon nach dem klassischen Modell. Er geht morgens in sein Büro und kommt abends wieder nach Hause. Ich halte ihm den Rücken frei, gehe halbtags arbeiten, kümmere mich um den Haushalt und die Kinder. Für mich fühlt es sich gut und richtig an. Früher hätte ich das nicht gedacht. Meine Mutter war 18 Jahre lang nicht berufstätig, ich fand das fürchterlich lang. Doch mir ist es sehr wichtig, jetzt Zeit für die Kinder zu haben. Es ist einfach eine Herzenssache.

Ich habe das bewusst entschieden. Ich kenne viele Dolmetscherinnen, die in ihrem Beruf weiterarbeiten. Das geht auch mit Kindern, da springt der Mann ein oder die Oma oder Freunde. Für mich passte das nicht. Die Zeit zwischen 20 und 30 hat Spaß gemacht, doch jetzt ist eine neue Zeit. Ich finde das Muttersein sehr schön. Ich war gern schwanger und mit meinen Kindern zu Hause. Diese Zeit hat mich emotional tief berührt. Meine Kinder erfüllen mich. Ich wachse hier in anderer Hinsicht, als ich es in meinem Beruf oder in einer Karriere tun könnte.

Mit meinem Job bin ich sehr zufrieden. Ich arbeite in einem netten Team, kann mich dort einbringen. Und meine Fremdsprachen trainiere ich auch. Ich lese Texte Korrektur und übersetze. Es gibt auch mal stressige Tage, doch wenn ich aus dem Büro gehe, lasse ich den Arbeitsalltag hinter mir und habe den Kopf frei für die Kinder.

Bis vor kurzem saß ich noch im Elternvorstand unseres Kinderladens, quasi auf der Arbeitgeberseite. Zusammen mit den Erzieherinnen habe ich viel gestaltet, Bewerbungsgespräche geführt, mich in die Materie eingelesen und weitergebildet. Das war spannend und ein gutes Ge-

gengewicht zu meinem Assistentinnen-Job. Bis ans Ende meines Lebens möchte ich in dem nicht bleiben. Ich fange gerade an, mir ein zweites Standbein aufzubauen. Dafür finde ich jetzt auch mehr Zeit, nachdem ich den Posten im Elternvorstand abgegeben habe.

Ich habe eine Ausbildung zur Heilpraktikerin begonnen. Der Kurs läuft berufsbegleitend über zwei Jahre. Alle drei Wochen treffen sich die Teilnehmer am Sonnabend und Sonntag. In der Zwischenzeit muss ich Hausaufgaben erledigen und lernen. Die Ausbildung finanziere ich selbst. Auch deshalb ist es wichtig, dass ich zum Familieneinkommen beitrage. Meinem Lebenspartner möchte ich das nicht allein überlassen, sondern hier auch meinen Beitrag leisten. Ich habe für diese Ausbildung gespart, denn ich verfolge diese Idee schon lange, eigentlich seit ich die Kinder habe. Jetzt konnte ich endlich anfangen und es ist toll, wieder etwas zu lernen, intellektuell gefordert zu werden.

Wenn ich meinen Heilpraktikerinnen-Abschluss habe, würde ich gern in einer Praxis mitarbeiten, also parallel zu meinem Job. Es hängt auch davon ab, wie ich Beruf und Familie weiter unter einen Hut bekomme. Was mir da wirklich fehlt, ist eine Oma. Ja, die unsere Kinder ab 17 Uhr mal betreut, wenn der Kinderladen geschlossen ist, oder wenn wir beide am Wochenende arbeiten. Da jemanden aus der Familie zu haben, dem wir die Kinder für ein paar Stunden in gute Hände übergeben könnten, das würde mir sehr helfen. Doch meine Mutter und die Eltern meines Lebenspartners wohnen zu weit weg, als dass sie hier einspringen könnten.

Bisher hat mein Lebenspartner die Kinder am Wochenende übernommen, wenn ich meinen Kurs hatte. Die Kinder freuen sich, ihren Papa mal ganz für sich zu haben. Er findet es gut, dass ich die Ausbildung mache und unterstützt mich dabei. Dafür arbeitet er oft bis in den Abend hinein und ich halte ihm den Rücken frei. Wir helfen uns gegenseitig, gehen respektvoll miteinander um.

Diesen Respekt würde ich mir auch von meiner Umwelt wünschen. Doch oft spüre ich einen mitleidigen Blick. Es wird so getan, als ob studierte Frauen in der Elternzeit quasi ihren Kopf abgeben würden und dadurch in unterqualifizierten Jobs landen. Das stört mich. Tatsächlich war es von mir eine bewusste Entscheidung, den Assistentinnen-Job anzunehmen, genauso wie das Muttersein ein großer Wunsch war. Ich habe zu den Kindern ja gesagt und möchte ihnen ein stabiles Fundament für ihr Leben geben. Mir war klar, dass ich dann an anderer Stelle nein sagen muss. Ich wünsche mir, dass akzeptiert wird, dass ich mich aus freien Stücken für diesen Weg entschieden habe. Ich fühle mich nicht als Opfer von irgendwelchen Prozessen. Natürlich sehe ich auch, dass manche Frauen hier nicht frei entscheiden können. Doch weil das bei denen so ist, muss es nicht für alle Frauen gelten. Will man Beruf und Familie miteinander vereinbaren, muss man ein kleines Mosaik bauen. Doch entscheidend ist, dass man es für sich selbst und bewusst zusammensetzt.

Kapitel 9
Verschenkte Potenziale? Lebensverläufe nicht erwerbstätiger Frauen

Kathrin ist die Rückkehr in den Arbeitsmarkt gelungen. Für sie war es ein großer Schritt. Nur wenige Frauen können ihn gehen. Monika und Julia zählen weiter zu den Nichterwerbspersonen. Sabine ist arbeitslos gemeldet.

Fassen wir zunächst die wichtigsten Ergebnisse dieser Untersuchung zusammen. In diesem Buch werden die Lebensverläufe nicht erwerbstätiger Frauen im Alter zwischen 25 und 59 Jahren beschrieben. Es geht nicht um die sehr jungen »Frauen auf dem Sprung«. Im Mittelpunkt stehen hier Frauen, die einem breiteren Altersspektrum angehören. Sie haben ein gutes Stück deutscher Sozialgeschichte mitgeschrieben und die Sozialstruktur im Land mit verändert. Als Kathrin und Anke zwischen 1970 und 1980 die Schule besuchten, legten um die 10 Prozent der Frauen das Abitur ab. Zwanzig Jahre später, in Sirins Altersgruppe, waren es bereits um die 26 Prozent und damit mehr Frauen als Männer. Kathrin und Anke trafen auf einen Arbeitsmarkt, in dem das produzierende Gewerbe und die Dienstleistungen etwa gleichstark vertreten waren, zu Sirins Zeiten lagen die Anteile bei 28 und 70 Prozent. Und ein Letztes: In den achtziger Jahren betrug die Frauenerwerbsquote 46 Prozent, die der Männer 88 Prozent, heute liegt das Verhältnis bei 70 zu 80. Die Frauen aus den verschiedenen Jahrgängen verfügen damit über ganz unterschiedliche Hintergründe, Ausbildungen und Erfahrungen.

In Deutschland leben 20 Millionen Frauen im Alter zwischen 25 und 59 Jahren. 5,6 Millionen Frauen sind nicht erwerbstätig, das entspricht einem Anteil von 28 Prozent. Die große Mehrheit unter ihnen möchte arbeiten gehen, doch nur 1,8 Millionen Frauen sind arbeitslos oder arbeitsuchend gemeldet. 3,8 Millionen Frauen sind Nichterwerbspersonen. Wie kann das sein?

Viele dieser Frauen wollen arbeiten, können es aber nicht. Über 800.000 Frauen haben gesundheitliche Probleme, sie sind erwerbsgemindert. Knapp 1 Million Frauen sind sehr schlecht ausgebildet, vielen ist der Einstieg ins Berufsleben noch nie gelungen. Andere waren über Jahrzehnte erwerbstätig und verloren ihren Job. Oft geben diese Frauen auf und ziehen sich ins Private zurück.

Die Lebensverläufe heute nicht erwerbstätiger Frauen zeigen, dass auch junge und gut ausgebildete Frauen wie Sirin häufig nicht berufstätig sind. Obgleich ihr Erwerbswunsch besonders ausgeprägt ist – 90 Prozent dieser Frauen wollen ihr eigenes Geld verdienen – scheitert ihr Vorhaben oft an der Kinderbetreuung.

Der Beruf tut das seine. Überrascht halten wir fest: Berufe prägen die Dauer der Erwerbsunterbrechung deutlich. Dabei erweisen sich gerade oft Frauenberufe als solche, die sich schwer mit dem Familienleben vereinbaren lassen. Pflegeberufe und viele andere Dienstleistungsberufe verlangen Arbeitszeiten, die weder mit den Öffnungszeiten von Kitas und Kindergärten noch mit den Unterrichtszeiten in Schulen harmonieren. Andere Berufe sind noch immer altersgebunden: Sie stehen jungen Frauen offen, ältere schließen sie aus.

Die Rückkehr ins Erwerbsleben gelingt nur wenigen Frauen. Nach den Daten des Sozio-oekonomischen Panels schaffen es 13 Prozent. Wenn die Frauen jung und gut qualifiziert sind, zuvor einen anspruchsvollen Beruf ausgeübt haben, dann glückt ihnen der Wiedereinstieg am ehesten. Diese Frauen werden gebraucht und können ihren beruflichen Status auch nach dem Wiedereinstieg halten. Ihre Verluste entstehen an anderer Stelle: Eine Rückkehr in Vollzeitbeschäftigung ist fast keiner Frau möglich. Der Zugang zu gutem Einkommen und einer beruflichen Karriere bleibt ihnen meist verschlossen.

Ehrenamtliches Engagement hilft nicht beim Wiedereinstieg. 1,8 Millionen nicht erwerbstätiger Frauen engagieren sich ehrenamtlich, das entspricht einem Anteil von 36 Prozent. Insbesondere gut qualifizierte Frauen mit mittleren und hohen Einkommen sind in diesem Bereich aktiv. Sie leisten immens viel. Doch eine Brücke zurück in den Arbeitsmarkt schlägt das Ehrenamt für sie nicht. Nur wenige Frauen bilden sich in der Phase ihrer Nichterwerbstätigkeit weiter. Wir können nicht belegen, ob die Weiterbildung unmittelbar zu einem Wiedereinstieg führen würde. Ermöglichen würde sie ihn sicher, denn viele Frauen waren zu lange draußen, als dass ihr Wissen noch den Anforderungen des heutigen Arbeitsmarktes voll entsprechen könnte.

Alle sagen: Die Rückkehr ist ein langwieriger Prozess. Dies gilt auch für die Frauen persönlich. In einer Lebensphase, in der die familiären Pflichten deutlich geringer geworden sind und einer Erwerbstätigkeit »an sich« oft wenig entgegensteht, fühlen sich viele Frauen so richtig außen vor. Sie sind verunsichert: Werde ich im Arbeitsmarkt überhaupt noch gewollt und gebraucht? Ihr Defizit heißt jetzt Alter, nicht mehr Familie. Oft trauen sich Frauen eine Erwerbsarbeit nicht mehr zu. Von den rasanten Veränderungen im Arbeitsmarkt haben alle gehört. Was die Arbeitgeber aber genau von ihnen erwarten, das wissen die wenigsten Frauen. Früher war das anders: Direkt nach der Ausbildung, beim Antritt des ersten Jobs, konnten sie sich einordnen. Sie hatten gleichaltrige Freunde und Bekannte, die ein ähnliches Ziel verfolgten. Jetzt, mit 30, 40 oder 50 Jahren, ist es anders: Einige Bekannte haben ihre Erwerbstätigkeit nie verlassen, andere kümmern sich noch um ihre kleinen Kinder, wieder andere beschäftigt die Sorge um ihre Eltern. Es gibt kaum gemeinsame Wege. Es fehlen Netzwerke und Kontakte, Ermutigung und Befähigung.

Das zunächst auf drei Jahre ausgelegte Aktionsprogramm »Perspektive Wiedereinstieg« des Bundesfamilienministeriums und der Bundesagentur für Arbeit stößt hier in eine große Lücke.[1] In dem Aktionsprogramm – mit den drei Elementen Internetportal mit Lotsenfunktion, Coachingprogramm in ausgewählten Arbeitsagenturen mithilfe des Europäischen Sozialfonds, lokale Aktivitäten wie die Informationstage für Wiedereinsteigerinnen[2] – wird zum Thema Wiedereinstieg informiert und versucht, die »Stille Reserve«, die versteckten Potenziale, zu entdecken und sie näher an den Arbeitsmarkt heranzuführen. Die Perspektive Wiedereinstieg spricht sie alle an: Berufsrückkehrerinnen, das sind junge Frauen wie Sirin, die nach der Babypause ihre Erwerbstätigkeit wieder aufnehmen wollen, und Wiedereinsteigerinnen, also Frauen mit einer sehr langen Erwerbsunterbrechung wie Kathrin. Das Aktionsprogramm möchte sie darüber informieren, wer sie unterstützt, und sie ermutigen, sich diese Hilfe tatsächlich zu holen.

Im Vergleich mit unseren europäischen Nachbarländern ist dies ein einmaliges Programm. Die Schweiz kennt solche Initiativen nicht, obgleich die Erwerbstätigkeit von Müttern dort ebenso niedrig ist wie bei uns. In Großbritannien hat das Government Equalities Office gerade eine Reihe von Maßnahmen ergriffen, mit denen die Möglichkeiten des Wiedereinstiegs verbessert werden sollen. Diese Maßnahmen setzen deutlich früher an als bei uns, nämlich während des Mutterschutzes oder, so die neuen *Childcare Partnership Manager* der Jobcenter, während die Kinder noch sehr klein sind.[3]

Die anderen Vergleichsländer, Finnland, Schweden, Dänemark und Frankreich, richten ihre Politik hier klar aus: Sie zielt darauf, dass die Frauen sich eigenständig finanziell absichern und daher nur kurz ihre Erwerbsarbeit unterbrechen. Wohlgemerkt: Sie halten die Frauen nicht dazu an, auf eine Unterbrechung zu verzichten. Im Gegenteil: Gerade Länder mit einem universellen Recht auf staatlich finanzierte Betreuung auch sehr kleiner Kinder geben Eltern die Möglichkeit, in den ersten Lebensjahren des Kindes Eltern- und Betreuungsgeld zu beziehen. Es geht nicht um direkte *oder* indirekte Familienleistungen, es geht immer um beides. In diesen Ländern ist die Wahlfreiheit eindeutig gegeben.

Zwar sind auch in diesen Ländern meist die Mütter für die Kinder zuständig. Arbeitszeiten und Betreuungszeiten verteilen sich dennoch ausgewogener zwischen den Partnern. Die Teilzeiterwerbstätigkeit von Frauen fällt hier trotz einer hohen Erwerbsquote von Müttern mit kleinen Kindern niedrig aus. Der *gender time gap* (die Arbeitszeitabstände zwischen den Geschlechtern) und damit der *gender wage gap* (die Lohnabstände zwischen den Geschlechtern) sind deutlich geringer als in Deutschland. Infolgedessen ist auch der *family wage gap* – der Lohnunterschied zwischen Familien mit und Familien ohne Kinder – wesentlich kleiner als in Deutschland. Die Einkommen von Paaren mit und ohne Kinder liegen vor allem deshalb auf einem vergleichbaren Niveau, weil hier beide Elternteile Geld verdienen. Familienleistungen spielen dabei nur eine untergeordnete Rolle. Die auf volle Integration von Müttern und Vätern ausgerichtete Sozialpolitik dieser Länder braucht keine Programme für den Wiedereinstieg von Frauen.

Das Aktionsprogramm »Perspektive Wiedereinstieg« zeigt so auch deutlich, wie viel in Deutschland noch zu tun ist. Wenn Bundesministerin Kristina Schröder im Juli 2010 ankündigt, trotz schwieriger Haushaltslage bis 2013 für 35 Prozent aller Kinder unter drei Jahren einen Betreuungsplatz zur Verfügung zu stellen, so ist das in der Tat ein ambitioniertes Ziel. Will man die Kluft zwischen den neuen und alten Bundesländern nicht weiter vergrößern, so müsste sich das Angebot in Westdeutschland um gleich 20 Prozentpunkte in nur zwei Jahren erhöhen. Dennoch: Viele unserer europäischen Nachbarn wüssten das schon nicht mehr zu schätzen. Das Recht auf Betreuung für alle Kinder ist dort längst Realität, an die vergangenen schwierigen Übergangszeiten erinnert man sich kaum noch.

Für die Bundesagentur für Arbeit ist das Aktionsprogramm ein schwieriges Unterfangen. Indem sie nicht erwerbstätige Frauen aktiviert, mobilisiert sie ihr eigenes Klientel. Und setzt zudem eine Gruppe in Bewegung, die sie selbst nur begrenzt integrieren kann. Man stelle sich vor: 5,6 Millionen Frauen würden sich auf einmal arbeitslos melden und um Vermittlungsangebote bitten. Das würde die Bundesagentur restlos überfordern. Sie kann ohnehin wenig tun. Vor allem kann sie nicht die Voraussetzungen für eine erfolgreiche Integration schaffen. Ein ausreichendes und hochwertiges Angebot an Kinderbetreuungsplätzen aufzubauen und die Gleichstellung von Frauen zu gewährleisten sind gesamtgesellschaftliche Aufgaben. Sicherlich gilt das auch für die Aus- und Weiterbildung. Auf Arbeitgeber und Gesetzgeber kann die Bundesagentur für Arbeit aber nur begrenzt einwirken. Es wäre auch falsch, wenn sie versuchte, all das selbst zu bewerkstelligen. Verdient hätte die Bundesagentur allerdings eine offene Diskussion über ihren gesellschaftlichen Auftrag. Liegt dieser auch dann in einer raschen Integration, wenn absehbar ist, dass diese nicht nachhaltig ist? Ist dies der Auftrag, würden nur wenige der heute nicht erwerbstätigen Frauen von der Bundesagentur überhaupt vermittelbar sein und ihre Integration wäre nur von kurzer Dauer. [4] Oder liegt der Auftrag auch darin, den Arbeitsmarkt von morgen mitzudenken und mitzugestalten? Dann müssten mehr Frauen als bislang erreicht und qualifiziert werden. Der Auftrag lautete dann Prävention und Integration. Anders ausgedrückt: Wann und wo steht Qualifizierung vor Integration?

Verschenken Frauen nun ihre Potenziale? Befragungen zeigen eindeutig: Die große Mehrheit von Frauen und Männern möchte eine Familie gründen *und* erwerbstätig sein. Sie belegen auch, dass erwerbstätige Mütter insgesamt zufriedener sind als nicht erwerbstätige Mütter und dass die Kinder durch die Erwerbstätigkeit ihrer Mütter nicht benachteiligt werden.[5] Aus dieser Perspektive betrachtet, verschenken Frauen enorm viele Potenziale: an Erwerbstätigkeit, Unabhängigkeit und Zufriedenheit.

Und verschenken wir nicht auch die Potenziale der Frauen? Hier ist die Antwort ebenfalls ein klares Ja. Es geht nicht darum, alle 5,6 Millionen nicht erwerbstätigen Frauen sofort in den Arbeitsmarkt zu integrieren. Wir müssen allerdings darauf achten, dass sich viele Frauen wie Sirin nicht noch weiter vom Arbeitsmarkt entfernen. Wir brauchen diese Frauen schon heute. Die älteren Frauen müssen wir heranführen und qualifizieren. Wir brauchen auch sie. Und wir müssen einen weiteren Aspekt hervorheben: Mit der Integration von Frauen in den Arbeitsmarkt sind die finanzielle Stellung der gesamten Familie und die Bildungschancen ihrer Kinder eng verbunden.

Was also ist zu tun?

Prävention ist das Stichwort. Es ist nicht originell, es ist nicht innovativ, aber es ist wirksam und geht alle an – die Frauen, die Familien, die Betriebe und die Politik. Wir müssen alles daran setzen, dass sich eine Erwerbsunterbrechung erst gar nicht in die Länge zieht. Frauen und insbesondere Mütter müssen Acht geben und Hilfe aktiv einfordern, auch von ihren Partnern. Je ungleicher Hausarbeit und Erwerbsarbeit zwischen ihnen verteilt sind, umso ungleicher werden die Handlungsmöglichkeiten im weiteren Lebensverlauf sein. Das Unterhaltsrecht verweist Frauen schon heute darauf, dass sie ihr Leben selbst zu sichern haben. Frauen sollten sich daher dem vermeintlich ›Normalen‹ widersetzen und nicht für viele Jahre die Erwerbsarbeit ruhen lassen, selbst wenn der Partner dadurch eine kleine Karriereeinbuße hinnehmen oder den ersehnten Auslandseinsatz absagen muss. Frauen müssen an ihre Zukunft denken und sie selbst in die Hand nehmen.

Ihre Bedenken sollten die Frauen dabei möglichst beiseiteschieben. In England käme es niemandem in den Sinn, eine erwerbstätige Mutter als *uncaring, bad* oder als *cruel mother* zu beschreiben, so die Übersetzung von Rabenmutter in einem englischen Wörterbuch. Auch Franzosen beschimpfen erwerbstätige Mütter nicht als *mère dénaturée*, Italiener nicht als *madre snaturata*, Spanier nicht *madre desnaturalizada*. Rabenmütter – laut Duden ist die Rabenmutter »eine lieblose Mutter, die hartherzig ihre Kinder vernachlässigt« – konnten immer nur Frauen in Deutschland sein. Aber sie sind es nicht. Es gibt keine empirischen Untersuchungen, in denen ein Zusammenhang zwischen der Erwerbstätigkeit von Müttern und Entwicklungsstörungen ihrer Kinder nachgewiesen worden ist. Und wenn wir diese Zuschreibung einfach einmal wörtlich nehmen? Den Raben wird eine hohe Intelligenz und ein ausgeprägtes Sozialverhalten bescheinigt. Die Menschen trauen den Raben durchaus zu, ihren Weg zu finden und zu gehen. Wann werden wir also stolz darauf sein, Mütter und Väter solcher Raben zu sein?

Betriebe müssen hier ansetzen: Wollen sie Frauen halten, müssen sie Mütter gewinnen. Schon beim Einstellungsgespräch sollten klare Worte fallen, mit denen diese Perspektive ermöglicht wird. Die Vereinbarkeit von Beruf und Familie für Frauen und Männer ist Chefsache. Der Betrieb hält den Kontakt zu den Müttern und Vätern, während diese sich in Mutterschutz oder Elternzeit befinden, und unterstützt die Betreuung der Kinder. Konferenzen werden zu familienfreundlichen Zeiten abgehalten. Kinder werden nicht versteckt, sie werden gezeigt und in jeder Hinsicht »mitgenommen« –

so wie Väter ihre Familien schon immer auf dem Schreibtisch zur Schau stellten. Doch jetzt viel umfangreicher und lebendiger.

Man lebt Chancengerechtigkeit im Betrieb – auch Väter werden zur Übernahme von Erziehungszeiten ermutigt und dabei entsprechend gefördert. Jakob Hein ist der erste Väterbeauftragte in Deutschland. Der Oberarzt und Psychiater arbeitet an der Berliner Universitätsklinik Charité. Hein erhält jede Woche 30 Anfragen von Vätern. Inzwischen hat er eine Info-Plattform für die 15.000 Beschäftigten der Charité ins Leben gerufen. Es geht voran. Und es könnte noch besser gehen, hätte er – wie die Frauenbeauftragte – ein eigenes Budget. Dennoch: »Väterbeauftragter zu sein ist eine feine Sache.« Er könne jedem Unternehmen nur empfehlen, solch eine Position einzurichten, denn sie sendet ein deutliches Signal an alle Beschäftigten.[6]

Auch bei der Auswahl von Bewerbern können Betriebe ansetzen. Diese sollte sich gerade bei Müttern nicht nur auf Zertifikate, auf die formelle Qualifikation stützen. Die Lebensphase selbst ist in den Blick zu nehmen, das Potenzial, die Breite der eingebrachten Kompetenzen sind mitentscheidend. So abgedroschen es klingt: Mütter haben schon praktisch gezeigt, was Verantwortung und Management heißt.

Arbeitgeber in Deutschland müssen Weiterbildung vermehrt als eine Zukunftsinvestition verstehen, wie es in anderen Ländern schon längst üblich ist. Weiterbildungsphasen sollten systematisch auf betrieblicher Ebene vorgesehen und in der Lebensplanung angelegt sein. Es muss zur Regel werden, dass man Auszeiten für Weiterbildung nehmen kann. 10 Prozent der Frauen in Deutschland bildeten sich in den letzten 12 Monaten weiter, die Tendenz ist fallend.[7] In Dänemark sind es 33 Prozent und es werden mehr. Auch bei der Stundenzahl, die in Deutschland in Weiterbildung investiert wird, liegen wir im internationalen Vergleich weit zurück. Besonders niedrig sind die Weiterbildungsanteile bei den ohnehin schlecht ausgebildeten Personen und bei älteren Arbeitnehmerinnen und Arbeitnehmern. Die Sonderprogramme der Bundesagentur für Arbeit werden von den Betrieben noch viel zu selten abgerufen. Weiterbildungsmaßnahmen sollten zum zentralen Bestandteil von Tarifabschlüssen der Sozialpartner werden. In der jüngsten Vergangenheit haben wir hier den Anschluss verpasst. Bei uns wurde Kurzarbeitergeld auch dann gezahlt, wenn man sich nicht weitergebildet hat.

Die Politik muss endlich Politik betreiben. Sie kennt die Zahlen, sie weiß um die Entwicklungen, verfolgt die Trends. Die Parteien wurden gewählt, um diese Grundprobleme anzugehen. Wir brauchen und wir warten auf klare und ungebrochene Leitlinien. Es geht nicht an, lange Unterbrechungen positiv zu würdigen und gleichzeitig das Unterhaltsrecht auf die eigenständige Sicherung auszurichten. Ein unentschiedenes *Doublebind* – ein Hü und ein Hott zugleich – ist schwierig. Wir müssen die Herausforderungen noch stärker ressortübergreifend angehen. Die dringend notwendige flächendeckende Versorgung mit Kinderbetreuungseinrichtungen ist nicht nur als ureigene Aufgabe des Familienressorts zu behandeln und dort auszufinanzieren – es geht genauso um Bildung, Arbeit und soziale Sicherung. In der Bildungspolitik widersetzt man sich langsam dem Föderalismus und betont, dass es um übergeordnete, nationale Interessen geht, die einen einheitlichen, länderübergreifenden Rahmen erzwingen. Eine gute Kinderbetreuung liegt ebenfalls im nationalen Interesse und braucht ein bundesweites Format.

Wir sollten auch daran arbeiten, die Lebensverläufe neu zu gestalten. Dazu müssen wir die Arbeitszeitkonten weiter entwickeln, so dass Frauen nicht ein Leben lang auf Teilzeit festgelegt bleiben.[8] Während der Erziehung und Pflege könnten dann beide Partner die Arbeitszeit verringern, um diese Zeiten später nachzuarbeiten. Die Elterngeldregelungen sollten beweglicher und dehnbarer werden. Auch hier hilft ein Blick über die Grenzen: In Schweden kann das Elterngeld noch im ersten oder zweiten Schuljahr der Kinder abgerufen werden, es ist zeitlich wesentlich flexibler und weit entzerrter als bei uns nutzbar. Wir müssen uns von der Fiktion einer ununterbrochenen Beschäftigung lösen. Diese entspricht auch nicht dem Lebensentwurf von Frauen. Vielmehr geht es darum, dass Frauen und Männer ihre Erwerbsverläufe immer wieder unterbrechen können – für die Erziehung, für die Pflege, für die Weiterbildung –, aber vermieden wird, dass diese Unterbrechungen zu lange anhalten und alleine von Frauen bewältigt werden.

In den letzten Monaten ist die Einführung einer Frauenquote salonfähig geworden. Man spricht darüber und der Widerstand dagegen bröckelt. Die beharrlich wirkende Vorstellung, gute Leistungen würden von alleine erkannt, gefördert und produktiv genutzt, hat ein Ende. Auch Frauen geben ihren Widerstand auf und sehen, dass sie nur über eine Quote in die Führungspositionen vordringen und erst dort zeigen können, dass ihre Leistungen keiner Quote bedürfen.

Solche Diskussionen um *Anschub*quoten sind zweifelsohne auch für nicht erwerbstätige Frauen ein Signal. Frauen zeigen sich schon vor der Erwerbsunterbrechung alarmiert und frustriert von den unterschiedlichen Möglichkeiten, die sich Frauen und Männern bieten. »Die Leistung von Frauen wird anders beurteilt als die Leistung von Männern«, sagen 90 Prozent der unter 30-jährigen Frauen, und 82 Prozent der gleichaltrigen befragten Männer stimmen dem zu. 87 Prozent der Frauen und 78 Prozent der Männer behaupten: »Männer werden schneller befördert als Frauen.«[9] Über die Zeit nimmt die Unzufriedenheit deutlich zu. Klare Zeichen auf dem Arbeitsmarkt sind nötig: hin zu gleichem Lohn für vergleichbare Arbeit und hin zu gleichen Aufstiegschancen für Frauen und Männer. Diese Signale können das Ihre dazu beitragen, um Frauen im Arbeitsmarkt zu halten oder nach einer Unterbrechung schnell zurückkehren zu lassen.

Die Tagesthemen am 24. Juni 2020. Die Sendung beginnt mit der Nachricht, dass das Bundesministerium für Arbeit und Soziales erstmals einen deutlichen Rückgang in dem Anteil nicht erwerbstätiger Frauen meldet. In den letzten zehn Jahren ließen sich nur mäßige Fortschritte in der gleichberechtigten Teilhabe der Geschlechter auf dem Arbeitsmarkt verzeichnen und das, obwohl sich der Fachkräftemangel weiter verschärft hat. Zudem wuchs der Anteil von Frauen, die ihre Altersrenten mit staatlichen Transferzahlungen aufstocken müssen. Einige hatten ihre Erwerbstätigkeit über eine lange Zeit unterbrochen, andere waren in ihrem Leben überwiegend Teilzeit beschäftigt. Aus all diesen Gründen ging die Arbeitsmarktstatistik dazu über, neben den Arbeitslosenzahlen auch die Zahl der Nichterwerbspersonen zu vermelden. Monika und Kathrin, Anke und Sabine freuen sich für ihre Kinder.

Anmerkungen

Kapitel 1

1 Bundeszentrale für politische Bildung: Die soziale Situation in Deutschland. Bevölkerung: Kinderzahl und Kinderlosigkeit, http://www.bpb.de/files/0KCNQG.pdf.

2 Allmendinger, Jutta (2009): Frauen auf dem Sprung. Wie junge Frauen heute leben wollen. München: Pantheon, S. 33.

3 Zwischen 1950 und 1969 ohne Abgrenzung nach dem Europäischen System Volkswirtschaftlicher Gesamtrechnungen (ESVG), gegliedert nach der Klassifikation der Wirtschaftszweige, Ausgabe 1979 (WZ1979). Ab 1970 Ergebnisse nach dem ESVG nach Revision 2005/2006, gegliedert nach der Klassifikation der Wirtschaftszweige, Ausgabe 2003 (WZ2003). Bis 1990 früheres Bundesgebiet. 1950 bis 1959 ohne Berlin und Saarland.

4 Siehe hierzu auch Achleitner, Ann-Kathrin/Allmendinger, Jutta/Grupp, Hariolf/Harhoff, Dietmar/Luther, Joachim (Expertenkommission Forschung und Innovation) (Hrsg.): Gutachten zu Forschung, Innovation und Technologischer Leistungsfähigkeit 2008, Berlin, S. 38–45.

5 Belitz, Heike/Clemens, Marius/Gornig, Martin (2008): Wirtschaftsstrukturen und Produktivität im internationalen Vergleich. Studien zum deutschen Innovationssystem, Nr. 22–2008, Berlin.

6 Marcel Helbig, 2011 (in Bearbeitung). Wandel geschlechtstypischen Bildungserfolgs in Deutschland. Berlin, Dissertation. Die Abbildung zeigt nicht die Abiturienten an Abendrealschulen, Abendgymnasien, Kollegs und Externen. Altersspezifischer Jahrgang in Bundesländern mit 12 Jahren bis zum Abitur ist der Durchschnitt der 18- und 19-Jährigen, mit 13 Jahren bis zum Abitur der Durchschnitt der 19- und 20-Jährigen. 1994 ohne Brandenburg, 2001 ohne Sachsen-Anhalt und Mecklenburg-Vorpommern, wegen Umstellung von 12- auf 13-jähriges Abitur. 2007 für Sachsen-Anhalt und 2008 für Mecklenburg-Vorpommern entspricht der alterstypische Jahrgang der Summe der 18- und 19-Jährigen wegen der doppelten Abiturjahrgänge. 1950 ohne Berlin, Bremen und das Saarland. 1951–1956 ohne das Saarland. Neue Bundesländer ab 1993.

7 Schneider, Hilmar (2007): Anforderungen an die Arbeit von morgen. Vortrag am 13. November 2007 beim 2. Forum Zukunft der Arbeit, BMWA Wien, S. 7.

8 Schnur, Peter/Zika, Gerd (2007): Arbeitskräftebedarf bis 2025: Die Grenzen der Expansion. IAB-Kurzbericht 26/2007, Nürnberg, S. 8.

9 Expertenkommission Forschung und Innovation (EFI) (Hrsg.) (2008): Gutachten zu Forschung, Innovation und Technologischer Leistungsfähigkeit 2008. EFI, Berlin, S. 38.

10 Allmendinger, Jutta/Leuze, Kathrin/Blanck, Jonna M. (2008): 50 Jahre Geschlechtergerechtigkeit und Arbeitsmarkt. In: Aus Politik und Zeitgeschichte, 24–25, S. 18–25.
11 Breiholz, Holger (2005): Ergebnisse des Mikrozensus 2004. Wirtschaft und Statistik, 4/2005, S. 333.
12 Brader, Doris/Lewerenz, Julia (2006): Frauen in Führungspositionen: An der Spitze ist die Luft dünn. IAB-Kurzbericht 2/2006, Nürnberg, S. 3; Kohaut, Susanne/Möller, Iris (2010): Führungspositionen in der Privatwirtschaft: Frauen kommen auf den Chefetagen nicht voran. IAB-Kurzbericht 06/2010, Nürnberg.
13 Schmid, Günther/Protsch, Paula (2009): Wandel der Erwerbsformen in Deutschland und Europa. WZB Discussion Paper SP I 2009–505, Berlin.
14 http://www.bmfsfj.de/BMFSFJ/Service/Archiv/16-Legislaturperiode/pressemitteilungen,did=108562.html.

Kapitel 2

1 Esping-Andersen, Gøsta (1990): The Three Worlds of Welfare Capitalism. Cambridge: Polity Press.
2 BMFSFJ (2009): Perspektive Wiedereinstieg. Ziele, Motive und Erfahrungen von Frauen vor, während und nach dem beruflichen Wiedereinstieg. Sinus Sociovision, Berlin; Allmendinger, Jutta (2009): Frauen auf dem Sprung. Wie junge Frauen heute leben wollen. München: Pantheon.
3 Das International Social Survey Programme führt jährlich Befragungen zu wechselnden sozialwissenschaftlichen Themen durch. Am ISSP nehmen 45 Länder teil.
4 Die Entscheidung für das ISSP fiel, weil es leichter verfügbar ist und sozio-ökonomische wie Einstellungsdaten vorliegen. Der Eurobarometer und der European Social Survey kamen aufgrund der ausgewählten Länder nicht in Betracht. Andere Datenquellen wie EU-Silc und EU Labour Force Survey (EU LFS) sind teuer und zeitaufwendig in der Beschaffung.
5 N bezeichnet die Fallzahl, die den Berechnungen zugrunde liegt.
6 Die übliche wöchentliche Arbeitszeit umfasst die Anzahl der Stunden, die eine erwerbstätige Person während einer typischen Sieben-Tage-Woche arbeitet. Diese Definition bezieht sich auf alle hauptberuflich Tätigen mit geregelten Arbeitszeiten, auch diejenigen ohne Arbeitsvertrag, also beispielsweise Selbstständige. Quelle: OECD Family database – LMF7: Usual working hours per week by gender http://www.oecd.org/dataoecd/1/33/43199420.xls (Zugriff: Januar 2010).
7 Zu den Bereichen Nichterwerbstätigkeit im europäischen Vergleich, Lebensverläufe, Beruf und Arbeitsmarkt und zum Wiedereinstieg von Frauen finden sich entsprechende Literaturhinweise im Anhang.
8 Statistisches Bundesamt 2010.
9 OECD Family database – PF4: Neutrality of tax/benefit systems http://www.oecd.org/dataoecd/10/6/44579816.xls (Zugriff: Januar 2010). OECD Family database – LMF2: Maternal employment rates http://www.oecd.org/dataoecd/1/37/43199008.xls (Zugriff: Januar 2010) (Abweichende Erhebungsjahre der Nichterwerbstätigkeit von Müttern: Schweiz 2006 und Dänemark 1999). Die Schweiz wurde in den folgenden Analysen nicht

berücksichtigt, da wir der Klassifikation der OECD hier nicht folgen können. Laut OECD ist die Schweiz ein Land mit individueller Besteuerung, tatsächlich werden aber die Einkommen der Ehepartner addiert und müssen in voller Höhe versteuert werden. Es besteht hier eine deutliche Ehestrafe. Einige Kantone haben Maßnahmen ergriffen, um diesen Effekt abzumildern.

10 Siehe hierzu OECD (2007): Babies and Bosses, Reconciling Work and Family Life. A Synthesis of Findings for OECD Countries, Paris.

11 OECD Family database – C07: Trends in income inequality and income position of different household types. http://www.oecd.org./dataoecd/52/12/43200463.xls (Zugriff: Januar 2010).

12 Wir beziehen uns hier auf das 2005 erhobene Modul III, work orientations. In Deutschland und Dänemark wurden die Erhebungen des ISSP erst 2006 durchgeführt. Zum ISSP siehe auch Anmerkung 3.

13 Die Antworten erfolgen auf einer Fünfer-Skala zwischen »immer« und »nie«. Berücksichtigt wurden erwerbstätige Frauen zwischen 25 und 54 Jahren, in den sieben hier untersuchten Ländern waren das insgesamt 2.144 Frauen.

14 Mit Fertilität ist die Gesamtfertilitätsrate (TFR) gemeint. In der Regel bezieht sie sich auf die Anzahl der Lebendgeburten pro 1.000 Frauen im Alter von 15 bis 49 bzw. 15 bis 44 Jahren. Damit spiegelt sie das Verhältnis der Anzahl der Lebendgeburten zur Anzahl der Frauen im reproduktionsfähigen Alter wider.

15 OECD Family database – SF4: Fertility rates. http://www.oecd.org/dataoecd/51/1/42293894.xls (Zugriff: April 2010). Die Angaben für Deutschland basieren abweichend auf: Statistisches Bundesamt (2009) »Mikrozensus 2008. Neue Daten zur Kinderlosigkeit in Deutschland 0171. http://www.destatis.de/jetspeed/portal/cms/Sites/destatis/Internet/DE/Presse/pk/2009/Kinderlosigkeit/begleitheft__Kinderlosigkeit,property=file.pdf (Zugriff: Juni 2010).

16 OECD Family database: SF2 – Children in Families http://www.oecd.org/dataoecd/51/3/42293865.xls. Die Daten basieren auf dem EU Labor Force Survey, der für dieses Thema keine Daten für Dänemark, Schweden und die Schweiz bietet.

Kapitel 3

1 Mikrozensus 2005. Der Mikrozensus ist eine repräsentative 1-Prozent-Stichprobe der deutschen Wohnbevölkerung. Im Mikrozensus (SUF) 2005 wurden 112.814 Frauen im Alter zwischen 25 und 59 Jahren befragt. Hochgerechnet entspricht dies 19.926.800 Frauen. In den folgenden Auswertungen haben wir Frauen ausgeschlossen, die sich noch in Ausbildung oder in einem Studium befinden sowie jene, die zu ihrer schulischen und beruflichen Ausbildung oder ihrer früheren Erwerbstätigkeit keine Aussage machten. Dadurch reduziert sich die Fallzahl auf 110.361 Befragte, hochgerechnet sind dies 19.477.700 Frauen. Die Datenqualität des Mikrozensus ist sehr zuverlässig und gut. Dies ergibt der Vergleich zwischen den hochgerechneten Fallzahlen des Mikrozensus und denen der amtlichen Statistik anhand einiger Eckdaten.

2 Die Bundesagentur für Arbeit unterscheidet, abweichend vom Statistischen Bundesamt, drei Gruppen: arbeitslos gemeldete Frauen, die »Stille Reserve« und weitere Erwerbslose.

Arbeitslos gemeldete Frauen sind nicht erwerbstätige Frauen, die eine Arbeit suchen und dem Arbeitsmarkt sofort zur Verfügung stehen. In dieser Gruppe findet man Frauen, die Arbeitslosengeld I beziehen, also Anspruch auf Versicherungsleistungen haben. Diese Frauen waren in der Vergangenheit sozialversicherungspflichtig beschäftigt und haben Anwartschaften für das lohnabhängige Arbeitslosengeld I aufgebaut. Andere Frauen beziehen das Arbeitslosengeld II. Das sind pauschalisierte staatliche Leistungen für bedürftige Personen. Die meisten alleinerziehenden Frauen mit kleinen Kindern gehören zu dieser Gruppe. Manche arbeitslos gemeldeten Frauen beziehen keine Leistungen. Sie haben keinen Anspruch auf Arbeitslosengeld I und sie sind nicht bedürftig. Im klassischen Fall unterhält sie ihr Ehemann. Geringfügig beschäftigte Frauen gelten nach der ILO-Klassifikation als erwerbstätig, nach der Definition der Bundesagentur für Arbeit gelten diese Frauen als erwerbstätig, sie können aber arbeitslos gemeldet sein, sofern sie weniger als 15 Stunden pro Woche arbeiten.

3 Zunächst werden hier noch alle Frauen zwischen 20 und 64 Jahren berücksichtigt. Da zu Beginn des Erwerbsverlaufs durch die Ausbildung und am Ende des Erwerbsverlaufs durch Verrentung nur eine niedrige Erwerbstätigkeit zu verzeichnen ist, beschränken wir uns in den weiteren Analysen auf die Frauen zwischen 25 und 59 Jahren.

4 Berechnungen auf Grundlage des Mikrozensus (SUF) 2005, N = 9.884.

5 Die Angaben schließen Frauen aus, die noch nie erwerbstätig waren und daher ihre Erwerbstätigkeit auch nicht unterbrechen konnten.

6 Hier werden nur die im Haushalt der Frauen lebenden Kinder erfasst und nicht die Zahl der Kinder, die die Frauen während ihres Lebens insgesamt bekommen haben. Da ältere Frauen mit hoher Wahrscheinlichkeit nicht mehr mit ihren Kindern im Haushalt zusammenleben und dies die Angaben unnötig verzerren würde, beziehen sich die Angaben zu den Kindern auf Frauen zwischen 25 bis 44 Jahren.

7 Das Einkommen wurde nach der neuen OECD-Skala gewichtet. Die erste Person hat ein Bedarfsgewicht von 1, Personen über 15 Jahren ein Gewicht von 0,5 und Personen unter 15 Jahren ein Gewicht von 0,3.

8 Die nie erwerbstätigen Frauen wurden bei den Fallzahlen berücksichtigt, werden aber nicht extra ausgewiesen. Das niedrige Qualifikationsniveau umfasst Ungelernte und Angelernte, das mittlere die Lehre und die Berufsfachschule und das hohe Niveau die Technikerinnen, Meisterinnen, Fachhochschulen und die akademischen Abschlüsse. Die nie erwerbstätigen Frauen wurden bei den Fallzahlen berücksichtigt, werden aber nicht extra ausgewiesen.

9 DJI Familiensurvey, 2000. eigene Berechnungen. Befragt wurden 1.366 nicht erwerbstätige Frauen.

Kapitel 4

1 Sackmann, Reinhold/Wingens, Matthias (2001): Theoretische Konzepte des Lebenslaufs: Übergänge, Sequenz und Verlauf, in: Sackmann, Reinhold/Wingens, Matthias (Hrsg.): Strukturen des Lebenslaufs. Übergänge – Sequenz – Verlauf. München: Verlag Weinheim, S. 17–48.

2 Die folgenden Ausführungen beruhen auf Allmendinger, Jutta/Hennig, Marina/Stuth, Stefan (2009): Erwerbsverläufe und Weiterbildungsbeteiligung von Wiedereinsteigerinnen, BMFSFJ.

3 Armut ist gemäß der Armutsschwelle der EU definiert: 60 Prozent des bedarfsgewichteten Haushaltsnettoeinkommens (neue OECD-Skala). Das durchschnittliche bedarfsgewichtete Haushaltseinkommen liegt nach eigenen Berechnungen (2007) bei 1.486 Euro und weicht nur minimal vom WZB-Datenreport ab, der für das Jahr 2006 1.437 Euro ausweist. Die Gesamtarmutsquote wird im Datenreport mit 13,9 Prozent angegeben und liegt nach eigenen Berechnungen im Jahr 2007 bei 14 Prozent.

4 Blossfeld, Hans-Peter (1990): Berufsverläufe und Arbeitsmarktprozesse. Ergebnisse sozialstruktureller Längsschnittuntersuchungen, in: Mayer, Karl-Ulrich (Hrsg.): Lebensverläufe und sozialer Wandel. Opladen: Westdeutscher Verlag, S. 118–145.

5 Die Daten des SOEP erlauben es nicht, die Gruppe der arbeitslos gemeldeten Frauen und die Gruppe der Leistungsbezieherinnen zu unterscheiden. Des Weiteren betreuen die Bundesagentur für Arbeit und die Träger der Grundsicherung für Arbeitsuchende (Hartz IV) auch nicht arbeitslos gemeldete Frauen.

Kapitel 5

1 Parsons, Talcott (1968): Professions, in: International Encyclopedia of Social Science, 12, S. 536–547.

2 Weber, Max (1980), Wirtschaft und Gesellschaft, Tübingen: Mohr, S. 80 (Originalausgabe 1922).

3 Sørensen, Aage B. (1983): Processes of allocation to open and closed positions in social structure. Zeitschrift für Soziologie, 12, S. 203–224. Allmendinger, Jutta (1989): Educational Systems and Labor Market Outcomes. European Sociological Review, 5, S. 231–50. Shavit, Yossi/Müller, Walter (Hrsg.) (1998): From School to Work: A Comparative Study of Educational Qualifications and Occupational Destinations. Oxford: Oxford University Press.

4 Scharpf, Fritz (2000): Interaktionenformen. Akteurzentrierter Institutionalismus in der Politikforschung. Opladen: Leske+Budrich, S. 77; Kühn, Thomas/Zinn, Jan (1998): Zur Differenzierung und Reproduktion sozialer Ungleichheit im Dualen System der Berufsausbildung, in: Heinz, Walter R./Dressel, Werner/Blaschke, Dieter/Engelbrech, Gerhard (Hrsg.): Was prägt Berufsbiographien? Lebenslauf und Institutionenpolitik. BeitrAB 215, IAB, Nürnberg, S. 54–88. Witzel, Andreas/Kühn, Thomas (1999): Berufsbiographische Gestaltungsmodi – Eine Typologie der Orientierungen und Handlungen beim Übergang in das Erwerbsleben, SFB-Arbeitspapier Nr. 61, Bremen. Voß, Günther G. (1994): Berufssoziologie, in: Kerber, Harald/Schmieder, Arnold (Hrsg.): Spezielle Soziologien. Reinbek: Rowohlt, S. 128–148. Stooß, Friedemann (1982): Instrumente zur Analyse und Beschreibung beruflicher Makrostrukturen unter besonderer Berücksichtigung des Tätigkeitsschwerpunkt-Konzepts des IAB, in: Mertens, Dieter (Hrsg.): Konzepte der Arbeitsmarkt- und Berufsforschung, Nürnberg, S. 576–605.

5 Die Lebensverlaufsforschung hat sich nur wenig mit dem Beruf als strukturierendem Merkmal des Erwerbsverlaufs beschäftigt. Die Arbeiten von Helga Krüger und ihrer Ar-

beitsgruppe bilden hier eine Ausnahme. Am Beispiel weniger ausgewählter Berufe und qualitativer Interviews zeigt sie, wie wichtig der Beruf als solcher für die Lebensverläufe und Erwerbschancen von Frauen ist.
Krüger, Helga/Born, Claudia/Kelle, Klaus-Udo (1989): Sequenzmuster in unterbrochenen Erwerbskarrieren von Frauen. SFB-Arbeitspapier Nr. 7. Born, Claudia/Krüger, Helga (Hrsg.) (1993): Erwerbsverläufe von Ehepartnern und die Modernisierung weiblicher Lebensverläufe. Statuspassagen und Lebensverlauf. Weinheim: Deutscher Studien Verlag. Krüger, Helga (1995): Prozessuale Ungleichheit – Geschlecht und Institutionenverknüpfungen im Lebenslauf, in: Berger, Peter A./Sopp, Peter (Hrsg.): Sozialstruktur und Lebenslauf, Opladen: Leske+Budrich, S. 133–153. Krüger, Helga (2001): Ungleichheit und Lebenslauf. Wege aus den Sackgassen empirischer Traditionen. Kölner Zeitschrift für Soziologie und Sozialpsychologie, Sonderheft 41, S. 512–537.

6 Weiterhin schließen wir Personen aus, die sich derzeit in Mutterschutz beziehungsweise in Elternzeit befinden. Diese Personen haben einen Rechtsanspruch auf Berufsrückkehr.

7 Bedingung für die Aufnahme eines Berufs waren mindestens 60 erwerbstätige und mindestens 30 nicht erwerbstätige Frauen in diesem Beruf. Wir folgen der Klassifikation der International Labour Organization (ILO). Frauen werden als nicht erwerbstätig definiert, wenn sie weniger als 1 Stunde in der Woche gegen Entlohnung erwerbstätig sind. Die untersuchten nicht erwerbstätigen Frauen können, müssen aber nicht arbeitslos gemeldet sein.

8 In der vorliegenden Analyse wird die Dauer der Nichterwerbstätigkeit überschätzt, da aufgrund des Erhebungsdesigns kurze Phasen der Unterbrechung von Erwerbsarbeit untererfasst werden.

9 Gesamtverband der deutschen Textil- und Modeindustrie, 2006.

10 Wir haben dazu die »Konjunktur der Berufe« auf Grundlage von Daten des Instituts für Arbeitsmarkt- und Berufsforschung in einem Index erfasst. Dieser Index zeigt das Wachstum bzw. das Schrumpfen von Berufen an und geht in unsere Berechnungen als Kontrollvariable ein. Siehe hierzu Stuth, Stefan/Hennig, Marina/Allmendinger, Jutta (2009): Die Bedeutung des Berufs für die Dauer der Erwerbsunterbrechungen. WZB discussion papers, P 2009–001, S. 26f. Ein weiterer exogener Faktor ist das durchschnittliche Alter der Beschäftigten in einem Beruf. Siehe hierzu ibid. S. 27.

11 Kreyenfeld, Michaela/Geisler, Esther (2006): Müttererwerbstätigkeit in Ost- und Westdeutschland. Zeitschrift für Familienforschung, 18 (3), S. 333–360. Brandherm, Ruth (2007): Nicht so einfach! Situation und Perspektiven der einfachen Arbeit. WISO direkt, Friedrich-Ebert-Stiftung, Bonn. Littek, Wolfgang/Rammert, Werner/Wachtler, Günther (Hrsg.) (1982): Einführung in die Arbeits- und Industriesoziologie. Frankfurt am Main, New York: Campus.

12 Hinsichtlich ihrer Stellung im Beruf wird zwischen Arbeitern (Lohn) und Angestellten (Gehalt) unterschieden. Gehalt bietet ein monatlich gleichbleibendes Entgelt, während der Lohn eine erfolgsorientierte (Leistungslohn) oder zeitbasierte (Zeitlohn) Einkommensart ist.

13 Bergmann, Barbara (1974): Occupational Segregation, Wages and Profits when Employers Discriminate by Race and Sex, Eastern Economic Journal, 1 (2), S. 103–110. Sorensen, Elaine (1990): The Crowding Hypothesis and Comparable Worth. Journal of Human Resources, 15 (1), S. 55–89.

14 In einer Mehrebenenanalyse haben wir außer den genannten beruflichen Merkmalen folgende individuelle Merkmale der Frauen erfasst: Bildungs- und Qualifikationsniveau, Al-

ter, Familienstand, Kinderzahl, Familieneinkommen, Wohnort, Gründe für die Nichterwerbstätigkeit, Arbeitslosenmeldung und Weiterbildung.

Kapitel 6

1 SOEP 2007, eigene Berechnungen, N = 4.550 (alte Bundesländer) und N = 1.481 (neue Bundesländer).

2 Kuwan, Helmut/Bilger, Frauke/Gnahs, Dieter/Seidel, Sabine (2006): Berichtssystem Weiterbildung IX. Integrierter Gesamtbericht zur Weiterbildungssituation in Deutschland. Berlin.

3 Das niedrige Qualifikationsniveau umfasst ungelernte und angelernte Frauen, das mittlere die Lehre und die Berufsfachsschule und das hohe Niveau die Technikerinnen, Meisterinnen, die Verwaltungsfachhochschule und die akademischen Abschlüsse.

4 Siehe hierzu die Ausführungen in Kapitel 3.

5 Mikrozensus 2005.

6 http://www.hessen.de/irj/HSM_Internet?cid=d23e97d8711af2e6af80ff149cfaf202 (Zugriff: 22.09.2009)

7 http://www.awo-jena-weimar.de/gute-gruende-fuers-ehrenamt.html (Zugriff: 22.09.2009)

8 Granovetter, Mark S. (1973): The Strengh of Weak Ties. American Journal of Sociology, 78 (6), S. 1360–1380.

9 Der Freiwilligensurvey ist eine vom BMFSFJ beauftragte, repräsentative Umfrage, bei der rund 15.000 Bürger und Bürgerinnen der Bundesrepublik Deutschland ab dem Alter von 14 Jahren befragt wurden. Da es sich um Querschnittsdaten der Jahre 1999 und 2004 handelt und keine Lebensverläufe abgebildet werden, können wir nichts zu den Folgen des ehrenamtlichen Engagements für die Aufnahme einer Erwerbsarbeit sagen.

10 Dieses Ergebnis deckt sich mit anderen Analysen z.B. Sing, Dorit (2001): Ehrenamtliches Engagement von Frauen als Arbeitsmarktstrategie? WSI Mitteilungen 3/2001, S. 165–171. Sing konstatiert, dass Langzeitarbeitslose und niedrig Qualifizierte am stärksten von sozialen Ausgrenzungsprozessen betroffen und am seltensten in den Bereichen der freiwilligen Arbeit vertreten sind. Daraus resultieren ungleiche, schichtspezifische Teilhabechancen am Engagement. Weiterhin sind Frauen häufig engagiert, wenn sie finanziell nicht auf eine Berufstätigkeit angewiesen sind.

11 Gensicke, Thomas/Picot, Sibylle/Geiss, Sabine (2006): Freiwilliges Engagement in Deutschland 1999–2004. Wiesbaden: VS Verlag für Sozialwissenschaften.

12 Der Wandel freiwilligen Engagements wird im vorliegenden Text nur auf der individuellen Ebene skizziert. Diskutiert wird der Strukturwandel des Engagements aber auch auf einer Mesoebene (sich wandelnde Rahmenbedingungen im Bereich der intermediären Organisationen und Vereine), auf der Makroebene (gesellschaftliche Rahmenbedingungen) und auf der Ebene öffentlicher, wissenschaftlicher oder politischer Diskurse. Vgl. Olk, Thomas (1989): Vom »alten« zum »neuen« Ehrenamt. Ehrenamtliches soziales Engagement außerhalb etablierter Träger. Blätter der Wohlfahrtspflege, Nr. 1, S. 7–10. Beher, Katrin/Liebig, Reinhard/Rauschenbach, Thomas (2000): Strukturwandel des Ehrenamts. Gemeinwohlorientierung im Modernisierungsprozess. Weinheim: Juventa Verlag. Künemund, Harald/

Schupp, Jürgen (2007): Konjunktur des Ehrenamts – Diskurse und Empirie. SOEPpapers on Multidisciplinary Panel Data Research 22.

13 Die Fragestellung lautete: »Welche Anforderungen stellt die Tätigkeit an Sie? Ich nenne einige Punkte. Sagen Sie mir bitte jeweils, ob das für Ihre Tätigkeit in starkem Maß, in gewissem Maß oder nicht gefordert ist.« Hier werden nur die starken Anforderungen berücksichtigt, da sie eindeutig interpretierbar sind und starke Qualifikationseffekte erwarten lassen.

14 In die Analyse fließen ein: Organisationstalent, Führungsqualitäten, hohe Einsatzbereitschaft, Fachwissen, mit Menschen gut umgehen können, Belastbarkeit, Selbstlosigkeit, Ausübung einer Leitungs- oder Vorstandsfunktion, die Ähnlichkeit des freiwilligen Engagements mit der früheren beruflichen Tätigkeit. Die Variablenauswahl erfolgte mit Hilfe einer Faktorenanalyse, mit der auch die optimale Zahl der zu erwartenden Cluster ermittelt wurde. Es wurden das Verfahren der nichthierarchischen K-Mean-Clusteranalyse und der Sneath-Algorithmus verwendet. Eine Kreuzvalidierung der Ergebnisse mit Hilfe der Gruppe der erwerbstätigen engagierten Frauen bestätigte die Zahl der gefundenen Cluster und zeigte eine ähnliche Verteilung der Merkmale über die Cluster.

15 Fragetext des Freiwilligensurvey: »In welchem Umfang haben Sie durch Ihre Tätigkeit Fähigkeiten erworben, die für Sie wichtig sind?« (in sehr hohem Umfang, in hohem Umfang, in gewissem Umfang, gar nicht).

16 Organisationen, die sich weder der Wirtschaftslogik des Marktes noch der des Staates zuordnen lassen, werden im Allgemeinen dem Dritten Sektor zugeordnet. Im weitesten Sinne besteht der Dritte Sektor aus Non-Profit-Organisationen.

17 Alscher, Mareike/Dathe, Dietmar/Priller, Eckhard/Speth, Rudolf (2009): Bericht zur Lage und zu den Perspektiven des bürgerschaftlichen Engagements in Deutschland. BMFSFJ, S. 28.

Kapitel 7

1 Die Seite des Aktionsprogramms findet sich im Internet unter: http://www.perspektive-wiedereinstieg.de.

2 Da Anke über 50 Jahre alt ist, ist ihr der verlängerte Bezug von ALG I möglich.

3 Nach den Haushaltssparbeschlüssen vom Juni 2010 entfallen Übergangsgeld und Rentenversicherungsbeitrag. Bei Anke hätte das im ersten Jahr ein deutlich spürbares Minus von 160 Euro (Übergangsgeld) im Monat zur Folge. Im zweiten Jahr beträgt das Übergangsgeld 80 Euro.

4 Die finanzielle Situation einer Frau nach der Scheidung hat sich mit dem neuen Unterhaltsrecht vom 1. Januar 2008 geändert. Es gilt der Grundsatz der nachehelichen Eigenverantwortung. Das heißt, nach der Scheidung obliegt es jedem Ehegatten, selbst für seinen Unterhalt zu sorgen. Unterhalt nach der Scheidung soll die Ausnahme sein. Dazu heißt es im Gesetz, »die Dauer des Unterhaltsanspruchs verlängert sich, solange und soweit dies der Billigkeit entspricht«. Wenn zum Beispiel vor Ort keine oder nur eine eingeschränkte Kindergarten- oder Hortbetreuung möglich ist, das Kind chronisch krank oder behindert ist oder eine Frau lange Jahre den Haushalt und die Kinder versorgt und damit ihrem Gatten beruflich den Rücken freigehalten hat, steht ihr Unterhalt zu.

5 Die Gespräche wurden vom Band abgeschrieben und ausgewertet. Da die Gesprächspartnerinnen und Gesprächspartner darum gebeten hatten, nicht namentlich genannt zu werden, haben wir die Interviews vollständig anonymisiert. Die verwendeten Zitate wurden sprachlich leicht bearbeitet. Der genaue Wortlaut der Gespräche liegt vor und kann auf Anfrage geprüft werden.
6 Um den Gründungszuschuss zu erhalten, muss man noch 90 Tage Anspruch auf das Arbeitslosengeld I haben.
7 Dieser Rechtsanspruch besteht seit Januar 2009 für Jugendliche und Erwachsene. Außerdem haben Personen mit einem Berufsabschluss, die mindestens vier Jahre lang in un- und angelernter Beschäftigung tätig waren, die Möglichkeit einer erneuten Berufsausbildung. Diese Gruppe erhält den Status der »Wiederungelernten«. Zu dieser Gruppe zählt man allerdings nicht, wenn man vier Jahre Hausfrau oder arbeitslos war.
8 Lott, Margit/Spitznagel, Eugen (2010): Präventive Arbeitsmarktpolitik: Impulse für die berufliche Weiterbildung im Betrieb. IAB-Kurzbericht 11/2010, Nürnberg.
9 Die Perspektive Wiedereinstieg plant, in Zusammenarbeit mit dem Fraunhofer Institut für Angewandte Informationstechnik und der]init[AG für Digitale Kommunikation einen Wiedereinstiegsrechner zur Verfügung zu stellen. Dieser wird unter anderem die entstehende Lücke in den Rentenansprüchen errechnen.
10 Dies schafft insbesondere Probleme, wenn Alleinerziehende keine Betreuungsmöglichkeiten für ihre Kinder nachweisen können. Zwar wird bei Maßnahmeteilnahme ein Betreuungsgeld von 130 Euro von der ARGE gezahlt, dies nutzt aber nichts, wenn kein Platz in einer Betreuungseinrichtung vorhanden ist. Oft wird in solchen Fällen die Maßnahme erst gar nicht gezahlt.
11 Statistisches Bundesamt 2010, Daten für März 2009.
12 Allerdings ist im Osten die Arbeitslosigkeit von Frauen aufgrund der Arbeitsmarktsituation insgesamt höher.
13 Neben den Arbeitsgemeinschaften und optierenden Kommunen wird in einigen wenigen Kommunen das SGB II getrennt von der Bundesagentur für Arbeit umgesetzt.
14 BMFSFJ 2010: Familienreport 2010. Leistungen, Wirkungen, Trends, Berlin.
15 Mikrozensus 2007, eigene Berechnungen (N = 84.961).
16 So der Titel einer Informationsbroschüre für Arbeitgeber, die von der Bundesagentur für Arbeit erstellt wurde.
17 Die vier Phasen sind Profiling, Zielfestlegung, Strategieauswahl und Umsetzung.
18 Die Bundesagentur für Arbeit führt weder im SGB III noch im SGB II ein geschlechtsspezifisches Controlling durch.
19 Beckmann, Petra (2003): Neue Frauenförderquote. Gute Absichten führen nicht immer zum gewünschten Ziel. IAB-Kurzbericht 22/2003, Nürnberg, S. 1.

Kapitel 8

1 Der Mikrozensus kann für diese Untersuchung nicht herangezogen werden. Ihm ist lediglich zu entnehmen, wie lange Frauen ihre Erwerbstätigkeit zu einem bestimmten Zeitpunkt unterbrochen haben, der Prozess des Wiedereinstiegs jedoch ist nicht zu beobachten. Wir nutzen daher die Daten des SOEP 2007 und dessen Panelstruktur. Bei einer

vierjährigen Nichterwerbstätigkeit muss die Person vier Jahre in Folge, bei einer zehnjährigen Unterbrechung zehn Jahre in Folge an der Befragung teilgenommen haben. Entsprechend werden für kürzere Phasen der Nichterwerbstätigkeit höhere Fallzahlen als bei langen Erwerbsunterbrechungen erreicht.

2 Neben Unterbrechungen aufgrund von Elternzeit schließen wir auch Phasen der Arbeitslosigkeit aus.

3 Vgl. hierzu auch die Zusammenstellung der weiterführenden Literatur im Anhang.

4 Aufgrund zu niedriger Fallzahlen können wir nicht zwischen ost- und westdeutschen Frauen unterscheiden. Nur 6 Frauen aus Ostdeutschland sind Wiedereinsteigerinnen.

5 Die genaue Kodierung der beruflichen Qualifikation besteht aus folgenden Ausprägungen: kein Berufsabschluss (Referenzkategorie), mittlerer Abschluss (Lehrausbildung und Berufsfachschule) und hoher Berufsabschluss (Meisterinnen, Technikerinnen, Fachhochschul- und Hochschulabschluss).

6 Die Modellanpassung kann dem Pseudo R^2 entnommen werden. In dem Grundmodell hat dieser einen Wert von 0,15. Dieser Wert ist signifikant, was besagt, dass die drei abhängigen Variablen (Alter, Qualifikation und Dauer der Unterbrechung) die Chance des Wiedereinstiegs überzufällig vorherzusagen vermögen.

7 Der in der Abbildung dargestellte Odds-Ratio-Wert beschreibt jeweils die Chance, dass ein bestimmtes Ereignis auftritt, wobei diese Chance immer in Bezug auf die jeweilige Referenzgruppe interpretiert und unter Kontrolle der anderen unabhängigen Variablen bestimmt wird. Ein Odds-Ratio-Wert von über 1 heißt, dass die Wahrscheinlichkeit des Wiedereinstiegs durch das entsprechende Merkmal erhöht wird, ein Wert unter 1 bedeutet, dass die Wiedereinstiegschance verringert wird. Um ein Beispiel zu geben: In dem Grundmodell von Abbildung 8.1 zeigt der Wert von 4,17 bei der Variable Qualifikation = Meisterinnen, Technikerinnen, Fachhoch- und Hochschulabschluss an, dass die Chance dieser Frauen, eine neue Erwerbstätigkeit aufzunehmen, 4,17-mal höher ist als von Frauen, die keinen Berufsabschluss haben (dies ist die Bezugskategorie). Dieser Wert gilt nur dann, wenn das Alter und die Dauer der Erwerbsunterbrechung konstant gehalten, also simultan berücksichtigt werden. Neben der fördernden oder hemmenden Wirkung eines Merkmals auf die Chance des Wiedereinstiegs müssen wir auch fragen, ob die Höhe dieser Wirkung dem Zufall geschuldet ist oder überzufällig (statistisch signifikant) erfolgt. Dies weisen wir durch die entsprechend gesetzten * aus. Ein * zeigt, dass der Einfluss mit einer 5-prozentigen Irrtumswahrscheinlichkeit signifikant ist, ** zeigt, dass der Einfluss sogar mit einer 1-prozentigen Irrtumswahrscheinlichkeit signifikant ist. Um bei unserem Beispiel zu bleiben: Wir können mit an Sicherheit grenzender Wahrscheinlichkeit belegen, dass ein hoher Berufsabschluss die Chance des Wiedereinstiegs fördert.

8 Zur Berechnung des bedarfsgewichteten Einkommens benutzen wir die OECD Skalierung.

9 Hierzu führen wir eine nichthierarchische K-Means-Clusteranalyse auf Grundlage von Daten des Mikrozensus 2006 durch. Hierbei berücksichtigen wir gemäß den Erkenntnissen von Kapitel 5 das durchschnittliche Alter der Personen, die die Berufe ausüben, den Befristungsanteil, den Anteil Teilzeit erwerbstätiger Personen, den Anteil von Personen mit Vielarbeit, den Erwerbsindex, welcher die Expansion oder das Schrumpfen der Beschäftigtenzahlen in den Berufen erfasst, den Anteil un- und angelernter Beschäftigter, das Ausmaß der Bildungsheterogenität oder Offenheit der Berufe, den Anteil von Wochenend- und Feiertagsarbeit, den Anteil von Personen im öffentlichen Dienst, den Frauenanteil, den Akademikeranteil, den Arbeiteranteil und das durchschnittliche Monatseinkom-

men. Siehe hierzu auch das WZB discussion paper von Stefan Stuth, Marina Hennig und Jutta Allmendinger, 2009. Im Ergebnis führt die Clusteranalyse zu drei Berufsgruppen. Berufe, die dem ersten Cluster zugeordnet werden, sind Berufe mit einem hohen Befristungsanteil, einem hohen Akademikeranteil und einem hohen Einkommensniveau. In den meisten dieser Berufe nehmen die Beschäftigungszahlen über die Zeit zu, diese Berufe expandieren. Weiterhin zeichnen sich diese Berufe durch eine hohe Offenheit oder Bildungsheterogenität aus und haben einen geringen Frauenanteil.
Die Berufe der zweiten Gruppe haben einen sehr hohen Frauenanteil im öffentlichen Dienst und einen sehr hohen Anteil von Teilzeitarbeit. Hier sind kaum un- und angelernte, geringfügig Beschäftigte oder Arbeiterinnen zu finden. Die Berufe der dritten Gruppe haben einen hohen Anteil an geringfügig beschäftigten Frauen, sehr viele Vielarbeiterinnen, sehr viele un- und angelernte Arbeiterinnen, Wochenend- und Feiertagsarbeiterinnen und einen sehr hohen Frauenanteil. Der Anteil der Akademikerinnen ist hier sehr niedrig, ebenso das monatliche Nettoeinkommen. Wir bezeichnen diese drei Berufsgruppen als Spitzenberufe, Berufe im primären Arbeitsmarkt und Berufe im sekundären Arbeitsmarkt. Nachdem wir die Berufe mit Hilfe des Mikrozensus drei Gruppen zugewiesen haben, kehren wir nun zu den Daten des SOEP zurück und weisen den zuletzt ausgeübten Beruf jeder einzelnen Frau einer der drei Gruppen zu. Die Zuordnung erfolgt über die entsprechende Kennziffer (StBa 1992). Einige der Frauen waren noch nie erwerbstätig und können daher auch keinen Beruf ausgeübt haben – sie werden in einer eigenen Kategorie berücksichtigt. Manche Frauen haben auch die Angabe zu ihrem letzten Beruf verweigert. Auch sie sind in einer extra Kategorie erfasst, welche im Folgenden aber nicht ausgewiesen wird.

10 Piore, Michael J. (1975): Notes for a theory of labor market stratification, in: Edwards, Richard E./Reich, Michael/Gordon, David: Labor Market Segmentation. Lexington Mass: D.C. Heath, S. 125–150.

11 In diesem Modell haben wir nicht die Dauer der Unterbrechung kontrolliert, da diese einen deutlichen Zusammenhang mit den Jahren in Vollzeit, Teilzeit und Arbeitslosigkeit aufweist.

12 Feider, Cornelia (2006): Berufsrückkehrerinnen. Erwerbs- und Familienverläufe nach Qualifizierungsmaßnahmen aus biographischer Perspektive. Bielefeld: W. Bertelsmann Verlag. Scherer, Dietmar (1996): Evaluation beruflicher Weiterbildung. Eine theoretisch-empirische Analyse auf der Datenbasis des Sozioökonomischen Panels. Frankfurt am Main: Lang.

13 Eckert, Thomas/Schmidt, Bernhard (2007): Entwicklung der Weiterbildungsbeteiligung in Deutschland. Expertise im Rahmen des vom Rat für Sozial- und Wirtschaftsdaten geförderten Programms »Bildung im Erwerbsleben«. RatSWD Research Notes, No. 3. Schmidt, Bernhard/Tippelt, Rudolf (2009): Bildung im Erwachsenenalter. Handbuch Bildungsforschung. Wiesbaden: VS Verlag für Sozialwissenschaften, 2. Aufl., S. 661–673. Barz, Heiner/Tippelt, Rudolf (Hrsg.) (2004): Weiterbildung und soziale Milieus in Deutschland. Adressaten- und Milieuforschung zu Weiterbildungsverhalten und -interessen. Bielefeld: W. Bertelsmann Verlag.

14 Zu den vor der Erwerbsunterbrechung geringfügig Beschäftigten können wir keine Aussage treffen, da die Fallzahl hier zu gering ist.

Kapitel 9

1 Der Koalitionsvertrag der Bundesregierung (2009) sieht eine Verstetigung des Aktionsprogramms vor.

2 Hierzu gehört auch das Programm »Lokales Kapital für soziale Zwecke« (LOS), das Mikroprojekte vor Ort unterstützt.

3 Die Palette der Maßnahmen ist sehr umfangreich. Nähere Angaben finden sich unter http://www.train2000.org.uk/research-reports/pdfs/GEOWorkingTowardsEquality-Oct2009.pdf

4 Eine Untersuchung des Sinus-Instituts ergab, dass rund 30 Prozent der Wiedereinsteigerinnen in die »Stille Reserve« zurückkehren, weil es mit der Vereinbarkeit von Beruf und Familie nicht geklappt hat. BMFSFJ (2009): Perspektive Wiedereinstieg. Ziele, Motive und Erfahrungen von Frauen vor, während und nach dem beruflichen Wiedereinstieg, Sinus Sociovision, Berlin. BMFSFJ (2010): Beruflicher Wiedereinstieg nach der Familiengründung. Bedürfnisse, Erfahrungen, Barrieren. Sinus Sociovision, Berlin.

5 Insgesamt sind erwerbstätige Mütter zufriedener als nicht erwerbstätige und sie haben ein höheres Selbstwertgefühl. (Sholomskas, Diane/Axelrod, Rosalind (1986): The influence of mother-daughter relationships on women's sense of self and current role choices, in: Psychology of Women Quarterly, 10, S. 171–182. Gottfried, Adele E./Gottfried, Allen W. (1988): Maternal employment and children's development: An integration of longitudinal findings with implications for social policy, in: Gottfried, Adele E./Gottfried, Allen W. (Hrsg.): Maternal employment and children's development: Longitudinal research. New York: Springer, S. 269–287. Zusammenfassend in: Helbig, Marcel (2011): Wandel geschlechtstypischen Bildungserfolgs in Deutschland. Berlin, Dissertation (in Bearbeitung). In der Folge lässt sich unter Kontrolle des Bildungsgrades feststellen, dass nicht erwerbstätige Mütter von zweijährigen Kindern öfter als erwerbstätige Mütter Strategien negativer Kontrolle wie Zorn, Kritik, Bestrafung und Drohungen nutzen, was sich schließlich negativ auf Schulleistungen der Kinder auswirkt. (Crockenberg, Susan/Litman, Cindy (1991): Effects of Maternal Employment on Maternal and Two-Year-Old Child Behavior, in: Child Development, 62, S. 930–953).

Viele Studien zeigen, dass die Erwerbstätigkeit von Müttern weder das mütterliche Engagement beeinflusst noch die verbrachten Stunden mit dem Kind, noch die Häufigkeit von gemeinsamen Aktivitäten. (Gottfried, Adele E. (1991): Maternal Employment in the family setting: Development and environmental issues, in: Lerner, Jaqueline V./Galambos, Nancy L. (Hrsg.): Employed mothers and their children. New York: Garland Publ., S. 63–84. Grolnick, Wendy S./Ryan, Richard M. (1989): Parent styles associated with children's self-regulation and competence in school, in: Journal of Educational Psychology, 81, S. 143–154. Moorhouse, Martha J. (1991): Linking maternal employment patterns to mother-child activities and children's school competence, in: Developmental Psychology, 27, S. 295–303).

Es gibt keine Studie, die negative Folgen für das Kind berichtet, wenn dieses nach dem ersten Lebensjahr fremd betreut wird. Wenn es überhaupt Anzeichen dafür gibt, dass Kinder durch die Erwerbstätigkeit der Mütter in ihrer Entwicklung beeinträchtigt werden, so beziehen sich diese Studien auf die Erwerbstätigkeit von Müttern mit Kindern unter einem Jahr. Allerdings kommen die Forschungsarbeiten keinesfalls zu einem einheitlichen Bild. Einige Forscher fanden einen negativen Einfluss (Verropoulou, Georgia/Joshi, Heather (2009): Does Mothers' Employment Conflict with Child Development? Multilevel

Analysis of British Mothers born in 1958, in: Journal of Population Economics, 22, S. 665–692), andere Autoren fanden keinen Zusammenhang (Cooksey, Elisabeth/Joshi, Heather/Verropoulou, Georgia (2009): Does mothers' employment affect children's development? Evidence from the children of the British 1970 Birth Cohort and the American NLSY79, in: Longitudinal and Life Course Studies, 2009 1, S. 95–115).

6 Jakob Hein wurde vom Stifterverband der deutschen Wirtschaft mit der Hochschulperle des Monats Juli 2010 geehrt. Siehe http://stifterverband.info/wissenschaft_und_hochschule/hochschulperle.

7 Lott, Margit/Spitznagel, Eugen (2010): Präventive Arbeitsmarktpolitik: Impulse für die berufliche Weiterbildung im Betrieb. IAB-Kurzbericht 11/2010, Nürnberg.

8 Wotschack, Philip/Hildebrandt, Eckart/Scheier, Franziska (2008): Langzeitkonten. Neue Chancen für die Gestaltung von Arbeitszeiten und Lebensläufen?, in: WSI-Mitteilungen, Heft 11&12/2008, S. 619–626.

9 Allmendinger, Jutta (2009): Frauen auf dem Sprung. Wie junge Frauen heute leben wollen. München: Pantheon, S. 47.

Anhang

Steckbriefe: Europäische Länder im Vergleich

1. Arbeitslosenversicherungs- und Transferleistungen

Wie werden Frauen und Männer in den untersuchten Ländern im Falle von Arbeitslosigkeit unterstützt? Mit welcher Mindestsicherung können sie rechnen?

Finnland

In Finnland setzt der Anspruch auf Arbeitslosengeld eine achtmonatige freiwillige Mitgliedschaft in einer der Arbeitslosenversicherungskassen voraus, die von den Gewerkschaften unterhalten werden. Jedes Mitglied, das innerhalb der letzten 28 Monate mindestens acht Monate mit 18 Stunden pro Woche beschäftigt war, kann im Falle der Erwerbslosigkeit ein einkommensbezogenes Tagegeld beziehen. Es beträgt durchschnittlich 60 Prozent des vorherigen Einkommens und wird für 500 Tage gezahlt. Ein sogenanntes Grundtagegeld erhalten alle zwischen 17 und 64 Jahren, die arbeitslos geworden, aber nicht Mitglied in einer Arbeitslosenkasse sind. Es wird als Pauschalbetrag für ebenfalls 500 Tage ausgezahlt und beträgt 25,63 Euro, also etwa 560 Euro im Monat. Leben Kinder mit im Haushalt, wird jeweils ein Zuschlag gewährt. Wer nach Ablauf der 500 Tage noch keinen neuen Arbeitsplatz gefunden hat oder wer erstmalig in den Arbeitsmarkt einsteigen möchte, kann eine Arbeitsmarktzulage beanspruchen. Die Höhe des Betrages richtet sich nach dem Einkommen aller im Haushalt lebenden Personen und der Anzahl der Kinder. Der maximale Satz beträgt ebenfalls 25,63 Euro pro Tag. Als letztes Mittel wird eine bedarfsabhängige Mindestsicherung gewährt, die sich an Personen und Haushalte richtet, deren Einkommen oder Vermögen nicht die unmittelbaren, täglichen Ausgaben decken. Die Mindestsicherung kann zeitlich unbegrenzt bezogen, muss aber jeden Monat neu beantragt werden. Zusätzlich ist es möglich, ein einkommens- und bedarfsabhängiges Wohngeld zu beantragen. Es umfasst maximal 80 Prozent der Wohnkosten.

Schweden

In Schweden beziehen Arbeitslose ein entgeltbezogenes Arbeitslosengeld oder eine Grundsicherung. Das Arbeitslosengeld erhalten Personen, die seit mindestens zwölf Monaten Mitglied einer Arbeitslosenversicherungskasse sind. Beitreten können alle, die zum Zeitpunkt der Antragstellung mindestens einen Monat zusammenhängend und für 17 Stunden in der Woche gearbeitet haben. Waren sie in den zwölf Monaten direkt vor der Arbeitslosigkeit mindestens sechs Monate für wenigstens 20 Wochenstunden beschäftigt, wird ihnen Arbeitslosengeld bewilligt. Die Zahlungen umfassen für eine Dauer von maximal 600 Tagen 80 Prozent des Einkommens der letzen zwölf Monate. Die Obergrenze liegt bei 680 SEK (71 Euro) am Tag. Anspruch auf eine Grundsicherung haben Personen, die mindestens 20 Jahre alt sind und erwerbstätig waren, aber nicht freiwillig versichert sind oder die Voraussetzungen für die Arbeitslosenversicherungskassen nicht erfüllen. Die Grundsicherung ist einkommensunabhängig und umfasst im Falle einer vorherigen Vollzeitbeschäftigung 320 SEK (34 Euro) am Tag. Personen, die zeitweise nicht über die nötigen Mittel zum Lebensunterhalt verfügen, können eine pauschale Sozialhilfe beziehen. Die Grundbeträge liegen bei monatlich 2.640 SEK (277 Euro) für Alleinstehende und 4.770 SEK (468 Euro) für ein Paar. Zusätzlich erhält jedes im Haushalt lebende Kind abhängig vom Alter einen Grundbetrag zwischen 1.560 SEK (163 Euro) und 2.550 SEK (267 Euro). Niedriglohnempfängern steht außerdem ein Wohngeld zu.

Dänemark

In Dänemark besteht ebenfalls die Möglichkeit, freiwillig einer Arbeitslosenversicherungskasse beizutreten und in die Arbeitslosenversicherung einzuzahlen. Mitgliedsberechtigt sind Arbeitnehmer zwischen 18 und 65 Jahren, Personen, die gerade eine Berufsausbildung abgeschlossen haben, Wehrdienstleistende, Selbstständige und deren mithelfende Ehepartner sowie Personen, die ein öffentliches Amt ausüben. Haben sie mindestens ein Jahr eingezahlt und waren in den letzten drei Jahren wenigstens ein Jahr berufstätig, erhalten sie im Falle der Erwerbslosigkeit ein Arbeitslosengeld. Es kann vier Jahre lang bezogen werden und umfasst 90 Prozent des Einkommens der letzten drei Monate, jedoch maximal 3.760 DKK (505 Euro) pro Woche. Wer keinen Anspruch auf Arbeitslosengeld hat, kann eine bedarfsgesteuerte Sozialhilfe von der Kommune beziehen, die maximal 3.009 DKK (440 Euro) im Monat beträgt. Nach sechs Monaten wird die Höhe der Sozialhilfe verringert. Zusätzlich zur Sozialhilfe kann Wohngeld gewährt werden.

Frankreich

In Frankreich wird jeder Arbeitslose, der innerhalb der letzten 22 Monate mindestens sechs Monate beschäftigt war, mit einer Beihilfe zur Rückkehr ins Arbeitsleben unterstützt. Diese Versicherungsleistung wird je nach Mitgliedsdauer und Alter der arbeitslosen Person mindestens sieben und maximal 23 Monate gewährt. Die Höhe der Beihilfe ist abhängig vom vorherigen Bruttogehalt und variiert zwischen 75 und 57 Prozent. Nach den ersten sieben Monaten reduziert sie sich alle sechs Monate um 17 Prozent. Diejenigen, die keinen Anspruch auf diese Beihilfe haben, aber in den letzten zehn Jahren mindestens fünf Jahre beitragspflichtig erwerbstätig waren, beziehen maximal zwei Jahre lang eine spezifische Solidaritätsbeihilfe. Sie setzt eine finanzielle Bedürftigkeit voraus und wird jeweils für sechs Monate bewilligt. Der Höchstbetrag liegt bei 14,96 Euro pro Tag. Erwerbslose und Beschäftigte mit geringem Einkommen (unter 1.300 Euro brutto) können ein aktives Solidaritätseinkommen erhalten. Zuvor wird die Bedürftigkeit geprüft und dabei auch das Partnereinkommen berücksichtigt, eigenes Erwerbseinkommen aber nur zu 38 Prozent angerechnet. Die Leistungen betragen für eine Person 454,63 Euro, für ein Paar oder eine Alleinerziehende mit Kind 681,95 Euro, für ein Paar mit einem Kind oder eine alleinerziehende Person mit zwei Kindern 818,34 Euro, für ein Paar mit zwei Kindern 954,73 Euro. Jedes weitere Kind erhält 181,85 Euro. Zusätzlich zu den genannten Leistungen kann Wohngeld bewilligt werden.

Großbritannien

Anspruch auf Arbeitslosengeld haben in Großbritannien alle Personen, die zwei Jahre versicherungspflichtig beschäftigt waren. Sie erhalten dann für 182 Tage eine Unterstützung von 65,45 GBP (79 Euro) pro Woche. Bei 16- bis 25-Jährigen verringert sich die Leistung auf 51,85 GBP (63 Euro) pro Woche. Alle erwerbsfähigen Personen ohne Anspruch auf Arbeitslosengeld können eine einkommensabhängige Arbeitslosenhilfe beantragen. Hierbei wird neben dem eigenen Einkommen das des Partners oder der Familie berücksichtigt. Daher erhalten Erwerbslose, die mit einem Partner zusammenleben, der durchschnittlich mehr als 24 Stunden pro Woche berufstätig ist, in der Regel keine Arbeitslosenhilfe. Die maximalen Grundbeträge für Alleinstehende entsprechen denen für das beitragsabhängige Arbeitslosengeld (65,45 bzw. 51,85 GBP pro Woche), wobei für Alleinerziehende die Altersgrenze für die höheren Beträge bei 18 Jahren liegt. Ein Paar (beide über 18 Jahre) erhält 102,75 GBP (125 Euro) pro Woche. Personen zwischen 16 und 59 Jahren, die nicht vollzeiterwerbsfähig oder behindert sind, und deren Vermögen maximal 16.000 GBP (19.413 Euro) beträgt, kann eine bedürftigkeitsabhängige Einkommensbeihilfe gewährt werden. Zusätzlich können sie Wohngeld erhalten.

Schweiz

Um in der Schweiz ein Arbeitslosengeld zu beziehen, muss man in den zwei Jahren vor der Erwerbslosigkeit wenigstens zwölf Monate versicherungspflichtig gearbeitet haben. Die Leistungen umfassen dann 80 Prozent des vorherigen Einkommens für Personen, die gegenüber Kindern unterhaltspflichtig sind, und 70 Prozent für Personen ohne Kinder. Die Bezugsdauer für das Arbeitslosengeld beträgt 400 Tage, bei über 55-Jährigen steigt sie auf 520 Tage. Personen, die ihren maximalen Anspruch auf die Arbeitslosenversicherung des Bundes überschritten haben oder die Bedingungen der Arbeitslosenversicherung nicht erfüllen, können kantonsabhängig eine Arbeitslosenhilfe erhalten. Die Kantone und Gemeinden sind selbst für die Maßnahmen gegen Langzeitarbeitslosigkeit verantwortlich, daher bestehen hier große kantonale Unterschiede. Auch die Mindestsicherung in Form von Sozialhilfe fällt in die Zuständigkeit der 26 Kantone. Sie orientieren sich teilweise an den Richtlinien der Schweizerischen Konferenz für Sozialhilfe.

Diese empfehlen einen Grundbetrag je nach Haushaltsgröße zwischen 960 CHF (706 Euro) für eine Person und 2.054 CHF (1.510 Euro) für vier Personen.

Deutschland

Das Arbeitslosengeld I (ALG I) wird in Deutschland allen gezahlt, die zwölf Monate sozialversicherungspflichtig beschäftigt waren. Sie erhalten für sechs Monate ALG I. Der Anspruch verlängert sich auf maximal zwölf Monate, wenn sie mindestens 24 Monate gearbeitet haben. Bei über 50-Jährigen steigt die Bezugsdauer weiter. Das ALG I umfasst 60 Prozent des Nettoeinkommens der letzten zwölf Monate. Hat die Person ein Kind, werden 67 Prozent gezahlt. Nach dem Bezug von ALG I können Arbeitslose einen Antrag auf Arbeitslosengeld II (ALG II) stellen. ALG II bekommen außerdem erwerbsfähige Personen zwischen 15 und 65 Jahren, die keinen ALG I-Anspruch haben, aber auf finanzielle Unterstützung angewiesen sind. Das Einkommen innerhalb der Bedarfsgemeinschaft, die aus Partner und im Haushalt lebenden Kindern besteht, wird hierbei berücksichtigt, so auch das Kindergeld. Die pauschale Leistung des ALG II liegt bei 359 Euro für Alleinstehende und Alleinerziehende, 323 Euro für Partner, 287 Euro für 14-jährige Kinder und 18- bis unter 25-Jährige, die noch bei ihren Eltern wohnen, 251 Euro für 6- bis 13-jährige Kinder und 215 Euro für bis 5-jährige Kinder. Alleinerziehende erhalten je nach Zahl und Alter der Kinder einen Zuschlag zum Pauschalbetrag. Zusätzlich besteht Anspruch auf Leistungen für Wohn- und Heizungskosten. Personen, die nicht (mehr) erwerbsfähig sind, können eine Sozialhilfe beziehen. Alle ohne Anspruch auf ALG II und mit geringem Einkommen können Wohngeld beantragen.

2. Elternzeit, Elterngeld und Kindergeld

Wenn Eltern zur Betreuung ihrer Kinder ihre Erwerbstätigkeit unterbrechen, treffen sie in den untersuchten Ländern auf unterschiedliche Regelungen zum Mutterschaftsurlaub, zur Elternzeit und zu finanziellen Hilfen bei der Versorgung ihrer Kinder.

Finnland

Der Rechtsanspruch auf Elternzeit erstreckt sich in Finnland auf die ersten drei Lebensjahre des Kindes. Davon werden 263 Arbeitstage bezahlt. Allen Frauen steht ein Mutterschaftsurlaub von 30 Tagen vor und 105 Tagen nach der Geburt ihres Kindes zu. In dieser Zeit beziehen sie Mutterschaftsgeld, das in den ersten 56 Tagen bis zu 90 Prozent des vorherigen Einkommens beträgt und danach bis zu 70 Prozent. Die Männer erhalten zur Geburt ihres Kindes 18 Tage Vaterschaftsurlaub und einen Lohnausgleich bis zu 75 Prozent ihres Einkommens. Die verbleibenden 158 Arbeitstage bezahlter Elternzeit können sich beide teilen, wobei jedem Elternteil maximal zwei Abschnitte über mindestens zwölf Tage zustehen. Nehmen die Väter die letzten zwölf Tage der Elternzeit, bekommen sie weitere zwölf Tage frei. Sie werden mit einem Elterngeld unterstützt, das im ersten Monat 75 Prozent des vorherigen Erwerbseinkommens umfasst, die Obergrenze liegt bei 2.800 Euro. Die restliche Zeit beträgt das Elterngeld bis zu 70 Prozent des Erwerbseinkommens. Direkt im Anschluss können Familien mit einem Kind unter drei Jahren Betreuungsgeld erhalten, wenn sie ihr Kind zu Hause versorgen (lassen). Es setzt sich aus einem Regelsatz und einem vom Haushaltseinkommen abhängigen Zuschlag zusammen. Einige Kommunen bezahlen zusätzlich einen Aufschlag. Außerdem steht den Eltern ein »partieller Betreuungsurlaub« zu, wenn ihr Kind unter drei Jahren ist oder die 1. und 2. Klasse besucht. Der betreuende Elternteil reduziert seine Arbeitszeit auf weniger als 30 Wochenstunden, kümmert sich um das Kind und bezieht eine Familienbetreuungszulage. Bis zur Vollendung des 17. Lebensjahrs ihres Kindes wird den Eltern ein Kindergeld gezahlt. Es steigt mit der Anzahl der Kinder. Jugendliche und junge Erwachsene ab 17 Jahren erhalten ein Studien- und Wohngeld in Höhe von maximal 500 Euro pro Monat, wenn sie sich in Ausbildung oder Studium befinden. Alleinerziehende werden mit einem zusätzlichen monatlichen Betrag pro Kind unterstützt. Im Krankheitsfall des Kindes können die Eltern bis zu vier Tage Urlaub im Jahr nehmen, wobei der Arbeitgeber nicht verpflichtet ist, den Lohn in der Zeit weiterzuzahlen.

Schweden

Alle Mütter und Väter erhalten in Schweden unabhängig vom Erwerbsstatus eine unbezahlte Elternzeit, bis ihr Kind anderthalb Jahr alt ist. Doch berufstätige Eltern werden mit bestimmten finanziellen Leistungen unterstützt. So hat jede Arbeitnehmerin das Recht, sieben Wochen vor und sieben Wochen nach der Geburt ihres Kindes in Mutterschaftsurlaub zu gehen, wobei diese Zeit auf den bezahlten Elternurlaub angerechnet wird. Gesetzlich gesichert sind auch die sogenannten »Pappadagar«: Väter bekommen nach der Geburt ihres Kindes zehn Tage Urlaub. Insgesamt steht den erwerbstätigen Eltern ein bezahlter Elternurlaub von 480 Tagen zu, er kann bis zum achten Lebensjahr des Kindes genommen werden. In den ersten 390 Tagen beträgt das Elterngeld 80 Prozent des letzten Einkommens, jedoch maximal 901 SEK (94 Euro) täglich. Danach wird ein Grundbetrag von 180 SEK (19 Euro) täglich gezahlt. Wird ein weiteres Kind innerhalb von 30 Monaten nach der Geburt eines Kindes geboren, berechnet sich das Elterngeld auf der Basis des Einkommens vor Geburt des zuerst geborenen Kindes. Damit soll verhindert werden, dass sich das Elterngeld etwa durch eine Teilzeitbeschäftigung reduziert. Denn jeweils 60 Tage des bezahlten Elternurlaubs sind zwar für die Mutter und den Vater reserviert. Doch die restliche Zeit können beide gemeinsam beanspruchen und nach Belieben untereinander aufteilen. Nehmen sie gleich oder annähernd gleich viele Tage des Elternurlaubs, wird ihnen ein Gleichberechtigungsbonus bewilligt, vorausgesetzt, der eine Elternteil ist erwerbstätig, während der andere das Kind betreut. Im Anschluss an die bezahlte Elternzeit wird ihnen ein kommunales Betreuungsgeld in Form eines steuerfreien Beitrags gewährt, wenn ihr bis zu dreijähriges Kind keinen öffentlichen Kindergarten besucht, sondern beispielsweise zu Hause von einer Tagesmutter betreut wird. Außerdem steht ihnen Kindergeld zu, das mit der Anzahl der Kinder steigt. Die Altersgrenze liegt bei 16 Jahren. Für Jugendliche bis zu 20 Jahren, die auf weiterführende Schulen gehen, wird ein Schulgeld gezahlt. Erkrankt das Kind oder der betreuende Elternteil, kann eine zeitweilige Elternzeit von 60 Tagen pro Jahr und Kind unter zwölf Jahren genommen werden. Für diese Zeit wird das vorherige Einkommen zu 80

Prozent ausgeglichen. Im Krankheitsfall des Kindes lässt sich der Anspruch um weitere 60 Tage verlängern.

Dänemark

Frauen in Dänemark haben Anspruch auf 18 Wochen bezahlten Mutterschaftsurlaub, der sich aus vier Wochen vor und 14 Wochen nach der Geburt zusammensetzt. Vätern steht ein bezahlter Vaterschaftsurlaub von zwei Wochen zu. Im Anschluss erhalten beide Elternteile für 32 Wochen Elternurlaub, den sie zusammen nehmen oder nach Belieben untereinander aufteilen können. Die Elternzeit lässt sich auf bis zu 46 Wochen verlängern, sie gilt bis zum neunten Geburtstag des Kindes. Finanziell unterstützt werden alle Mütter und Väter, mit Ausnahme von Arbeitslosen, die nicht freiwillig in die Arbeitslosenversicherung eingezahlt haben, mit einem Elterngeld. Dessen Höhe orientiert sich am vorherigen Erwerbseinkommen und errechnet sich aus dem Stundenlohn sowie der wöchentlichen Stundenzahl, beträgt jedoch maximal 3.760 DKK (505 Euro) in der Woche. Parallel zum Bezug von Elterngeld können die Mütter und Väter bis zu 80 Prozent der vollen Arbeitszeit erwerbstätig sein. Möchten sie ihre Kinder im Alter von 24 Wochen bis sechs Jahren zu Hause betreuen, erhalten sie ein Jahr lang Betreuungsgeld in Höhe von maximal 85 Prozent der Kosten für eine öffentliche Kindertagesstätte. Außerdem steht ihnen Kindergeld zu. Der Betrag ist für bis zu zweijährige Kinder am höchsten und nimmt dann mit dem Alter des Kindes ab. Das Kindergeld wird bis zur Vollendung des 18. Lebensjahrs des Kindes gezahlt. Bei Alleinerziehenden wird das monatliche Kindergeld um eine Sonderzahlung ergänzt. Für den Krankheitsfall des Kindes bestehen keine gesetzlichen Regelungen. Tarifverträge im öffentlichen Dienst sehen hier für beide Elternteile zehn Tage Urlaub im Jahr vor.

Frankreich

Anspruch auf Elternzeit besteht in Frankreich für 36 Monate, vorausgesetzt, der betreuende Elternteil war mindestens ein Jahr bei einem Arbeitgeber beschäftigt. Frauen erhalten für sechs Wochen vor und zehn Wochen nach der Geburt ihres Kindes einen Mutterschaftsurlaub. Der Vaterschaftsurlaub beträgt elf Tage. Finanziell unterstützt werden die Eltern in dieser Zeit durch verschiedene Leistungen: Bis zum dritten Geburtstag ihres Kindes beziehen sie eine monatliche Grundbeihilfe in Höhe von 177,95 Euro, sofern das Familieneinkommen eine festgelegte Höchstgrenze nicht überschreitet. Gibt ein Elternteil seine Erwerbstätigkeit vollständig oder teilweise auf, die er in einer bestimmten Referenzzeit vor der Geburt des Kindes ausgeübt hat, steht ihm ein Erziehungsgeld zu. Es wird beim ersten Kind sechs Monate und ab dem zweiten Kind drei Jahre lang gezahlt. Ab dem dritten Kind ist es auch möglich, die Bezugsdauer des Erziehungsgeldes auf zwölf Monate zu verkürzen und dafür in dieser Zeit eine höhere Leistung zu erhalten. In diesem Jahr muss die Erwerbstätigkeit allerdings vollständig unterbrochen werden. Sind die Eltern berufstätig und lassen ihr Kleinkind von einer staatlich anerkannten Tagesmutter versorgen, steht ihnen eine einkommensabhängige Betreuungszulage zu. Für ein Kind von drei bis unter sechs Jahren wird ein reduzierter Betrag geleistet. Ein Kindergeld wird ab dem zweiten Kind gezahlt und bis zu dessen 18. Lebensjahr. Befindet es sich dann im Studium, liegt die Altersgrenze bei 21 Jahren. Die Höhe des Kindergeldes steigt mit der Anzahl der Kinder. Alleinerziehende werden mit einem zusätzlichen Betrag unterstützt.

Großbritannien

Frauen in Großbritannien haben Anspruch auf 26 Wochen Mutterschaftsurlaub und, sofern sie zuvor mindestens 26 Wochen erwerbstätig waren, auf weitere 26 Wochen Mutterschaftsurlaub. Den Männern steht ein bezahlter Vaterschaftsurlaub von zwei Wochen zu, wenn sie zuvor mindestens 26 Wochen erwerbstätig waren. Zusätzlich kann jeder Elternteil für jedes Kind bis zu dessen fünftem Geburtstag 13 Wochen unbezahlte Elternzeit nehmen, wenn sie mindestens ein Jahr bei ihrem aktuellen Arbeitsgeber beschäftigt waren. Dabei stehen ihnen jeweils maximal vier Wochen der Elternzeit pro Jahr zu, dieses Anrecht ist nicht auf den Partner oder die Partnerin übertragbar. Während ihres Mutterschaftsurlaubs erhalten die Frauen für 39 Wochen das Gesetzliche Mutterschaftsgeld in Höhe von 90 Prozent ihres vorherigen Einkommens. In den ersten sechs Wochen ohne Obergrenze, danach werden maximal 123 GBP (149 Euro) pro Woche gezahlt. Das Mutterschaftsgeld wird vom Arbeitgeber geleistet. Die Frau muss bei ihm bis zur 15. Woche vor der Entbindung insgesamt 26 Wochen ununterbrochen beschäftigt gewesen sein und ein wöchentliches Einkommen von mindestens 95 GBP (115 Euro) bezogen haben. Sind diese Voraussetzungen nicht erfüllt, erhalten die Frauen eine Mutterschaftsbeihilfe. Dafür müssen sie in den 66 Wochen vor der Entbindung mindestens 26 Wochen abhängig oder selbstständig erwerbstätig gewesen sein und durchschnittlich mindestens 30 GBP (36 Euro) in der Woche verdient haben. Dann steht ihnen während des Mutterschutzurlaubs ein wöchentlicher Betrag von 90 Prozent ihres durchschnittlichen Einkommens, jedoch höchstens 123 GBP (149 Euro) zu. Das Vaterschaftsgeld beträgt ebenfalls maximal 90 Prozent des Einkommens. Über diese gesetzlichen Regelungen hinaus existieren zum Teil betriebliche Vereinbarungen zur Elternzeit und zum Elterngeld. Zusätzlich wird allen Eltern bis zum 15. Geburtstag ihres Kindes ein Kindergeld bewilligt. Es wird ab dem ersten Kind gezahlt, allerdings für das zweite und alle weiteren Kinder ein konstanter, geringerer Betrag. Bei Krankheit eines Kindes können die Eltern unbezahlten Urlaub nehmen.

Schweiz

Gesetzliche Regelungen zu einem Elternurlaub oder Elterngeld bestehen in der Schweiz nicht auf Bundesebene. Daraus ergeben sich 26 unterschiedliche kantonale Gesetzgebungen zu Kinder- und Familienzulagen. Der Mutterschaftsurlaub dagegen ist als obligatorische Leistung durch die Mutterschaftsversicherung einheitlich garantiert. Arbeitnehmerinnen und Selbstständige erhalten während der ersten 14 Wochen nach der Geburt ihres Kindes einen Lohnausgleich in Höhe von 80 Prozent ihres letzten Einkommens, maximal 172 CHF (126 Euro) täglich. Ein Vaterschaftsurlaub zur Geburt des Kindes ist nicht gesetzlich geregelt, Arbeitgeber sind jedoch angehalten, den Vätern in diesem Falle Urlaub einzuräumen. Zehn Kantone bieten über die Mutterschaftsversicherung hinausgehende Leistungen für Eltern an, die ihre Kinder selbst betreuen möchten. Sie werden zwischen sechs und 24 Monaten mit einer Beihilfe unterstützt. Für Kinder bis zum 16. Lebensjahr wird kantonübergreifend eine Kinderzulage von mindestens 200 CHF (147 Euro) gezahlt, die dann bis zum 25. Lebensjahr des Kindes als Ausbildungszulage von 250 CHF (184 Euro) weitergeführt wird. Die Höhe dieser beiden Mindestzulagen variiert in jedem Kanton nach Anzahl und Alter der Kinder. Landwirtschaftliche Arbeitnehmer und selbstständige Landwirte erhalten im Talgebiet die Mindestzulage und im Berggebiet 20 CHF (15 Euro) mehr.

Deutschland

In Deutschland besteht ein Rechtsanspruch auf (teilweise unbezahlte) Elternzeit für die ersten drei Lebensjahre des Kindes. Mit Zustimmung des Arbeitgebers können bis zu zwölf Monate der Elternzeit auch bis zum achten Geburtstag genommen werden. Sechs Wochen vor und acht Wochen nach der Geburt des Kindes erhält die Mutter bezahlten Urlaub, der auf die Elternzeit angerechnet wird. Alle Eltern beziehen für die ersten zwölf Lebensmonate ihres Kindes ein Elterngeld in Höhe von 67 Prozent ihres letzten Nettoeinkommens, jedoch maximal 1.800 Euro monatlich. Teilen sich die Eltern die Betreuung des Kindes und nimmt auch der andere Partner mindestens zwei Monate der Elternzeit, erhöht sich diese auf 14 Monate. Das Elterngeld kann auf Antrag auch in hälftigen Monatsbeiträgen erstattet werden, dadurch verlängert sich der Auszahlungszeitraum auf 24 oder 28 Monate. Während der bezahlten Elternzeit darf eine Teilzeitbeschäftigung von maximal 30 Wochenstunden ausgeübt werden. Außerdem steht den Eltern, bis ihr Kind das 18. Lebensjahr erreicht hat, ein Kindergeld zu. Befindet sich das Kind danach noch in einer Ausbildung, liegt die Altersgrenze bei 25 Jahren. Die Höhe des Betrages steigt mit der Anzahl der Kinder. Wird ihr Kind krank, haben die Eltern Anspruch auf bezahlte Freistellung von ihrer Beschäftigung für zehn Arbeitstage pro Elternteil und Kind im Jahr, allerdings maximal 25 Arbeitstage insgesamt bei mehr als zwei Kindern.

3. Kinderbetreuung

Zwischen den untersuchten europäischen Ländern bestehen auffallende Unterschiede im Betreuungsangebot für Kinder, bei der Verteilung der Betreuungsmöglichkeiten auf öffentliche und private Träger und bei den bereitgestellten Fördermaßnahmen.

Finnland

Kindern zwischen zehn Monaten und sechs Jahren steht in Finnland seit 1996 unabhängig vom Erwerbsstatus der Eltern ein von der Kommune finanzierter Betreuungsplatz zu, der innerhalb von vier Monaten nach Beantragung durch die Eltern vorhanden sein muss. Außerdem unterstützt die Familienpolitik mit einem *Cash for Care*-System Eltern finanziell, die ihre Kinder innerhalb der Familie betreuen möchten. Die öffentliche Kinderbetreuung wird von den Kommunen organisiert und besteht aus Tagespflegepersonen, Kinderkrippen und Kindergärten, die Ganztags- und Teilzeitplätze bereithalten. Alternativen zur öffentlichen Betreuung werden von verschiedenen privaten Trägern, Kirchengemeinden und Organisationen angeboten, die von den Kommunen beaufsichtigt werden. Die öffentliche Betreuung wird finanziert durch den Staat, die Kommune und einkommensabhängige Beiträge der Familie, die sich aus dem Gesamteinkommen und der Anzahl der Familienmitglieder errechnen. Der Mindestbeitrag beträgt monatlich 23 Euro pro Kind, die Obergrenze liegt bei 254 Euro für das jüngste Kind und 229 Euro für das nächste Kind. Für weitere Kinder werden 20 Prozent des Beitrages des jüngsten Kindes fällig.

Schweden

Seit 1995 sind die Kommunen in Schweden dazu verpflichtet, für jedes Kind zwischen dem ersten und sechsten Lebensjahr eine öffentliche Betreuungsmöglichkeit zur Verfügung zu stellen, sofern die Eltern erwerbstätig sind oder studieren. Ebenso erhält jedes Kind einen Vorschulplatz, die Schulkinder werden nachmittags im Freizeitheim betreut. Das Angebot wird im Wesentlichen von öffentlichen Einrichtungen bereitgestellt, private Träger, Elterninitiativen und Familienbetreuung ergänzen es eher. Die Elternbeiträge bei öffentlicher Kinderbetreuung legen die Kommunen fest, wobei sie sich an einer unverbindlichen Vorgabe der schwedischen Regierung (die sogenannte »Maxtaxa«) orientieren. Danach sind für das erste Kind 3 Prozent des Einkommens, für das zweite Kind 2 Prozent und für das dritte Kind 1 Prozent zu zahlen. Die Maximalbeträge werden jährlich neu festgelegt. Um Kinder arbeitsloser Eltern nicht übermäßig zu benachteiligen, haben sie im Alter von ein bis drei Jahren das Recht auf 525 Stunden kostenlose Betreuung pro Jahr, also etwa 15 Stunden wöchentlich. Diese Regelung gilt für Kinder von drei bis fünf Jahren unabhängig vom Erwerbsstatus der Eltern. Die Kosten für den Besuch der Vorschule trägt generell der Staat.

Dänemark

Dänemark verfügt über eine gut ausgebaute, öffentliche Betreuungslandschaft, die sich aus Tagespflegepersonen, Kinderkrippen und Kindertagesstätten zusammensetzt. Die Betreuung ist kommunal organisiert, folgt aber staatlichen Regelungen: So soll für jedes Kind im Alter von 26 Wochen bis zum Schulbeginn ein Betreuungsplatz bereitgestellt werden. Meist handelt es sich um eine ganztägige Betreuung, obwohl hierzu keine Verpflichtung besteht. Die Kommunen können den Bedarf auch durch Verträge mit privaten Anbietern decken. So hütet eine Tagespflegeperson maximal fünf Kinder im Alter von unter drei Jahren. Die Krippen sorgen hauptsächlich für Kinder bis zum Alter von zwei Jahren, während Kindertagesstätten sich um die Dreijährigen bis zu ihrem Schulanfang kümmern. In vielen Einrichtungen bestehen aber auch Gruppen für jüngere und ältere Kinder. Schulkinder können vor und nach dem Unterricht in Horten versorgt werden. Die Kinderbetreuung wird öffentlich finanziert, Elternbeiträge sind einkommensabhängig und variieren kommunal. Mindestens 75 Prozent der Kosten für den Betreuungsplatz von Vorschulkindern übernimmt die Kommune, bei Schulkindern mindestens 70 Prozent. In bestimmten Regionen und bei einem sehr niedrigen Haushaltseinkommen trägt die Kommune sogar die kompletten Kosten.

Frankreich

Eine Besonderheit der französischen Betreuungsinfrastruktur ist die Variationsbreite an Fördermaßnahmen, die sowohl familienähnliche Betreuungsformen als auch öffentliche Angebote unterstützen. Kinder unter drei Jahren können eine kommunal organisierte Kinderkrippe besuchen, wobei hierauf kein Rechtsanspruch besteht, oder von Tagespflegepersonen betreut werden. Die Tagespflegepersonen sind hauptsächlich durch die Gemeinden vermittelte, lizenzierte private Anbieter, die von den Eltern angestellt werden. Sie versorgen die Kinder im eigenen Haushalt oder direkt bei der Familie. Auch elternorganisierte Krippen werden öffentlich gefördert. Kinder im Alter von drei bis sechs Jahren gehen in die ganztägige Vorschule, hierauf besteht ein Rechtsanspruch. Die Kinder werden jeweils in Gruppen ihrer Altersklasse betreut. Die Kosten trägt vollständig die öffentliche Hand. An den Betreuungskosten für unter Dreijährige dagegen beteiligen sich die Arbeitgeber mit bis zu 25 Prozent, indem sie Beiträge an die Familienkassen *(Caisses d'allocations familiales, CAF)* entrichten. Die Eltern zahlen 23 bis 28 Prozent der Kosten, der verbleibende Anteil verteilt sich auf die verschiedenen staatlichen Ebenen. Außerdem existieren staatliche Beihilfen für die Beschäftigung von Tagesmüttern.

Großbritannien

Da eine nationale Betreuungspolitik im vorschulischen Bereich in Großbritannien fehlt, sind die außerfamiliären Betreuungsangebote für Kinder unter drei Jahren gering und werden hauptsächlich von privaten Anbietern, wie Tageseltern, privaten Krippen und Spielgruppen, getragen. Durch verschiedene Reformen wurde der Wettbewerb zwischen den öffentlichen und privaten Trägern gefördert, Effizienz- und Kostenaspekte rückten in den Mittelpunkt. So bestehen heute einige der besten Einrichtungen für Kleinkinder und einige der schlechtesten nebeneinander. Für alle drei- und vierjährigen Kinder ist eine Teilzeitbetreuung in *reception classes* oder *nursery classes* garantiert, in denen sie auf die Grundschule vorbereitet werden. Der Anspruch besteht für jeweils 15 Stunden in insgesamt 38 Wochen im Jahr. Ab 2010 sollen in jeder Kommune die *Sure Start Children's Centres* eingerichtet werden, die Betreuungsmöglichkeiten für unter Fünfjährige anbieten und wochentags von 8 bis 18 Uhr geöffnet sind, manche auch am Wochenende.

Schulkinder zwischen fünf und sieben Jahren können *Out-of School Clubs* besuchen oder sogenannte *Extended Services*, die ab 2010 an allen Schulen eine Ganztagsbetreuung ermöglichen sollen. Die Kosten hierfür müssen jedoch von den Eltern übernommen werden. Im Rahmen des Steuerabsetzbetrags *(Working Tax Credit)* für Personen mit niedrigem Einkommen kann Hilfe zur Kinderbetreuung gewährt werden. Diese kann bis zu 80 Prozent der Betreuungskosten oder maximal 140 GBP (170 Euro) pro Woche für ein Kind und 240 GBP (291 Euro) für zwei oder mehr Kinder betragen.

Schweiz

Die kantonalen Unterschiede in der Betreuungsinfrastruktur der Schweiz sind gravierend. Generell verlegt sich die familienergänzende Kinderbetreuung auf Verwandte, Tagespflegepersonen, Kinderkrippen und Kindertagesstätten. Öffentliche Kinderbetreuung gibt es kaum. Die Nachfrage übersteigt die vorhandenen Plätze bei weitem, zumal kantonübergreifend die Betreuungszeiten maximal auf Halbtagsniveau sind. Seit 2003 wird mit einem »Impulsprogramm für familienergänzende Kinderbetreuung« versucht, die öffentliche Kinderbetreuung auszuweiten. Bis 2008 wurden zusätzlich 551 Kindergärten und 468 schulergänzende Einrichtungen geschaffen. Ein Rechtsanspruch auf öffentliche Kinderbetreuung besteht in der Schweiz auf nationaler Ebene nicht. Allerdings verpflichten 15 der insgesamt 26 Kantone ihre Gemeinden zwei Kindergartenjahre anzubieten, in einigen Kantonen ist die Vorschule obligatorisch, die Kinder ab dem vierten Lebensjahr besuchen. Die durchschnittlichen Betreuungskosten in öffentlichen Einrichtungen liegen bei 400 bis 500 CHF (294 bis 368 Euro) im Monat. Weder auf kantonaler noch auf Bundesebene bestehen gesetzliche Regelungen bezüglich Beihilfen zur Kinderbetreuung.

Deutschland

Seit 1996 besteht in Deutschland für Kinder ab drei Jahren ein Rechtsanspruch auf einen Kindergartenplatz, allerdings lediglich als Halbtagsbetreuung. Dieses Angebot ist mit Kindertagesstätten und Tagespflegepersonen gut ausgebaut. Doch es fehlen besonders in den alten Bundesländern Ganztages- und zeitlich flexible Plätze. Auch die Betreuungssituation für unter Dreijährige unterscheidet sich noch immer stark: So können in den alten Bundesländern 15 Prozent der Kinder in dieser Altersgruppe außerfamiliär betreut werden, in den neuen Bundesländern sind es 46 Prozent. Für Schulkinder, die größtenteils keine Ganztagsschule besuchen, stehen ebenfalls zu wenige Hortplätze zur Verfügung. Die Kosten für öffentliche Kindertagesstätten und Tagespflegepersonen variieren kommunal. Je nach Einkommenssituation und Kinderzahl können die Eltern durch das Jugendamt Zuschüsse bis zu einer vollständigen Kostenübernahme erhalten. Außerdem zahlen sie für Geschwisterkinder teilweise geringere Beiträge. In einigen Bundesländern (Berlin, Hamburg, Hessen, Niedersachsen, Rheinland-Pfalz, Saarland, Schleswig-Holstein) erfolgt die öffentliche Kinderbetreuung im Vorschuljahr gebührenfrei. In Sachsen-Anhalt besteht ein Rechtsanspruch auf einen Betreuungsplatz ab Geburt. Anspruch auf einen Ganztagsplatz haben Eltern, die erwerbstätig sind, an einer Aus- oder Weiterbildung beziehungsweise einer Maßnahme der Arbeitsförderung teilnehmen. Thüringen führt einen Rechtsanspruch auf einen Betreuungsplatz für ein Kind ab einem Jahr zum 1. August 2010 ein. Dieser gilt für 10 Stunden Betreuungszeit montags bis freitags. Bisher galt der Rechtsanspruch ab zwei Jahren. Rheinland-Pfalz führt einen Rechtsanspruch ab zwei Jahren zum 1. August 2010 ein. Die Betreuungsplätze sind in Rheinland-Pfalz für die Eltern kostenfrei. Der Rechtsanspruch besteht für vor- und nachmittags. Eine Betreuung über Mittag mit Mittagessen soll ermöglicht werden.

4. Die Systeme der Einkommensbesteuerung

Die Steuersysteme der jeweiligen Länder nutzen unterschiedliche Instrumente, um bestimmte Erwerbskonstellationen, meist innerhalb von Ehen, zu fördern.

Finnland

In Finnland ist das Einkommenssteuersystem vollständig individualisiert, es bestehen keine extra Regelungen für verheiratete Paare oder Familien. Individualisiert sind auch die Steuerfreibeträge. Es werden keine Anreize in Richtung eines Allein- oder Zuverdienermodells gegeben. Die Einkommensbesteuerung setzt sich aus einem progressiven staatlichen und einem konstanten kommunalen Anteil zusammen. Aufgrund der hohen Steuerabgaben benötigen Familien meist ein zweites Einkommen für den Lebensunterhalt. Niedrigverdiener können eine Einkommenssteuergutschrift geltend machen. Außerdem sind haushaltsnahe Dienstleistungen teilweise steuerlich absetzbar.

Schweden

Da die schwedische Politik eine gleichberechtigte Arbeitsmarktbeteiligung fördern möchte, ist auch das Steuersystem konsequent auf individualisierte Erwerbsmuster unabhängig vom Familienstand ausgerichtet. Es bietet keine Anreize für Alleinverdienermodelle. Auch hier macht die individuelle und hohe direkte Besteuerung ein zweites Einkommen für Familien sogar erforderlich, um die Haushaltskosten zu decken. Die Einkommensbesteuerung ist zweiteilig aufgebaut und besteht aus der staatlichen progressiven Steuer in zwei Stufen und einer einkommensunabhängigen Kommunalsteuer, die regional variiert.

Dänemark

Das dänische Steuersystem basiert auf einer progressiven staatlichen Einkommenssteuer und einer Kommunalsteuer. Es bevorzugt grundsätzlich verheiratete Paare und eingetragene Lebenspartnerschaften. Die Partner versteuern ihr Einkommen zwar individuell, doch werden ihnen Steuererleichterungen gewährt, die anderen Haushaltskonstellationen nicht zustehen. Solange keiner von beiden in die oberste Steuerkategorie gehört, können die Partner nicht genutzte Freibeträge und Steuervergünstigungen auf ihren Mann oder ihre Frau übertragen. Diese Regelung begünstigt Erwerbsarrangements, in denen ein Partner wenig oder gar nichts verdient. Allerdings spricht die individuelle und hohe direkte Besteuerung auch deutlich gegen Alleinverdienerhaushalte. Damit Familien mit einem ausreichenden Budget ausgestattet sind, bedarf es in der Regel des zweiten Einkommens.

Frankreich

Das französische Steuersystem sieht eine Ehegattenbesteuerung in Form eines Familiensplittings vor. Seit 1996 werden alle Paare mit Kindern und seit 1999 auch eingetragene Lebenspartnerschaften gemeinsam steuerlich veranlagt. Das Familieneinkommen wird durch die Anzahl der Familienangehörigen geteilt. Dieser Betrag wiederum wird einer der fünf steuerlichen Progressionsstufen zugeordnet, der entsprechende Steuersatz angewendet und mit der Anzahl der Familienmitglieder (mit unterschiedlichen Quotienten) multipliziert. Durch dieses Verfahren kann das zu versteuernde Einkommen auf eine niedrigere Progressionsstufe rutschen. Umgekehrt kann durch die Steuerprogression ein weiteres oder erhöhtes Einkommen zu einem erhöhten Steuersatz führen. Da das gemeinsame Einkommen jedoch auch auf die Kinder verteilt wird, passiert dies selten. Insofern werden alle Haushaltskonstellationen mit Kindern steuerlich begünstigt. Zusätzlich können verschiedene Freibeträge und Kinderbetreuungskosten steuerlich geltend gemacht werden. Das Familiensplitting hat in Frankreich dazu geführt, dass weniger als die Hälfte der Bevölkerung Einkommenssteuer zahlt und diese insgesamt niedrig ausfällt.

Großbritannien

Im britischen Steuersystem werden die Einkommen von Individuen mit einer zweistufigen Progression besteuert, die bewirkt, dass höhere Einkommen stärker veranlagt werden. Die Steuerzahler können einen einheitlichen Freibetrag geltend machen, doch es werden keine Anreize für ein Allein- oder Zuverdienermodell geboten. Im Vergleich zu den skandinavischen Ländern fällt die Abgabenbelastung in Großbritannien aber deutlich geringer aus, daher ist ein zweites Einkommen nicht so dringend notwendig. Darüber hinaus bietet das britische Steuersystem sogenannte *cash-benefits* an, worunter beispielsweise der *Child Tax Credit* und *Working Tax Credit* fallen. Gebunden an Einkommensgrenzen und an die Zahl der Kinder profitieren vor allem Haushalte mit niedrigen Einkommen von diesen Leistungen und ganz besonders Alleinerziehende.

Schweiz

Die Einkommensbesteuerung der Schweiz besteht aus Gemeindesteuer, kantonaler Steuer und direkter Bundessteuer. Die Höhe der Steuern auf Kanton- und Gemeindeebene legt jeder Kanton und jede Gemeinde mit Hilfe von steigenden Grenzsteuersätzen selbst fest. Zur Berechnung der zu zahlenden Bundes- und kantonalen Steuer werden die Einkommen eines Ehepaares wie beim Splittingverfahren addiert, anschließend allerdings als wirtschaftliche Einheit behandelt und mit den progressiv steigenden Steuersätzen besteuert. Für Doppelverdienerpaare wird diese Regelung daher als Heiratsstrafe bezeichnet, da nicht verheiratete Paare mit zwei Einkommen individuell besteuert werden und somit weniger Steuern zahlen. Das Steuersystem begünstigt also innerhalb der Ehe deutlich das Alleinverdiener- oder Zuverdienermodell. Diese Regelungen gelten unabhängig davon, ob Kinder im Haushalt leben. Die direkten Einkommenssteuern fallen in der Schweiz insgesamt deutlich geringer aus als in den anderen analysierten Ländern.

Deutschland

Das deutsche Steuersystem sieht ein Ehegattensplitting vor, bei dem die Einkommen der Ehepartner addiert und anschließend halbiert werden. Aufgrund der Steuerprogression wird somit die Alleinverdienerehe oder geringfügiger Zuverdienst gegenüber allen nichtehelichen Lebensgemeinschaften und gegenüber Doppelverdienerehen steuerlich bevorzugt. Das Einkommen wird abzüglich eines einheitlichen Freibetrages besteuert. Steuerlich abgesetzt werden kann außerdem ein Teil der Kinderbetreuungskosten und Ausgaben für Personen, die in Privathaushalten Kinder betreuen oder Haushaltstätigkeiten im Rahmen eines Minijobs oder einer sozialversicherungspflichtigen Beschäftigung ausüben.

Nützliche Web-Adressen zum Thema Wiedereinstieg

Mit dem Lotsenportal »Perspektive Wiedereinstieg« werden Frauen unterstützt, die nach einer mehrjährigen Familienphase in das Berufsleben zurückkehren möchten. Das Lotsenportal ist Teil des Aktionsprogramms »Perspektive Wiedereinstieg«, das vom Bundesministerium für Familie, Senioren, Frauen und Jugend gemeinsam mit der Bundesagentur für Arbeit angeboten wird.
www.perspektive-wiedereinstieg.de/

Mit der Landesinitiative »Netzwerk W« fördert das Ministerium für Generationen, Familie, Frauen und Integration des Landes Nordrhein-Westfalen regionale Zusammenschlüsse von bildungs-, gleichstellungs-, und arbeitsmarktpolitischen Akteuren mit dem Ziel, die Situation von Berufsrückkehrerinnen vor Ort zu verbessern.
www.netzwerkW-expertinnen.de

»Forum W« ist eine gemeinsame Initiative des nordrhein-westfälischen Frauenministeriums und des Arbeitsministeriums. Sie wird durch die Bundesagentur für Arbeit, Regionaldirektion Nordrhein-Westfalen unterstützt.
www.wiedereinstieg.nrw.de/

»Plan W – Wiedereinstieg hat Zukunft« ist eine Initiative des Ministeriums für Arbeit, Soziales, Gesundheit, Familie und Frauen des Landes Rheinland-Pfalz (MASGFF) und der Regionaldirektion Rheinland-Pfalz-Saarland der Bundesagentur für Arbeit, die sich an Wiedereinsteigerinnen und Wiedereinsteiger und an rheinland-pfälzische Unternehmen richtet.
www.planw.rlp.de/

Auch die Bundesagentur für Arbeit bietet Informationen für Berufsrückkehrerinnen und Berufsrückkehrer.
www.arbeitsagentur.de/nn_408834/zentraler-Content/A05-Berufl-Qualifizierung/A052-Arbeitnehmer/Allgemein/Berufsrueckkehr.html

Frauennetzwerke

BPW Frau und Karriere: BPW Germany – Business and Professional Women e.V. Internationales Netzwerk berufstätiger Frauen verschiedener Berufe, Branchen und Positionen.
www.bpw-germany.de

Unter dem Motto »Vielfalt gewinnt« informiert die Internetplattform www.frauenmachenkarriere.de über die verschiedenen beruflichen Möglichkeiten für Frauen mit Migrationshintergrund. Und auch in vielen Kommunen und Gemeinden gibt es interkulturelle Begegnungszentren mit Beratungsangeboten, Netzwerken und Fortbildungen.

Die Mentoring-Börse, eine bundesweite Plattform unter www.frauenmachenkarriere.de, bringt Mentorinnen und Mentees zusammen und unterstützt Frauen gezielt bei der Gestaltung ihrer Karriere.

Existenzgründung

Das Gründungsportal des Bundesministeriums für Wirtschaft und Technologie (BMWi) ermöglicht einen schnellen Zugang zu Informationen, Beratung und Serviceleistungen rund um die Themen Existenzgründung und Mittelstand.
www.existenzgruender.de/

bundesweite gründerinnenagentur (bga). Deutschlandweites Informations- und Servicezentrum zur unternehmerischen Selbstständigkeit und Unternehmensnachfolge durch Frauen.
www.gruenderinnenagentur.de/

Familien

Das Bundesministerium für Familie, Senioren, Frauen und Jugend hat diverse Broschüren zu den Themen Mutterschutz, Elterngeld und Tagesbetreuungsausbaugesetz herausgebracht. Unter www.bmfsfj.de können Sie die Broschüren kostenlos bestellen oder downloaden und auch die ausführlichen Gesetzestexte nachlesen.

Kinderbetreuung

Die Adressen der Mitgliedsorganisationen und viele weitere Informationen sind auf den Internetseiten des Tagesmütter Bundesverbandes für Kinderbetreuung in Tagespflege e.V. zu finden.
www.tagesmuetter-bundesverband.de

Mit der Kampagne »Mehr Kinder besser betreut« sollen unter dem Stichwort »flexible Kinderbetreuung« mehr und bessere Betreuungsangebote geschaffen werden.
www.verrueckt-nach-familie.de

Vereinbarkeit von Beruf und Familie

Nachhaltige Lösungen für mehr Familienfreundlichkeit vor Ort – hier setzen über 600 lokale Bündnisse für Familie in ganz Deutschland an.
www.lokale-buendnisse-fuer-familie.de/

Zu verschiedenen Teilzeitmodellen bietet das Bundesministerium für Arbeit und Soziales (BMAS) zahlreiche Informationen, gesetzliche Grundlagen und Beratungsmöglichkeiten.
www.bmas.de/portal/14648/teilzeit__einleitungstext.html

Die berufundfamilie gGmbH führt das audit berufundfamilie sowie das audit familiengerechte hochschule für Fachhochschulen und Universitäten durch.
www.beruf-und-familie.de

Der Verband berufstätiger Mütter (VBM) besteht seit 25 Jahren. Im Mai 2010 brachten die Verbandsfrauen die 8. Auflage des »Dschungelbuchs« heraus, das wertvolle Tipps und Anregungen zur Kombination von Beruf und Familie gibt. Zu den Inhalten gehören unter anderem detaillierte Informationen zum neuen Elterngeld, zu Elternzeitmodellen, zur Berufsplanung von Frauen, Kinderbetreuung, Altersvorsorge und Rente.
www.vbm-online.de/

Das Unternehmensprogramm »Erfolgsfaktor Familie« bündelt Informationen rund um das Thema Familienfreundlichkeit in Unternehmen.
www.erfolgsfaktor-familie.de

Rentenversicherung

Die gesetzlichen Rentenversicherungsträger bieten Auskunft über den derzeitigen Stand des persönlichen Rentenversicherungskontos und die Höhe der voraussichtlichen Rente. Auf der Basis des hochgerechneten finanziellen Bedarfs im Ruhestand kann jeder einzelne seine Versorgungslücke berechnen.
www.deutsche-rentenversicherung.de

Weiterführende Literatur

Nichterwerbstätigkeit im europäischen Vergleich

International vergleichend ausgerichtete Arbeiten zur Nichterwerbstätigkeit sind durch eine Vielzahl unterschiedlicher Vorgehensweisen geprägt. So nutzen beispielsweise Johannes Geyer und Viktor Steiner (2007) quantitative Verlaufs- und Panelanalysen von Italien, Dänemark, Großbritannien und Deutschland, um auf Grundlage des European Community Household Panel (ECHP) die kurz-, mittel- und langfristigen Auswirkungen der Mutterschaft auf die Arbeitsmarktbeteiligung von Frauen zu untersuchen. Sie zeigen, dass in Dänemark die Mutterschaft sich nur geringfügig auf die Arbeitsmarktbeteiligung auswirkt. Dänemark ist das einzige Land, in dem nach einer Unterbrechung wieder das vorgängige Niveau der Erwerbsbeteiligung erreicht wird. Dagegen finden sich in Deutschland und Großbritannien starke Auswirkungen einer Mutterschaft auf die Erwerbsbeteiligung. Geyer und Steiner erklären diese Unterschiede mit den Familienpolitiken und kommen zu dem Ergebnis, dass die Steuerpolitik Deutschlands, flankiert durch einen nur geringen Ausbau von außerhäuslicher Kinderbetreuung die Erwerbstätigenquoten von Frauen begrenzen. Großbritannien dagegen verfolgt eine familienneutrale Steuerpolitik, die nur spärlich bereitgestellten Angebote einer außerhäuslichen Kinderbetreuung erzwingen aber auch hier den Ausstieg. Dänemark kombiniert Kinderbetreuung, eine hohe Arbeitsmarktflexibilität und eine neutrale Besteuerung.

Unter Nutzung anderer Daten und bei Einbeziehung auch kultureller Faktoren kommt Ina Berninger (2009) zu einem ähnlichen Ergebnis. Auf Grundlage der Individualdaten des ESS und Makrodaten der OECD untersucht sie in einem umfassenden Mehrebenenmodell die Erwerbsbeteiligung von Müttern in 22 EU-Ländern. Sie zeigt, dass die Familienpolitiken der Länder mit Ausnahme der Betreuung von Kindern im Alter von unter drei Jahren wenig bewirken. In Ländern mit einer Betreuungsquote von über 50

Prozent der unter dreijährigen Kinder haben Mütter unabhängig vom Alter des Kindes eine 90-prozentige Wahrscheinlichkeit, wieder erwerbstätig zu sein.

Henriette Engelhardt (2009) betrachtet neben den Erwerbsunterbrechungen auch das Fertilitätsniveau eines Landes. Insbesondere stellt sie die Frage: Warum hat sich der Zusammenhang zwischen Fertilität und Frauenerwerbstätigkeit dahingehend entwickelt, dass Länder mit einer hohen Kinderzahl auch eine hohe weibliche Arbeitsmarktbeteiligung haben? Auf Grundlage von Indikatoren zum Arbeitsmarkt, zur Bildungsbeteiligung und zur Sozialpolitik kommt sie in Zeitreihenmodellen zu dem Ergebnis, dass politisch beschlossene Geldtransfers für Familien keine Erklärungskraft haben. Der Zusammenhang von Kinderzahl und hoher Frauenerwerbsquote komme allein dadurch zustande, dass in diesen Ländern Frauen wesentlich besser gebildet wären, Teilzeitarbeit ausgebaut wurde, ein hohes Erstgeburtsalter vorläge und mehr Kinder unter sechs Jahren in außerhäuslichen Einrichtungen betreut würden.

Geyer, Johannes/Steiner,Viktor (2007): Short-Run and Long-Term Effects of Childbirth on Mothers' Employment and Working Hours across Institutional Regimes: An Empirical Analysis Based on the European Community Household Panel. Discussion Papers of DIW Berlin 682, DIW Berlin.

Berninger, Ina (2009): Welche familienpolitischen Maßnahmen fördern die Arbeitsmarktpartizipation von Müttern?, in: Kölner Zeitschrift für Soziologie und Sozialforschung, 61, S. 355–385.

Engelhardt, Henriette (2009): Zum Wandel der Korrelation von Fertilität und Frauenerwerbstätigkeit in Raum und Zeit: Eine empirische Analyse unter Berücksichtigung der Effekte ausgewählter sozialer Indikatoren, in: Zeitschrift für Familienforschung, Schwerpunktthemaheft Fertilität und Frauenerwerbstätigkeit 21(3): S. 246–264.

Lebensverläufe nicht erwerbstätiger Frauen

Die zentralen Fragestellungen zur Bildung im Erwachsenalter werden von Bernhard Schmidt (2009) thematisiert. Wer bildet sich im Erwachsenalter und welche Ziele hat Erwachsenbildung? Wie sollen die Bildungsprozesse gestaltet werden? Die Erwachsenbildung spielt vor dem Hintergrund demografischer Veränderungen eine bedeutende Rolle. Allerdings stellen Klaus

Schömann und Janine Leschke (2004) fest, dass Weiterbildung in der Bundesrepublik Deutschland weit entfernt ist von einem systematischen Ansatz des lebenslangen Lernens. Weiterbildung entwickelt sich vielmehr zu einem Faktor, der die soziale Ungleichheit verstärkt.

In der biografischen Studie von Cornelia Feider (2006) wird der Erwerbsverlauf von Berufsrückkehrerinnen nach Qualifizierungsmaßnahmen untersucht. Aus 20 narrativen Interviews wird das komplexe Zusammenwirken persönlicher, familiärer, maßnahme- und arbeitsmarktbedingter Faktoren für den Erwerbsverlauf nach der Fortbildung sichtbar. Finanzielle Motive sind nicht von persönlichen Motiven zu trennen, da Erwerbsarbeit zugleich der Selbstbestätigung und Weiterentwicklung dient. Obwohl die Ehemänner eine Erwerbstätigkeit ihrer Frauen akzeptieren und sogar wünschen, verdeutlichen die Interviews, dass die Vereinbarkeit von Beruf und Familie alleine in der Verantwortung der Frau liegt. Männer werden im Zusammenhang mit der Lösung des Vereinbarkeitsproblems von den interviewten Frauen kaum thematisiert.

Peter A. Berger, Peter Steinmüller und Peter Sopp (1993) zeigen, dass der Lebensverlauf des Individuums seit den siebziger Jahren aufgrund der veränderten strukturellen Rahmenbedingungen und kulturellen Normen differenzierter und heterogener geworden ist. So sind jüngere Altersgruppen von einer abnehmenden Stabilität des Arbeitsmarktes betroffen, deren Wirkungsweise eine geschlechterspezifische Form hat. Die Studie von Sandra Buchholz et al. (2009), die die Wirkungsweise des Globalisierungsprozesses auf den Lebens- und Erwerbsverlauf des Individuums analysiert, deutet auf eine ähnliche Entwicklung hin. Die Ergebnisse zeigen, dass Globalisierungsprozesse unterschiedlich auf verschiedene Lebensphasen wirken, indem der Eintritt der jungen Erwachsenen ins Berufsleben von unsicheren, prekären Verhältnissen begleitet wird, während hoch qualifizierte, in der beruflichen Position etablierte Männer mittleren Alters eine relative Stabilität der Beschäftigungsverhältnisse erleben. Frauen mittleren Alters können aufgrund unsicherer, schlecht bezahlter oder auf Teilzeit beruhender Beschäftigungen von Marginalisierung betroffen sein.

Schmidt, Bernhard (2009): Bildung im Erwachsenenalter, in: Tippelt, Rudolf/Schmidt, Bernhard (Hrsg.): Handbuch Bildungsforschung, Wiesbaden: VS Verlag für Sozialwissenschaften, S. 661–673.

Schömann, Klaus/Leschke, Janine (2004): Lebenslanges Lernen und soziale Inklusion – der Markt alleine wird's nicht richten, in: Lauterbach, Wolfgang (Hrsg.):

Bildung als Privileg, Wiesbaden: VS Verlag für Sozialwissenschaften, S. 353–391.
Feider, Cornelia (2006): Berufsrückkehrerinnen. Erwerbs- und Familienverläufe nach Qualifizierungsmaßnahmen aus biographischer Perspektive, Bielefeld: W. Bertelsmann Verlag.
Berger, Peter A./Steinmüller, Peter/Sopp, Peter (1993): Differentiation of Life-Courses? Changing Patterns of Labour-Markets Sequences in West-Germany, in: European Sociological Review 9 (1), S. 43–65.
Buchholz, Sandra/Hofäcker, Dirk/Mills, Melina/Blossfeld, Hans-Peter/Kurz, Karin/Hofmeister, Heather (2009): Life Courses in the Globalisation Process: The Development of Social Inequalities in Modern Societies, in: European Sociological Review, 25 (1), S. 53–71.

Beruf und Arbeitsmarkt

Die Arbeit von Thomas Kurtz (2002) stellt die zentralen soziologischen Theorien zum Thema Beruf dar. Im Vordergrund dieser Einführung in die Berufsforschung stehen die Verknüpfung zwischen Beruf und sozialer Ungleichheit sowie unterschiedliche Professionskonzepte.

Juliane Achatz (2005) beantwortet die Frage nach den Mechanismen, die eine dauerhafte Geschlechtertrennung im Arbeitsmarkt vorbringen anhand zentraler soziologischer Konzepte wie Berufswahl, Machtunterschiede und Diskriminierung. Sie untersucht, welche Folgen die Geschlechtersegregation des Arbeitsmarktes für erwerbstätige Frauen und Männer hat.

Die Forschung hat weibliche Erwerbsverläufe vor allem mit der Familiensituation verknüpft. So stellen Sonja Drobnic et al. (1999) in einer vergleichenden Studie über den Zusammenhang zwischen dem Erwerbsverhalten der Frauen und dem Familienzyklus in Deutschland und der USA fest, dass Heirat und Geburt von Kindern sich auf den Wechsel zwischen Erwerbstätigkeit und Nichterwerbstätigkeit in Deutschland stärker auswirken als in den USA. Vor allem das Ausmaß an Teilzeittätigkeit unterscheidet sich zwischen den Ländern. In Deutschland wechseln verheiratete Frauen nach der Babypause typischerweise von einer Vollzeit- in eine Teilzeitbeschäftigung.

Um die Erwerbsquote der Mütter zu erhöhen, muss Erwerbstätigkeit von Frauen mit Kindern sowohl institutionell ermöglicht als auch kulturell erwünscht sein. Die Analyse Dina Hummelsheims (2009) berücksichtigt neben den institutionellen Rahmenbedingungen, wie bezahlte Elternzeit und

Kinderbetreuung, auch die Geschlechterkultur und Familienleitbilder in Belgien und West- und Ostdeutschland. Während in Ostdeutschland eine egalitäre Geschlechterkultur vorherrscht, sind in Belgien und in Westdeutschland die traditionellen Geschlechterrollen ausgeprägt, die das Erwerbsverhalten der Frauen mit Kindern über das institutionelle Angebot hinaus beeinflussen. Allerdings sind berufliche Mobilitätsprozesse der Frauen nicht nur von der familiären Situation, sondern auch von den Rahmenbedingungen des Arbeitsmarktes abhängig.

Die Frage, inwiefern geschlechtsspezifische Differenzierung im Erwerbsverlauf nach wie vor ausschließlich an das Geschlecht gebunden oder vielmehr von spezifischen familiären und beruflichen Kontexten abhängig ist, wird von Susanne Falk (2005) thematisiert. Anhand von Erwerbsverläufen in Ostdeutschland nach der Wiedervereinigung kann nachgewiesen werden, dass eine Benachteiligung der Gruppe Frau als solche nicht feststellbar ist. Die empirischen Befunde deuten darauf hin, dass Frauen mit Kindern ihr Bildungskapital nicht in der gleichen Weise wie Männer in berufliche Prestige- und Statusgewinne umsetzen können. Zugleich findet eine Geschlechtssegregation von Berufen je nach bildungsspezifischem Kontext statt.

Kurtz, Thomas (2002): Berufssoziologie. Bielefeld: Transcript-Verlag.

Achatz, Juliane (2005): Geschlechtersegregation im Arbeitsmarkt, in: Abraham, Martin/Hinz, Thomas (Hrgs.): Arbeitsmarktsoziologie. Probleme, Theorien, empirische Befunde, Wiesbaden: VS Verlag für Sozialwissenschaften, S. 263-300.

Drobnic, Sonja/Blossfeld, Hans-Peter/Rohwer, Götz (1999): Dynamics of Women's Employment Patterns over the Family Life Course: A Comparison of the United States and Germany, in: Journal of Marriage and Family, 61 (1), S. 133-146.

Hummelsheim, Dina (2009): Die Erwerbsbeteiligung von Müttern: Institutionelle Steuerung oder kulturelle Prägung? Eine empirische Untersuchung am Beispiel von Belgien, West- und Ostdeutschland, Wiesbaden: VS Verlag für Sozialwissenschaften.

Falk, Susanne (2005): Geschlechtsspezifische Ungleichheit im Erwerbsverlauf. Analysen für den deutschen Arbeitsmarkt, Wiesbaden: VS Verlag für Sozialwissenschaften.

Zum Wiedereinstieg von Frauen in den Arbeitsmarkt

In einer aktuellen Studie (BMFSFJ 2009) stellt Sinus Sociovision fest, dass zwei widersprüchliche Auffassungen von Wiedereinsteigerinnen in der medialen Debatte sowie bei den Arbeitsgebern herrschen. Einerseits wird davon ausgegangen, dass einer Unterbrechung bei den selbstbewussten und hoch qualifizierten Frauen eine mühelose Rückkehr in den Arbeitsmarkt folgt, anderseits wird der Wiedereinstieg als eine unüberwindliche Aufgabe dargestellt, die einem Glücksfall gleicht. Da die Lebensentwürfe von Pluralität gekennzeichnet sind, gibt es heutzutage nicht ›die Wiedereinsteigerin‹. Der Wiedereinstieg muss außerdem als Prozess verstanden werden, der auch die Unterstützung des Partners fordert.

Der Unterschied in der Einstellung zur Familienplanung und Berufsrückkehr zwischen Frauen aus verschiedenen Milieus, die anhand einer Grundorientierung und der sozialen Situation zusammengesetzt werden, wird von Sinus Sociovision in der Studie »Beruflicher Wiedereinstieg nach der Familiengründung« (BMFSFJ 2010) analysiert. Während hoch qualifizierte Frauen in der Familienplanung dem Beruf einen hohen Stellenwert zuschreiben und die Rückkehr im Bezug auf berufliche Chancen vorbereiten, sind Berufs- und Familienplanung bei Frauen geringer und mittlerer Bildung voneinander abgekoppelt und weniger von Motiven der Selbstverwirklichung begleitet.

Die unterschiedlichen Tendenzen im Bezug auf den Wiedereinstieg werden von Gerhard Engelbrech (1997) in einer vergleichenden Studie über die Erwerbsbiografie der Mütter nach dem Erziehungsurlaub in Ost- und Westdeutschland bestätigt. Westdeutsche Frauen nehmen häufiger als ostdeutsche Frauen die gesetzliche Höchstdauer der Elternzeit in Anspruch und geben häufiger persönliche Motive für die Rückkehr an. Dazu sind sie seltener von Arbeitslosigkeit betroffen. Eine stärkere Angewiesenheit auf den Verdienst und zugleich eine höhere Erwerbsorientierung kann dagegen bei den ostdeutschen Frauen identifiziert werden. Die Abwertung des vorhandenen Humankapitals betrifft Frauen aus Ost- und Westdeutschland unterschiedlich, da ein Fünftel der westdeutschen, aber nur ein Zehntel der ostdeutschen Frauen durch eine Teilzeitbeschäftigung den Kontakt mit dem alten Betrieb aufrecht halten.

Kerstin Nawroth (2002) stellt fest, dass die schnelle Abwertung des Humankapitals in Bereichen, die von Innovation und einer beschleunigten Entwicklung der Technologie gekennzeichnet sind, eine Rückkehr nach einer

Erwerbsunterbrechung erschweren kann. In zwei der sechs untersuchten Unternehmen werden junge Frauen als Risiko empfunden, das durch einen Wiedereinstieg in schlechter bezahlte Bereiche kompensiert wird. Durch betriebliche Unterstützung, in Form einer Teilzeitbeschäftigung oder eines Qualifizierungsangebots während der Unterbrechung, kann die Gefahr minimiert werden.

Eine qualitative Studie von Claus Wendt und Mathias Maucher (2000) befasst sich mit den Vereinbarkeitsstrategien von Müttern. Es wird untersucht, inwiefern das wohlfahrtsstaatliche Institutionengeflecht und familiär-nachbarschaftliche Solidaritätsmuster Mütter in sozial schwächeren oder sozial stärkeren Stadtteilen beim Wiedereinstieg unterstützen.

BMFSFJ (2009): Perspektive Wiedereinstieg. Ziele, Motive und Erfahrungen von Frauen vor, während und nach dem beruflichen Wiedereinstieg, Sinus Sociovision, Berlin.

BMFSFJ (2010): Beruflicher Wiedereinstieg nach der Familiengründung. Bedürfnisse, Erfahrungen, Barrieren. Sinus Sociovision, Berlin.

Engelbrech, Gerhard (1997): Erziehungsurlaub – und was dann? Die Situation von Frauen bei ihrer Rückkehr auf den Arbeitsmarkt – Ein Ost/West-Vergleich. IAB-Kurzbericht 08/1997, Nürnberg.

Nawroth, Kerstin (2002): Wiedereingliederung nach Berufsunterbrechung, in: Personal (02), S. 22-25.

Wendt, Claus/Maucher, Mathias (2000): Mütter zwischen Kinderbetreuung und Erwerbstätigkeit. Institutionelle Hilfen und Hürden bei einem beruflichen Wiedereinstieg nach einer Kinderpause. Arbeitspapiere MZES, Nr. 18, MZES Mannheim.

Dank

Es ist schwer, in schnellen Zeiten langsam zu schreiben. Die nötige Ruhe weicht der vorwitzigen und aufdringlichen Bedeutung des alltäglich Neuen. Umso mehr braucht es Menschen, die verstehen, gelassen bleiben und helfen. Ich habe das große Privileg, viele solche Frauen und Männer zu kennen. Mein Dank gilt ihnen allen, Ingrid und Philipp im Besonderen.

Die Projekte »Wiedereinsteigerinnen: Die Potenziale nicht erwerbstätiger Frauen für den Arbeitsmarkt« und »Nichterwerbstätigkeit von Frauen: Pfade, Probleme, Potenziale« wurden von der Abteilung Gleichstellung, Chancengleichheit des Bundesministeriums für Familie, Senioren, Frauen und Jugend unter der Leitung von Eva Maria Welskop-Deffaa entwickelt und mit hoher Kompetenz begleitet. Wir danken ihr und ihrem Bonn-Berliner Team, stellvertretend Irene Bangert und Martina Gräfin von Bassewitz, für wichtige Gespräche und wertvolle Anregungen. Und wir danken der Spitze des Hauses, zunächst Frau Bundesministerin Ursula von der Leyen, dann Frau Bundesministerin Kristina Schröder, für das Vertrauen in unsere Arbeit.

Auch die Hilfe der Bundesagentur für Arbeit war für dieses Buch unerlässlich. In alter Verbundenheit danke ich dem Vorsitzenden des Vorstands, Frank-Jürgen Weise, und der Leiterin des Stabes Chancengleichheit am Arbeitsmarkt, Dagmar Hebmüller. Ihr Team unterstützte unsere Arbeit außerordentlich. Wir führten Gespräche mit Beauftragten für Chancengleichheit am Arbeitsmarkt in den Regionaldirektionen der Bundesagentur für Arbeit und den Agenturen für Arbeit, mit Programmberaterinnen und -beratern und Regionalberaterinnen und -beratern in den Regionaldirektionen und dem Vertreter eines zuständigen Landesministeriums. Bei ihnen allen bedanken wir uns sehr.

Dem Buch hinterlegt sind Gespräche mit vielen nicht erwerbstätigen Frauen. Ihre Lebensgeschichte hat unseren Blick geschärft. Vielen Dank hierfür.

Das gesamte Buch beruht auf Projektarbeiten, die mit Mareike Ebach, Marina Hennig und Stefan Stuth durchgeführt und von Julia Schorlemmer, Anna Erika Hägglund und Eric Scholz kompetent unterstützt wurden. Ich danke sehr für die Zusammenarbeit und die Geduld bei vielen Sonderwünschen zu Unzeiten.

Mein umtriebiger Arbeitsalltag am Wissenschaftszentrum Berlin für Sozialforschung wird entschleunigt und ermöglicht durch die außergewöhnliche Ruhe und Kompetenz von Miriam Godefroid, der Leiterin meines Büros. Ohne ihre sichere Planung und Unterstützung wäre kein einziger Schreibtag möglich gewesen und keine einzige Zeile entstanden. Ähnliches gilt für Jessica Haase und Sebastian Chávez Wurm, die viele der vielen unangekündigt anfallenden Arbeiten für mich hervorragend erledigten. Dies ist alles andere als selbstverständlich, ich danke hierfür sehr.

Christian Ebner, Marcel Helbig, Lena Hipp, Alice Hohn, Stephan Leibfried, Rita Nikolai, Markus Promberger und Paul Stoop lasen weite Teile des Manuskripts und kommentierten in großer Berliner Hitze. Jede einzelne Anmerkung hat geholfen. Danke.

Rebekka Göpfert von der Literatur- und Medienagentur Graf & Graf begleitete auch dieses Buch. Wegen ihrer stets in Nebensätzen formulierten, scharfsinnigen Kritik freue ich mich über jede Nachricht von ihr. Ähnliches gilt für Judith Wilke-Primavesi, verantwortlich für den Programmbereich Wissenschaft des Campus Verlags. Es ist mein erstes und hoffentlich nicht letztes Buch mit ihr.

Am Ende steht mein Dank an Jana Schrewe, der Lektorin dieses Buches. Sie war am meisten von den Auswirkungen dieser rummeligen Zeiten betroffen und konnte nie wissen, ob und wann ein nächstes Kapitel kommt. Sie hat die Texte »geschrewt«, und dennoch »dingern« die Sätze noch immer. Das ist wahrlich eine Kunst.